Klaus-Peter Willsch
Christian Raap

Von Rettern und Rebellen

Von RETTERN und REBELLEN

Ein Blick hinter die Kulissen
unserer Demokratie

Klaus-Peter Willsch

Bibliografische Information der Deutschen Nationalbibliothek
Die Deutsche Nationalbibliothek verzeichnet diese Publikation in der Deutschen Nationalbibliografie;
detaillierte bibliografische Daten sind im Internet über **http://d-nb.de** abrufbar.

Für Fragen und Anregungen:
info@finanzbuchverlag.de

2. Auflage 2015

© 2015 by FinanzBuch Verlag
ein Imprint der Münchner Verlagsgruppe GmbH,
Nymphenburger Straße 86
D-80636 München
Tel.: 089 651285-0
Fax: 089 652096

Redaktion: Werner Wahls
Korrektorat: Veit Ladstetter
Umschlaggestaltung: Torsten Wolber, wolber illustration
Umschlagbearbeitung: Laura Osswald, München
Satz: Daniel Förster, Belgern
Druck: CPI books GmbH, Leck
Printed in Germany

ISBN Print 978-3-89879-926-3
ISBN E-Book (PDF) 978-3-86248-765-3
ISBN E-Book (EPUB, Mobi) 978-3-86248-766-0

Weitere Informationen zum Verlag finden Sie unter

www.finanzbuchverlag.de

Inhalt

Klaus-Peter Willsch widmet dieses Buch seiner Frau
Annette, seinen Kindern Klara, Anna, Fabian, Johannes
und Sebastian sowie seinen Eltern Josef und Lina, die
ihn gelehrt haben, eine gerade Furche zu ziehen.

Christian Raap widmet dieses Buch Tatiana & Katharina.

VORWORT VON THILO SARRAZIN

Meine persönliche Geschichte zum Euro begann im Sommer 1989 in Bonn. Damals leitete ich im Bundesfinanzministerium das Referat »Nationale Währungsfragen«. Der Delors-Bericht[1] über die Möglichkeiten einer Europäischen Währungsunion lag seit einigen Monaten vor. Im Hause und zwischen den Ressorts diskutierten wir heftig darüber. Nur im Auswärtigen Amt sah man das Projekt positiv. Sonst aber kannte ich kaum jemanden, der das Projekt nicht für riskant und illusionär hielt. Zunächst aber beanspruchte nach dem Fall der Mauer die Deutsche Währungsunion meine ganze Kraft. Das war ein elementar politisches Projekt als Vorstufe zur Deutschen Einheit und würde, wie ich auch gegenüber meinen Vorgesetzten nicht verhehlte, einen erheblichen Transferbedarf nach Ostdeutschland (damals noch die DDR) auslösen. Ich war trotzdem dafür. Nach Vollendung der Deutschen Währungsunion kümmerte ich mich um die dem Bund neu zugewachsene Treuhandanstalt und ging schließlich im Sommer 1991 als Finanzstaatssekretär nach Mainz.

Die Entstehung des Maastricht-Vertrages und die weiteren Vorbereitungen zur Europäischen Währungsunion betrachtete ich aus der Ferne als interessierter Zuschauer. Ich war gespalten: Eigentlich konnte es kaum funktionieren, aber wenn doch, war es faszinierend. Im Sommer 1996 beschäftigte ich mich intensiv mit den Vertragsgrundlagen und ökonomischen Rahmenbedingungen und schrieb ein Buch zum Euro.[2] Resümee: Es könnte funktionieren, wenn man (1) den No-Bailout-Grundsatz[3] und das Verbot der monetären Staatsfinanzierung durch die Europäische Notenbank strikt beachtet und (2) die Arbeits- und Gütermärkte durch ordnungspolitische Reformen ausreichend flexibel gestaltet.

Beim letzteren Punkt war ich skeptisch und sah Arbeitslosigkeit sowie Wachstumsverluste für jene Länder voraus, die sich den Gesetzmäßigkeiten einer gemeinsamen Währung nicht beugten. Umso wichtiger waren die ersten beiden Bedingungen, die Deutschland in solch einem Falle schützen würden. Die Verträge und der ergänzende Stabilitätspakt schienen mir in diesem Punkt ausreichend klar formuliert. Dass Deutschland jemals die Missachtung dieser beiden zentralen Sicherungsklauseln des Maastricht-Vertrages zulassen würde, kam mir nicht in den Sinn. Schon ein entsprechender Verdacht wäre mir damals absurd erschienen.

Wie wir wissen, kam es anders. Im Mai 2010 begruben die Staats- und Regierungschefs mit dem ersten Griechenland-Paket und dem ersten Rettungsschirm das No-Bailout-Prinzip und gleichzeitig erschütterte die EZB mit dem ersten Ankaufprogramm für Staatsanleihen von Krisenländern das Verbot der monetären Staatsfinanzierung. Bundesbankpräsident Axel Weber, gegen dessen Votum die Entscheidung im EZB-Rat gefallen war, rang noch einen Tag später erkennbar um Fassung, als er darüber im Bundesbank-Vorstand berichtete. Für ihn war offenbar eine Welt eingestürzt. Ich teilte seine Gefühle, hatte jedoch die Erfahrung gemacht, dass ökonomische Fachfragen von Werturteilen und politischen Entscheidungen selten sauber zu trennen sind. Deshalb besaß ich ein gewisses Grundverständnis für fachliche Positionen und politische Entscheidungen, die ich für sachlich falsch hielt.

Der eigentliche Schock war für mich die Ungerührtheit, mit der der eklatante Vertrags- und Gesetzesbruch begangen wurde. Weniger, dass Griechen, Italiener und Franzosen das so wollten (dagegen wollte man sich ja gerade durch die rigide Vertragsgestaltung absichern), sondern dass die deutsche Politik das nicht nur mittrug, sondern geradezu aktiv förderte. Dieser Schock, der mir 2010 im immerhin vorgerückten Alter von 65 Jahren zustieß, hat mein Staatsvertrauen und den darauf gründenden Teil meines Weltbildes nachhaltig erschüttert. Meine Sozialisation ist die eines staatsgläubigen deutschen Ministerialbeamten. Im Alter von 29 Jahren war ich ins Bundesfinanzministerium eingetreten und hatte seitdem viel Unfug und eine Menge politischer Fehlentscheidungen erlebt. Das ist normal und gehört zur politischen Wirklichkeit. Dieser eklatante Rechtsbruch aber stößt in andere Dimensionen vor. Wenn man so anfängt, ist im Staat nichts mehr sicher, sobald die Politiker sich darüber einig sind. Und mit diesem nagenden Gefühl lebe ich seit 2010. Ich bemerke, wie es schleichend mein Weltbild infiziert und meine Einstellung zum Staat ändert. *Der Begriff der Gewaltenteilung bekommt für mich eine ganz neue, elementare Bedeutung: Auch die Gewaltenteilung hilft nämlich nicht, wenn sich die Gewalten beim Rechtsbruch einig sind.* Rechtsanwendung als angewandter Opportunismus. Darüber könnte man glatt zum Anarchisten werden. Dafür bin ich natürlich zu alt. Aber das Prestige der Staatsgewalt hat bei mir stark gelitten. Wo das Gesetz gebrochen wird, fehlt der Gewalt die Legitimität, und dann ist grundsätzlich alles möglich. (Stark zugespitzt könnte man fragen: Wieso musste Ulli Hoeneß eigentlich ins Gefängnis, wenn Gesetzesbrecher an höchsten Stellen mit staatlichem Lorbeer bekrönt werden?)

Natürlich haben die Gründe der eingetretenen Entwicklung mich auch in der Sache beschäftigt, und ich habe meinen eigenen Grundirrtum erkannt: Solange wir keine Edelmetall- oder anderweitige Warenwährung haben, die dem staatlichen Zugriff vollständig entzogen ist, ist Geld immer ein staatliches und damit politisches Produkt, dessen Entstehung und Verbreitung mit der Staatsverfassung und den staatlichen Finanzen untrennbar verbunden ist. Wer Kreditgeld schafft, schafft auch Staatskredit. Der Versuch, beides zu trennen, ist künstlich und zum Scheitern verurteilt. Darum wird eine EZB, die in Ausübung ihrer Unabhängigkeit monetäre Staatsfinanzierung betreibt, zum Staat im Staate. Und darum glaubt die griechische Regierung nicht ganz zu Unrecht, dass zum Wesen der griechischen Staatlichkeit auch der mehr oder weniger ungehinderte Zugriff auf Notenbankkredite gehört.

Auch die nach dem Zweiten Weltkrieg getroffene deutsche Entscheidung, die Währung durch die gesetzliche Unabhängigkeit der Bundesbank zu entpolitisieren, war eine elementar politische Entscheidung, und sie trug auch nur so lange wie der dahinter stehende Wille der Politik. Der deutsche Grundirrtum bei der Aushandlung und dem Abschluss des Maastricht-Vertrages war, dass man politikfernes Geld vertraglich vereinbaren könne. Als sich zeigte, dass das unmöglich ist, erschien der krasse Rechtsbruch als das politisch kleinere Übel. Man wird sehen, wohin das führt. Das Schiff der Europäischen Währungsunion segelt unter uneinigen Steuermännern in unbekannte Gewässer.

Dies alles zu diskutieren, ist für die Politik äußerst lästig. Es ist übrigens auch geistig sehr anstrengend. Geld- und Währungspolitik sind fachlich äußerst anspruchsvoll, und kaum je kommt etwas wirklich Sicheres dabei heraus. Seit meiner ersten Übungsarbeit über Diskontpolitik vor 48 Jahren an der Universität Bonn habe ich meine eigenen Meinungen und Einschätzungen immer wieder geändert und höre nicht auf zu lernen. Ich kann es keinem Abgeordneten übel nehmen, wenn er sich da heraushält und einfach den Entscheidungsvorlagen vertraut, die ihm die jeweilige Regierung liefert.

Man muss allerdings kein Währungsexperte sein, um einen Rechtsbruch zu erkennen. Dazu reichen die Fähigkeit, einen eindeutigen Gesetzestext verständig zu lesen, und ein gesunder Menschenverstand. Zutiefst empörend und geradezu unheimlich ist es, wenn jene politisch abgestraft werden, die einen Rechtsbruch klar benennen und ihr Abstimmungsverhalten als Parlamentarier entsprechend ausrichten. Darum habe ich gerne zugesagt, ein Vorwort zu schreiben, als Klaus-Peter Willsch bei mir anfragte.

Anmerkungen

1   Bericht zur Schaffung einer Europäischen Wirtschafts- und Währungsunion (1988/89), der zur Grundlage für den Vertrag von Maastricht wurde. Von 1985 bis 1995 war Jacques Delors Präsident der EG/EU-Kommission.

2   Thilo Sarrazin, Der Euro, Chance oder Abenteuer, Bonn 1997.

3   Nichtbeistands-Klausel. Schließt die Haftung der Europäischen Union sowie aller Mitgliedstaaten für Verbindlichkeiten einzelner Mitgliedstaaten aus.

DER TABUBRUCH

Als ein Kind des Jahrganges 1961 habe ich auf dem Gymnasium in Englisch natürlich Georg Orwells *Animal Farm* ebenso gelesen wie *1984*. Das erste mit so großer Begeisterung, dass ich später als Kreisvorsitzender der Jungen Union Filmabende mit der hervorragenden Zeichentrickverfilmung veranstaltete. Welch bitter-schöne Allegorie auf die verkommenen Mechanismen totalitärer Machtergreifung und -ausübung! Mit *1984* hatte Orwell für mich vom Abiturjahrgang 1979/80 soweit neben der erlebten Wirklichkeit gelegen, dass ich es gedanklich der Kategorie versponnener linker Weltuntergangsutopien zuordnete. Erst 30 Jahre später musste ich wieder an die Reden Squealers denken, in denen weiß plötzlich schwarz wurde. Und aus den hinteren Windungen meines Großhirnes schien ein zentraler Begriff aus *1984* wieder auf: *Neusprech* verbreitete sich in Stellungnahmen und Berichten zu unserer Währungsunion und ihren Grundlagen in atemberaubender Geschwindigkeit, in allen Parteien, in Parlament und Regierung, in den Medien.

Dabei hatte alles so gut angefangen. Am 27. September 2009 wurde in Deutschland ein neuer Bundestag gewählt. Schon die erste Prognose um Punkt 18 Uhr zeigte, dass es diesmal für meine schwarz-gelbe Wunschkoalition reichen würde, und so wurde dies ein Abend sprühender Aufbruchstimmung. Nach der Bundestagswahl wurde ich zum Obmann befördert. Der Posten des stellvertretenden Sprechers für die CDU/CSU-Bundestagsfraktion im Haushaltsausschuss ist einflussreich und prestigeträchtig zugleich. Wer sich dort bewährt, gehört zum erweiterten Führungskader und kann sich für höhere Positionen in Stellung bringen.

Für mich als Haushaltspolitiker war 2009 kein Freudenjahr. Dass Deutschland verhältnismäßig gut durch die Finanzkrise gekommen war, freute mich natürlich. Die Konjunkturerholung war jedoch teuer erkauft.

Die Schulden explodierten. Ich hatte schon im Frühjahr 2009 gegen das zweite Konjunkturpaket, das unter anderem die Abwrackprämie enthielt, gestimmt. Ich sah mich damals aber nicht als Quertreiber, sondern als ernsthafter Haushälter. Als »Hüterin der Verträge« empfahl die Europäische Kommission (KOM) am 11. November 2009 die Eröffnung eines Defizitverfahrens gegen Deutschland.

Eine Woche nach uns Deutschen wählten die Griechen ein neues Parlament. Die bisher oppositionelle Pasok gewann mit absoluter Mehrheit. Die Freude der neuen sozialistischen Regierung unter Führung von Ministerpräsident Giorgos Papandreou währte nicht lange. Noch bevor man in Athen in gewohnter Manier seine Klientel mit Wahlgeschenken segnen konnte, musste der neue griechische Finanzminister Giorgos Papakonstantinou zum Rapport nach Brüssel. Gegen Griechenland war bereits im April 2009 ein Defizitverfahren eingeleitet worden. Nun meldete Athen für das laufende Jahr eine Defizitquote von 3,7 Prozent nach Brüssel. Für 2010 wurden 5,1 Prozent veranschlagt. Der Papa macht das schon, wird man sich gedacht haben, als Papakonstantinou zum Vieraugengespräch beim damaligen EU-Währungskommissar Joaquin Almunia geladen wurde. Am 20. Oktober 2009 platzte dann die Bombe: Athen korrigierte das Defizit auf 12,7 Prozent. Die neue Pasok-Regierung gefiel sich zunächst in ihrer Rolle als Aufklärerin und machte der Vorgängerregierung unter Kostas Karamanlis von der konservativen Nea Dimokratia schwere Vorwürfe. Dass Griechenland gelegentlich mit gezinkten Karten spielte, war bekannt. Aber das Ausmaß an Betrug, mit dem der Eintritt in die Währungsunion erschlichen worden war und das nun nach und nach offenbar wurde, erschütterte selbst Hartgesottene.

Den Empfehlungen der Kommission zum Abbau des übermäßigen Defizits folgte die griechische Regierung nicht. Nüchtern stellten die Finanz- und Wirtschaftsminister der Europäischen Union auf dem ECOFIN (Rat Wirtschaft und Finanzen) im Dezember 2009 fest: »[Von] Griechenland wurden innerhalb der vorgegebenen Frist von sechs Monaten keine wirksamen Maßnahmen zum Abbau des Defizits ergriffen.«[1] Die EU-Kommission reagierte mit einer Inverzugsetzung, einer Verschärfung des Defizitverfahrens, auf die Untätigkeit der griechischen Regierung.

Am 16. Dezember 2009 musste Bundesfinanzminister Wolfgang Schäuble den 41 Mitgliedern des Haushaltsausschusses Rede und Antwort stehen. Schäuble erklärte uns, dass Deutschland eine große Verantwortung habe. Wenn wir uns nicht an die Maastricht-Kriterien hielten, würden sich die anderen auch nicht mehr daran gebunden sehen. Leider hielten sich die wenigsten Mitglieder der Währungsunion an die 1992 im Vertrag von Maastricht verankerten Konvergenzkriterien. Der Schuldenstand eines Staates durfte demnach nicht mehr als 60 Prozent des Bruttoinlandsproduktes (BIP) betragen. Die Obergrenze für das jährliche Haushaltsdefizit lag bei drei Prozent des BIP. Schäuble rechnete für das Jahr 2010 mit einem Defizit in Höhe von fünf bis sechs Prozent. Er wurde jedoch nicht müde zu betonen, dass die Maastricht-Kriterien nicht nur ökonomische Kennziffern waren. Sie waren Teil eines Versprechens, das alle Verantwortlichen in Deutschland den Menschen bei Eintritt in die Wirtschafts- und Währungsunion gegeben hatten.

Gleich zu Beginn des neuen Jahres leitete die Europäische Kommission aufgrund der »nicht korrekten statistischen Daten«, die Athen mit voller Absicht über Jahre nach Brüssel gemeldet hatte, ein weiteres Vertragsverletzungsverfahren gegen Griechenland ein.[2] Um fortan jede weitere Statistikfälschung auszuschließen, sollten in Zukunft die Aufsichtsbefugnisse der europäischen Statistikbehörde *Eurostat* gestärkt werden. Auf dem ECOFIN vom 19. Januar 2010 versprach Papakonstantinou seinen Kollegen, »eine rasche und umfassende Lösung der Probleme herbeiführen zu wollen« und berichtete über erste ergriffene Maßnahmen.[3] Anfang Februar präsentierte die griechische Regierung ein Sparprogramm. Bis 2012 sollte das Defizit wieder unter drei Prozent des griechischen BIP gedrückt werden.

Von Griechenland-Krise war damals noch keine Rede. In Deutschland gingen die Uhren anders. Hier hatte ein kurzes Zittern um die eigenen Ersparnisse noch mithilfe eines gemeinsamen Versprechens von Kanzlerin und Finanzminister beendet werden können. Keiner rechnete damit, dass das griechische Defizit einmal zum Problem der Deutschen werden würde. Man empörte sich über die Griechen, man lachte über sie, hielt ihr Defizit letztlich aber für belanglos.

Am 5./6. Februar 2010 fand in Kanada das G7-Finanzministertreffen statt. Im Vorfeld hatte Schäuble in einem Interview mit der *Frankfurter Allgemeinen Zeitung* zum Thema Griechenland gesagt:

> »Alle unsere Partner außerhalb der Eurozone haben schon den festen Eindruck, dass die Europäer diese Probleme lösen und damit umgehen können. Dabei ist klar, das ist Sache der Europäer. Wir haben übereinstimmend abgelehnt, interne Probleme zu diskutieren. Wir diskutieren in der G 7 ja auch nicht die Finanzprobleme des Staates Kalifornien. Es gibt auch gar keinen Zweifel, dass Griechenland keine Frage des Internationalen Währungsfonds ist.«[4]

Schäuble hoffte auf die Selbstheilungskräfte Griechenlands. Keinesfalls wollte er den Internationalen Währungsfonds (IWF) mit der griechischen Schuldenkrise betrauen. Unter allen Umständen sollte der Eindruck vermieden werden, die Europäer misstrauten ihrer eigenen Währung. Das war ein großer Fehler. Die USA haben beim Währungsfonds zwar mit 17,67 Prozent den größten Kapitalanteil, der Anteil der Euro-Mitgliedstaaten zusammen lag aber im März 2010 bei 23,12 Prozent. Auf die gesamte EU entfielen damals 31,87 Prozent. Sowohl die USA als auch die Euro-Länder gemeinsam verfügen im Währungsfonds über eine Sperrminorität. Der IWF kann mitnichten als US-Einrichtung bezeichnet werden.

Wäre Griechenland damals in die Hände des IWF gegeben worden, hätte das den deutschen Steuerzahler viele Milliarden Euro erspart. Ich hatte dazu schon frühzeitig ein Gutachten der Wissenschaftlichen Dienste des Deutschen Bundestages in Auftrag gegeben. Dort hieß es:

> »Ein IWF-Kredit für Griechenland hätte [...] insbesondere den Vorteil, dass der IWF seine Hilfen unter sehr strengen Bedingungen vergeben kann. Entsprechende Auflagen durch die EU würden dagegen nur den ›Zorn auf Europa schüren‹[.]«[5]

Auch das Institut der deutschen Wirtschaft (IW) sah in Griechenland einen klaren Fall für den IWF. Dem vorgeschobenen Hauptargument der Gegner einer Heranziehung des Internationalen Währungsfonds, der IWF bedrohe die Unabhängigkeit der EZB, hielt das IW entgegen, dass der IWF problemlos auf geldpolitische Auflagen verzichten könnte. Die Vorteile einer IWF-Beteiligung überwogen klar:

»Weil der Fonds wegen seiner strikten Bedingungen gefürchtet wird, steigt die Wahrscheinlichkeit, dass die Staaten sich an seine Vorgaben halten. Mehr noch: Die Länder dürften aus Respekt vor dem IWF schon im Vorfeld ihre Staatsfinanzen in Ordnung bringen – und somit den Geist der No-Bailout-Klausel bewahren und den Vorgaben des Stabilitätspakts folgen. Der vermeintlich große Nachteil der IWF-Hilfe liegt im Eingeständnis der Europäischen Währungsunion, mit den internen Problemen nicht selbst fertig zu werden. Allerdings sollte die Eurozone angesichts recht erfolgreicher erster zehn Jahre mehr Selbstbewusstsein zeigen.«[6]

Am 9. Februar 2010 war Griechenland erstmals Thema in unserer CDU/ CSU-Bundestagsfraktionssitzung. Im »Bericht des Vorsitzenden« hieß es zur aktuellen Entwicklung in einigen südeuropäischen Eurostaaten:

»Mit Sorge betrachten wir die aktuelle wirtschaftliche und finanzpolitische Entwicklung in Griechenland. [...] Das entschiedene Vorgehen der EU-Kommission zeigt Wirkung. Portugal hat im Kampf gegen sein Haushaltsdefizit ebenfalls entschlossene Schritte angekündigt. Die Regierung in Lissabon hatte im vergangenen Jahr mit einem Defizit von acht Prozent des Bruttoinlandsprodukts zu kämpfen. [...] Dies alles zeigt, der Euro hat gute Chancen, eine harte Währung zu bleiben.«[7]

In der Fraktionssitzung wurden kraftvolle Reden geschwungen. Auf gar keinen Fall werde man für die Schulden der Griechen aufkommen. Und dennoch berichtete die *Financial Times Deutschland* am Tag darauf auf der Titelseite unter der Überschrift »Berlin trägt Euros nach Athen«:

»Die Bundesregierung bereitet ein Hilfspaket für Griechenland vor. Wie die *FTD* aus Koalitionskreisen in Berlin erfuhr, sind im Kampf gegen die Schuldenkrise des Landes sowohl bilaterale Hilfen als auch ein international abgestimmtes Vorgehen auf EU-Ebene im Gespräch. Über Details will Bundesfinanzminister Wolfgang Schäuble (CDU) heute die Spitze der Unionsfraktion informieren. [...] In Berlin diskutiert wird unter anderem der Vorschlag, dass Deutschland und andere europäische Staaten Geld zu günstigen Bedingungen am Kapitalmarkt leihen und dann gegen einen Aufschlag an Griechenland weiterreichen. In EU-Kreisen wird befürchtet, dass das Land im Frühjahr bei der nächsten fälligen größeren Umschuldung Probleme haben könnte, sich Geld zu beschaffen.

Der Vizefraktionschef der CDU/CSU im Bundestag, Michael Meister, bestätigte die Vorbereitungen für ein Hilfspaket. ›Oberste Priorität für die Union hat ein stabiler Euro‹, sagte Meister der *FTD*. Es gebe aber keinen Automatismus. ›Wenn Griechenland Hilfen erhält, dann nur unter strengen Auflagen, und wenn die griechische Regierung den Staat tief greifend reformiert.‹«[8]

»Eventuelle Finanzhilfen für Griechenland« standen an diesem Tag auch auf der Tagesordnung des Haushaltsausschusses. Die Unterrichtung übernahm Steffen Kampeter, der erst seit Kurzem Parlamentarischer Staatssekretär beim Bundesminister der Finanzen war. In der zurückliegenden Legislaturperiode war er selbst noch haushaltspolitischer Sprecher der CDU/CSU gewesen. Ich schätzte Steffen sehr. Er war geradeheraus und bot jedem die Stirn. Bei ihm wurden die »Minister zu Sextanern«, wie einmal der *Rheinische Merkur* in einer Reportage über den Haushaltsausschuss titelte.[9] Er versinnbildlichte den Habitus eines Haushälters, der nicht kleinbeigab, auch wenn der Druck aus den Ministerien nach mehr Geld noch so groß war. Natürlich war er letztlich konsensorientiert, aber nicht harmoniesüchtig. Das konnte auch schon mal dazu führen, dass er einen eigenen Mitarbeiter ordentlich vor versammelter Mannschaft zusammenstauchte oder einen Praktikanten als Blitzableiter missbrauchte. Mit dieser Facette seines Charakters war Kampeter im Finanzministerium nicht allein. Schäubles Pressesprecher wurde später eine kleine Berühmtheit, weil der Minister ihn vor der versammelten Hauptstadtpresse demütigte. Es gibt dazu im Internet mehrere Videos, die sich perfekt für eine Charakterstudie eignen. Kampeters Nachfolger als haushaltspolitischer Sprecher der CDU/CSU-Bundestagsfraktion wurde mit Norbert Barthle der seitherige Obmann.

Im Haushaltsausschuss fasste Kampeter noch einmal die Ergebnisse des vorausgegangenen ECOFIN zusammen und gab einen Ausblick. Die Zuspitzung der Krise sei das Werk von Spekulanten, wobei die Ursache natürlich in der griechischen Schuldenorgie zu suchen sei. Griechenland trage demnach auch die Hauptverantwortung für die Wiedererlangung der

Stabilität der Märkte. Nachdem Kampeter den Hinweis nachschob, dass es im europäischen Recht keinen Herauskauf-Mechanismus bei Währungsturbulenzen gebe, hörte ich kurzzeitig auf, darüber nachzudenken, wer neben Griechenland selbst noch Verantwortung übernehmen sollte. Kampeter hatte wohl gerade einen bevorstehenden Schuldenschnitt angedeutet. Damit die Gläubiger aber nicht vor einem solchen *Haircut* das sinkende Schiff verließen, musste der Ball flach gehalten werden.

Und gleichwohl ließ Kampeter plötzlich durchblicken, dass Finanzhilfen für Griechenland doch im Bereich des Möglichen lägen. Die Bundesregierung strebe bei dem Thema keine aktive Rolle an. Wenn aber der Europäische Rat zu dem Schluss komme, dass Griechenland geholfen werden sollte, müsste man sich überlegen, wie solche Hilfsmaßnahmen auszugestalten seien. Die Bundesregierung zeigte sich jedoch zuversichtlich, dass es nicht so weit kommen würde. Der haushaltspolitische Sprecher der FDP, Otto Fricke, hatte da bereits »Widerstand gegen direkte deutsche Hilfen« angekündigt.[10] Die Presse überschlug sich am nächsten Tag mit Spekulationen:

»Deutschland und Frankreich bereiten offenbar eine groß angelegte Hilfsaktion vor, um Griechenland vor dem Staatsbankrott zu bewahren. [...] ›Wir können Griechenland nicht fallen lassen‹, zitierte *Le Monde* einen namentlich nicht genannten Vertrauten Sarkozys.«[11]

»Am Mittwoch machten Gerüchte die Runde, dass Deutschland plane, dem verschuldeten Griechenland unter die Arme zu greifen. Die Bundesregierung weist diese Spekulationen zurück. Klarheit dürfte der EU-Gipfel am Donnerstag bringen.«[12]

Die Presse hatte den richtigen Riecher. Am 11. Februar 2010 wurde auf dem Gipfeltreffen der Staats- und Regierungschefs der Europäischen Union die Büchse der Pandora geöffnet. In der Erklärung zum Ratsgipfel hieß es:

»Die Mitgliedstaaten des Euro-Währungsgebiets werden im Bedarfsfall entschlossen und koordiniert handeln, um die Finanzmarktstabilität im gesamten Euro-Währungsgebiet zu wahren. Die griechische Regierung hat keinerlei finanzielle Unterstützung beantragt.«[13]

Der 11. Februar 2010 war einer der verhängnisvollsten Tage unserer jüngeren Geschichte. An diesem Tag brachen die Staats- und Regierungschefs gemeinschaftlich europäisches Recht. Im *Vertrag über die Arbeitsweise der Europäischen Union* (AEUV) war in Artikel 125 die No-Bailout-Klausel verankert: Jede Übernahme von Schulden eines EU-Mitgliedstaates seitens der Gemeinschaft oder einzelner Mitgliedstaaten war klar verboten.

Am 13. Februar 2010 veröffentlichte die *Frankfurter Rundschau* ein großes Interview mit Schäuble. Auf die Frage, wie er den deutschen Steuerzahlern erklären wolle, dass diese für die Schulden eines anderen Staates aufkommen sollten, antwortete der Finanzminister:

> »Das sollen sie gar nicht. Die Solidarität, auf die Griechenland einen Anspruch hat, wird die EU leisten. Sie besteht in allererster Linie darin, dass wir helfen, die Bevölkerung von der Notwendigkeit einer soliden Finanzpolitik zu überzeugen. [...] Griechenland muss sich selbst helfen. Darin wollen wir Griechenland unterstützen.«[14]

Die Debatte in Deutschland beruhigte sich in diesen Tagen tatsächlich. Das lag aber daran, dass am 11. Februar mit der Weiberfastnacht die Karnevalshochphase begann. Seit jeher hatten an diesem Tag die Mitarbeiter in einem Ministerium mit Bonner Amtssitz dienstfrei. Auch die Sitzungswoche im Bundestag war um zwei Tage verkürzt worden, um den Abgeordneten die Möglichkeit zu geben, sich auf den jeweiligen Veranstaltungen in ihren Wahlkreisen blicken zu lassen. Damit fielen die Kerndebattentage Donnerstag und Freitag aus. Das bedeutete: Keine *Aktuelle Stunde*, keine Debatte im Nachgang des Treffens des Europäischen Rates. Die Fastnachtswoche war traditionell sitzungsfrei. Der wichtige ECOFIN vom 16. Februar 2010 wurde von den deutschlandweiten Festumzügen, Heringsessen und politischen Aschermittwochsveranstaltungen überlagert. Aus heutiger Sicht war das fatal, aus der Zeit heraus unbedenklich.

Die Zeichen standen auf Entwarnung. In einem Interview mit dem Deutschlandfunk sagte der einflussreiche luxemburgische Premierminister und Eurogruppen-Chef, Jean-Claude Juncker, am 16. Februar 2010:

»Griechenland muss wissen, dass die deutschen, die belgischen, die niederländischen, die luxemburgischen Steuerzahler nicht bereit sind, die Fehlleistungen der griechischen Haushaltspolitik zu begleichen.«[15]

Der Vorsitzende der CDU/CSU-Gruppe im Europäischen Parlament, Werner Langen, stieß einen Tag später ins gleiche Horn:

»Ich glaube, das ist jetzt in der Verantwortung Griechenlands. [...] Alles andere wäre falsch und würde eine Solidarität erfordern, die die Eurozone aus rechtlichen Gründen, aber auch aus verfassungsrechtlichen Gründen etwa von deutscher Seite her nicht leisten kann.«[16]

Die nächste Sitzungswoche begann erst am 22. Februar. An diesem Tag übersandte uns das Bundesfinanzministerium eine nichtssagende Unterrichtung zum ECOFIN. Interessanter war die Anlage, die einen Bericht des Ministeriums an den Finanzausschuss über »Griechenland und die Zukunft des Euros« beinhaltete. Dort hieß es: »Griechenland erbittet keine finanzielle Unterstützung. Die Frage von Hilfen stellt sich damit nicht.« Auch die Medienspekulationen, »wonach große Banken [gemeint war u. a. ausdrücklich die US-Investmentbank Goldman Sachs, Anm. d. Verf.] Griechenland in der Vergangenheit bei der Verschleierung seiner wachsenden Verschuldung geholfen haben sollen«, wurden kurz angerissen. Griechenland sei gebeten worden, bis Ende des Monats zu den Vorwürfen Stellung zu nehmen.[17]

Am 25. Februar 2010 stand eine mündliche Unterrichtung der Bundesregierung über die »Stabilisierungsmaßnahmen für Griechenland und deren Auswirkungen auf den Bundeshaushalt« auf der Tagesordnung des Haushaltsausschusses. In der vorausgegangen Sitzung hatten wir eigentlich darum gebeten, dass Schäuble in den Ausschuss kommt, doch der Minister lag im Krankenhaus. Kampeter war auch krank. Nachdem wir den Vorschlag eines Mitarbeiters aus dem Bundesfinanzministerium, die mündliche Unterrichtung auf die nächste Sitzung am 3. März zu vertagen, abgelehnt hatten, gab uns schließlich der Abteilungsleiter Europa Auskunft über den Stand der Dinge. Spürbar war dessen Befürchtung, eine politisch unkluge Aussage zu treffen. Und doch ließ er anklingen, dass das von der griechischen Regierung erst vor wenigen Wochen angekündigte Sparpaket nicht ausreichen würde, um die veranschlagten Defizitziele zu erreichen. Die wirtschaftliche Lage Griechenlands sei noch schlechter als angenommen. Außerdem halte die Bundesregierung die von Athen erhofften Einnahmen aus der Bekämpfung der Steuerhinterziehung für illusorisch. Kommission und EZB schätzten die Situation ähnlich schlecht ein. Dennoch sei auf dem Rat keine öffentliche Debatte über tatsächliche oder vermeintliche Hilfen geführt worden; weder dort noch beim ECOFIN habe Athen seine europäischen Partner um Hilfen gebeten. Die Bundesregierung arbeite weiter daran, dass dies auch so bleibe. Im Hinblick auf andere Schuldenstaaten, die mittlerweile unter dem phonetisch zweideutigen Kürzel PIGS (= Portugal, Irland, Griechenland und Spanien) firmierten, was der Regierungsvertreter ausdrücklich bedauerte, gab es nur halbe Entwarnung. Zwar sei die Situation Griechenlands singulär, aber auch Irland habe massive finanzpolitische Herausforderungen zu bewältigen. Sobald sich ein neuer Sachstand ergebe, werde man das Parlament in Kenntnis setzen.

Es gab offensichtlich eine regierungsinterne Sprachregelung. Egal von wem, in welchem Format, ob schriftlich oder mündlich, es wurde immer nach gleichem Muster geantwortet. Dafür kommen natürlich mehrere Gründe in Frage. Einerseits wollte die Bundesregierung den Druck auf Athen aufrechterhalten. Die griechische Regierung hätte sich ansonsten wahrscheinlich sogar das Vorgaukeln von Reformen erspart. Andererseits erhöhte jede Debatte um einen möglichen Bankrott Griechenlands die Zinsen für die Kredite, die das Land dringend benötigte.

Nach der unergiebigen ersten Fragerunde meldete ich mich zu Wort. Als Obmann meiner Fraktion pflichtete ich erst einmal unserem Sprecher bei. Griechenland habe sich nicht nur den Eintritt in die Währungsunion erschlichen, sondern auch danach Jahr für Jahr seine Partner mit falschen Zahlen belogen, daher müsse über ein Ausscheiden des Landes aus der Eurozone nachgedacht werden. Ich verlangte vom Ministerium Auskunft, inwiefern sich der IWF an der Bewältigung der griechischen Staatsschuldenkrise beteiligte. Das bloße Einbringen von Expertise reichte mir nicht. Die EU sollte tunlichst die Finger davon lassen, Griechenland Geld zu leihen – in welcher Form auch immer, forderte ich eindringlich.

Mein Kollege Georg Schirmbeck sprang mir bei. Die griechische Schuldenkrise sei durchaus mit einer Rückkehr zur Drachme und einer Abwertung der neuen Währung lösbar. Was in Griechenland passiere, sei alles nicht neu. Die Unregelmäßigkeiten seien immer bekannt gewesen. Das werde sich auch in Zukunft trotz aller Beteuerungen nicht ändern. Und dass die nun vorgelegten Zahlen der Wahrheit entsprächen, zog Schirmbeck stark in Zweifel.

Die Fragen wurden im Block beantwortet. Die Bundesregierung sprach sich gegen ein Ausscheiden Griechenlands aus der Eurozone aus. Der EU-Vertrag sehe einen solchen Fall nicht vor – schon gar nicht gegen den Willen des betroffenen Staates. Mein Ansatz einer flexiblen Währungsunion würde den Charakter der Eurozone völlig verändern. Da Griechenland wie alle anderen Euro-Staaten IWF-Mitglied sei, könne Athen den Währungsfonds natürlich um Finanzhilfen bitten. Hierzu lägen der Bundesregierung aber keine Informationen vor. Dass der Finanzminister das nicht wollte, sei aber kein Geheimnis.

Es meldete sich dann noch der SPD-Haushälter Klaus Hagemann mit dem Hinweis zu Wort, dass sich der Unterausschuss zu Fragen der Europäischen Union am darauffolgenden Tag mit derselben Thematik beschäftigen würde. Dankbar ging der Ausschuss zum nächsten Tagesordnungspunkt über. Die Zeit im Haushaltsausschuss war knapp bemessen. Die Haushaltsberatungen liefen immer noch. Die veranschlagten Ausgaben jedes Ministeriums mussten bis ins kleinste Detail durchgearbeitet werden. Da bot es sich natürlich an, die Befassung mit der griechischen Schuldenkrise in den Unterausschuss abzuschieben. Der Umgang mit EU-Vorlagen im Deutschen Bundestag ist ohnehin sehr dilatorisch. Sie werden in aller Regel ohne Aussprache in den Ausschüssen zur Kenntnis genommen. In vielen Fällen liest sich die Dokumente kein Abgeordneter richtig durch. Man verlässt sich darauf, dass die Bundesregierung auf europäischer Ebene die Interessen Deutschlands wahrt.

Am 3. März 2010 titelte die *Süddeutsche Zeitung*: »Schäuble [...] lehnt Hilfen für Griechenland ab«. Im dazugehörigen Interview antwortete der Finanzminister auf die Frage, ob »Deutschland den Griechen nicht hilft?«:

»Griechenland hat keine finanzielle Unterstützung erbeten. Die Frage konkreter Hilfen stellt sich deshalb nicht. Griechenland steht in der Pflicht, seine Haushalts- und Finanzpolitik auf einen soliden Pfad zu bringen und niemand kann den Griechen diese Aufgabe abnehmen. Die griechische Regierung hat nun bis zum 16. März Zeit, ihre zusätzlichen Anstrengungen überzeugend zu dokumentieren. Dann wird vonseiten der Europäischen Kommission und des Ministerrates über mögliche weitere Schritte im Defizitverfahren zu entscheiden sein.«[18]

Auch der deutsche EU-Kommissar Günther Oettinger stärkte die Abwehrfront gegen den Griff Athens in die deutsche Steuerkasse:

»Griechenland muss wissen, es muss sich jetzt selbst helfen und nicht Hilfe von Brüssel erwarten. [...] Nachgedacht wird viel, sie [die Griechen, Anm. d. Verf.] wissen ganz genau, was die kriegen können, was sie sich zumuten können, was sie an Mehreinnahmen schaffen können durch Steuererhöhungen, was sie an Ausgaben senken können, und ich glaube, die Verantwortung liegt noch immer in Athen. Die Regierung muss erst einmal die Balance zwischen Ausgaben und Einnahmen herstellen, dann kann man über einiges reden.«[19]

Beide Zitate geben im Rückblick eindeutige Hinweise auf einen bevorstehenden Bailout, wurden damals aber eher entwarnend gewertet. Der Haushaltsausschuss tagte am 3. März das letzte Mal vor der berüchtigten Bereinigungssitzung. Als letzter Tagesordnungspunkt stand die Beratung der EU-Vorlagen aufgrund der Ergebnisse der Sitzung des Unterausschusses auf der Tagesordnung. Wie intensiv die Beratungen dort waren, kann ich nicht sagen, jedenfalls wurde dem Haushaltsausschuss die Kenntnisnahme der Dokumente empfohlen. Das war dann die Steilvorlage, das ganze Paket EU-Vorlagen ohne Aussprache durchzuwinken. Der Vorsitzende des Unterausschusses kündigte an, dass er Griechenland für die übernächsten Sitzung am 24. März 2010 wieder auf die Tagesordnung setzen lasse. Damals war wohlgemerkt der 3. März. Aber wozu sollte man sich neben den Haushaltsberatungen noch künstlich Stress machen, wenn am 4. März Kampeter im Radio sagte:

»Die Griechen werden ihre Probleme selber lösen und brauchen dazu keine Ratschläge aus der Bundesrepublik und aus der Bundesregierung schon gar nicht.«[20]

Die Grünen wollten von der Bundesregierung ein schriftliches und öffentliches Bekenntnis und hatten bereits im Februar 2010 eine Kleine Anfrage gestellt.[21] In ihrer Antwort vom 4. März 2010 schloss die Bundesregierung Finanzhilfen an Griechenland aus. Insgesamt hatten die Grünen der Regierung 43 Fragen vorgelegt. Die Fragen nach möglichen »bilateralen und internationalen Stützungsmaßnahmen«, einem »Plan B« und IWF-Krediten sowie »vorgezogenen Auszahlungen aus dem Kohäsionsfonds« wurden zusammenfassend beantwortet:

> »Die Bundesregierung geht fest davon aus, dass Griechenland mit seinem europäisch abgestimmten strikten Konsolidierungskurs das Vertrauen der Finanzmärkte stärken wird. Griechenland erbittet keine finanzielle Unterstützung und hat dies beim ECOFIN-Rat am 16. Februar 2010 erneut bekräftigt. Die Frage von Hilfen stellt sich damit nicht.«[22]

Auch hielt die Bundesregierung an der No-Bailout-Klausel fest. Hierzu hieß es kurz und knapp: »Die Bundesregierung sieht keine Notwendigkeit, Artikel 125 AEUV zu ändern.«[23]

Am 5. März besuchte der griechische Premierminister Papandreou Berlin. Bereits im Vorfeld verlautbarte der griechische Vize-Außenminister Dimitris Droutsas im Deutschlandfunk, dass Papandreou nicht auf Betteltour sei:

> »Das darf ich klarstellen. Griechenland, die griechische Regierung hat zu keiner Zeit von seinen EU-Partnern direkte finanzielle Unterstützung verlangt. Dies ist nicht nötig, dies braucht Griechenland nicht. Wir können, wir wollen aus eigener Kraft unseren Staatshaushalt wieder sanieren.«[24]

Zum Abschluss ihrer Gespräche gaben Merkel und Papandreou eine gemeinsame Pressekonferenz. Ein Journalist fragte die Kanzlerin:

> »Frau Bundeskanzlerin, habe ich Sie so richtig verstanden: Bei aller erklärten Solidarität und auch ein bisschen Sympathie mit Griechenland ist es so, dass Deutschland nicht bereit sein wird, direkte Finanzhilfe zu leisten, weder bilateral noch in einem europäischen Rahmen abgestimmt, selbst wenn es Griechenland nicht gelingen sollte, im April seine Schulden

umzuschulden und auf dem privaten Kapitalmarkt die entsprechenden Mittel zusammenzubekommen?«[25]

Merkel gab zur Antwort:

»Sie haben mich richtig verstanden, wenn wir uns an dem Satz festhalten, dass Griechenland nicht um finanzielle Unterstützung gebeten hat, dass die Stabilität des Euroraums am heutigen Tag gegeben ist und dass sich deshalb diese Frage absolut nicht stellt. Sie wissen ja auch aus anderen Pressekonferenzen, dass wir nicht für die nächsten zehn Jahre alle denkbaren Fälle voraussehen können. Die Frage stellt sich nicht und wir arbeiten daran, dass sie sich nicht stellen wird. Ich bin sogar optimistisch, dass sie sich auch nicht stellen wird.«[26]

Diese Deutlichkeit überraschte die anwesenden Journalisten. Sofort kam eine Nachfrage:

»Weshalb hat aber die deutsche Regierung lange Zeit hindurch den Eindruck gepflegt, die Griechen wollten den Deutschen sozusagen das Geld aus der Tasche ziehen? Ich denke dabei auch an den deutschen Abgeordneten, der sich sehr sonderbar geäußert hat und Vorschläge gemacht hat, wie wir das Defizit durch den Verkauf von Staatsvermögen abbauen könnten.«[27]

Merkel gab zur Antwort:

»Ich kenne kein Mitglied der deutschen Regierung – das ist mir auch sehr wichtig –, das irgendwelche Vorwürfe oder irgendwelche Bemerkungen gegenüber Griechenland gemacht hätte. Wenn es das gäbe, dann würde ich sagen, dass das nicht meine Sichtweise ist. Niemand in der deutschen Regierung hat das gemacht. (Es mag sein,) dass es einen Abgeordneten gab, der etwas gesagt hat, womit ich auch nicht übereinstimme.«[28]

Der besagte Abgeordnete war mein Kollege Frank Schäffler von der FDP, der in der *BILD* vom 4. März gefordert hatte:

»Die Kanzlerin darf keinen Rechtsbruch begehen, darf Griechenland keine Hilfen versprechen. Der griechische Staat muss sich radikal von Beteiligungen an Firmen trennen und auch Grundbesitz, z. B. unbewohnte Inseln, verkaufen.«[29]

Die *BILD* machte daraus in bester Boulevardmanier die Überschrift: »Verkauft doch eure Inseln, ihr Pleite-Griechen ... und die Akropolis gleich mit!« Der Vorschlag meines später engsten Mitstreiters hatte offensichtlich das Missfallen der Kanzlerin gefunden. Allerdings ist es aber das Normalste auf der Welt, dass man erst einmal alle eigenen Reserven mobilisiert, quasi alles zusammenkratzt, bevor man einem Unbeteiligten an den Spargroschen will.

Natürlich hatte Merkel Recht, wenn sie ablehnte, sich so weit aus dem Fenster zu lehnen und Voraussagen für zehn Jahre zu treffen. An der No-Bailout-Klausel rüttelte die Bundeskanzlerin nicht. Das war national und international ein wichtiges Signal. Wahrscheinlich hatte ihr die Aussage von Schäffler sogar geholfen, denn so hatte Papandreou gleich Gewissheit, dass es in Deutschland härtere Hunde als die charmante *Madame No* gab, wie Merkel damals noch respektvoll genannt wurde. Wir Haushälter konnten scheinbar beruhigt in die anstehende sitzungsfreie Woche gehen.

Danach stand die Verabschiedung des Haushalts im Plenum an. In diesen Haushaltswochen finden keine regulären Arbeitsgruppen- und Ausschusssitzungen statt. Der Haushalt des Bundesministeriums der Finanzen wurde am 16. März 2010 gelesen. Dabei ging Schäuble auch auf Griechenland ein:

>»Weil sich in diesen Tagen die Spekulationen wieder und wieder gegen den Euro richten, was den Europäischen Rat am 11. Februar in Brüssel sehr beschäftigt hat, möchte ich die Gelegenheit nutzen, im Zusammenhang mit Griechenland ein paar Sätze zu einer Gerüchtelandschaft zu sagen, die ganz offensichtlich gezielt in Mitgliedstaaten – auch in Brüssel, das sage ich mit großer Klarheit – geschürt wird. Es bleibt dabei: Griechenland hat nicht um Hilfe nachgefragt. Deswegen gibt es darüber keine Entscheidung, und es ist auch keine Entscheidung getroffen worden. Es bleibt auch dabei: Wenn eine unmittelbare Zahlungsunfähigkeit bevorstehen würde, dann müssten wir – das ist klar – im Falle einer unmittelbar bevorstehenden Notsituation darauf reagieren, wie es der Europäische Rat gesagt hat. Er hat am 11. Februar entschieden: Die Mitgliedstaaten der Eurozone werden, wenn notwendig, entschlossene und koordinierte Maßnahmen ergreifen, um die finanzielle

Stabilität der Euro-Area als Ganzes sicherzustellen. – Nicht mehr und nicht weniger. Diese Lage ist nicht eingetreten.«[30]

Über seine Pläne für einen Europäischen Währungsfonds (EWF) schwieg Schäuble. Um den IWF aus der Eurozone herauszuhalten, unterstützte der deutsche Finanzminister zum Erstaunen der europäischen Partner die Schaffung eines eigenen Fonds für die Eurozone. Die Diskussion dazu hatte der damalige Chefvolkswirt der Deutschen Bank, Thomas Mayer, angestoßen.[31] Schäuble nahm den Vorschlag nun auf, wobei der IWF als Blaupause für den EWF dienen sollte. Wir haben dazu im Bundestag nie auch nur eine einzige Vorlage bekommen.

Am 16. März 2010 trafen sich wieder die Finanz- und Wirtschaftsminister der Europäischen Union. Bereits im Vorfeld hatte Schäuble angekündigt, dass keine Entscheidung zu Griechenland anstünde. Dafür wollte die Bundesregierung nun selbst in die Offensive gehen und eine Verschärfung des Euro-Regelwerkes auf den Weg bringen, wie Schäuble in der *BILD* ankündigte:

> »Intensivere Überwachung, schärfere Sanktionen. Wir dürfen uns nie wieder derart hinters Licht führen lassen. Nur so bleibt der Euro vertrauenswürdig. Dazu gehört auch die Überlegung, was man mit einem Euro-Staat macht, der beharrlich Regeln verletzt. [...] [Auch] deshalb brauchen wir schärfere Regeln, d. h. im äußersten Notfall auch die Möglichkeit, dass ein Land, das seine Finanzen partout nicht in Ordnung bringt, aus dem Euro-Verbund ausscheidet. Eine solche Aussicht allein sorgt schon für eine ganz andere Disziplin. [...] Wir wollen alle überzeugen. Das ist sicherlich mühsam und wird dauern. Aber wir müssen jetzt damit anfangen. [...] Angela Merkel und ich sind voll auf einer Linie. Wir stehen vor einer entscheidenden Weichenstellung für die Stabilität des Euro.«[32]

Auf dem ECOFIN wurde Griechenland ins Hausaufgabenbuch geschrieben, ab 2012 wieder die Maastricht-Kriterien einzuhalten. Erreicht werden sollte dies »durch strukturelle Abbauschritte von mindestens 3,5 % des BIP jeweils für 2010 und 2011 bzw. 2,5 % des BIP für 2012.«[33] Und gleich zu Beginn gab es auch schon ein großes Lob für den vermeintlich fleißigen Schüler: »Der ECOFIN-Rat stellte fest, dass Griechenland sein Stabilitätsprogramm in angemessener Weise umsetzt.«[34] Auch wurden die zusätzlich von der griechischen Regierung ergriffenen Maßnahmen begrüßt. Es wurde festgestellt, »dass die angekündigten Maßnahmen ausreichen müssten, um das Defizitziel von 2010 von 8,7 % des BIP sicherzustellen.«[35] Nicht nur aus heutiger Sicht erscheint die Prognose des geballten wirtschafts- und finanzpolitischen Sachverstandes der Europäischen Union abenteuerlich.

Aber (noch) war es nicht unser Problem. Ich vertraute auf Merkel, die Papandreou höchstpersönlich eine Absage erteilt hatte. Dass es in der Sache Differenzen zwischen der Kanzlerin und ihrem Finanzminister gab, konnte inzwischen nicht mehr unter den Teppich gekehrt werden. Die *Welt* wollte demzufolge in einem Interview vom Finanzminister wissen, ob er und die Kanzlerin ein »generell unterschiedliches Verständnis über den Zusammenhalt innerhalb der EU« hätten. Schäuble stritt dies ab:

> »Da trügt Sie wohl Ihr Gefühl. Die Bundeskanzlerin und ich sind beide überzeugte Europäer. Wir beide wollen einen starken Zusammenhalt innerhalb der EU. Dass Angela Merkel und ich manchmal in Nuancen unterschiedlicher Auffassung darüber sind, wie dieses Ziel erreicht werden kann, und dies auch öffentlich äußern, ist nichts Verwerfliches. Angela Merkels Stärke beruht darin, dass sie diese Unterschiede zu schätzen weiß. Deshalb hat sie mir das Amt des Bundesfinanzministers auch angetragen.«[36]

Rückenwind bekamen die Gegner von Finanzhilfen von der Wissenschaft. Das Centrum für Europäische Politik (cep) legte im März 2010 die Studie: »Keinen Euro nach Athen tragen. Warum ein Bailout Griechenlands ökonomisch abzulehnen und juristisch unzulässig ist.« vor. In den Leitsätzen hieß es gleich zu Beginn:

> »Aus währungsökonomischer Sicht ist ein von Euro-Mitgliedstaaten getragener Bailout strikt abzulehnen. Ein solcher Bailout ist mit enormen Kosten für die Glaubwürdigkeit des Euroraums verbunden und kann die fundamentalen Probleme ohnehin nicht lösen. Er schwächt die Unabhängigkeit der Europäischen Zentralbank (EZB) und erschwert damit die Glaubwürdigkeit einer auf Geldwertstabilität ausgerichteten Geldpolitik. [...] Dort, wo Schulden geteilt werden, sinkt die Eigenverantwortung. Das Ergebnis sind höhere, nicht niedrigere Schulden.«[37]

Der Druck auf Deutschland vonseiten der südeuropäischen Schuldenstaaten wurde indes immer größer. Der portugiesische Präsident der Europäischen Kommission, José Manuel Barroso, sagte gegenüber dem *Handelsblatt* doppelzüngig: »Es liegt im deutschen Interesse, die Stabilität in der Europäischen Währungsunion zu sichern.«[38] In einem Interview mit der *Bild am Sonntag* äußerte sich Schäuble zu Barrosos Forderung, die Euro-Staaten sollten Griechenland bilateral mit Kreditzusagen helfen, mit den bekannten Worthülsen:

> »Griechenland unternimmt alle Sparanstrengungen, um die Krise in den Griff zu kriegen. Nun geht es darum, die Märkte zu überzeugen und die Spekulation gegen Griechenland zu brechen. Die Regierung in Athen sagt, dass sie dafür die Solidarität der anderen Euro-Länder braucht. Es geht darum, die Finanzmärkte davon zu überzeugen, dass der griechische Konsolidierungsweg glaubwürdig ist. Für EU-Hilfen gibt es kein Gemeinschaftsinstrument. Also kämen im äußersten Fall nur bilateral koordinierte, also freiwillige Hilfen infrage, aber Griechenland selbst sieht diesen Fall nicht als gegeben. Im Übrigen hat Griechenland – als Mitglied des IWF – nach der Rechtslage auch Zugang zu Hilfen des IWF.«[39]

Im *Morgenmagazin* hielt der Vorsitzende der CDU/CSU-Bundestagsfraktion, Volker Kauder, dagegen. Eine Diskussion über Griechenland beim anstehenden Gipfel sei »vollkommen unnötig«.[40] Diskussionen gab es dafür aber in der Fraktionssitzung am 23. März 2010 umso mehr.

Merkel erklärte, dass es Griechenland innerhalb der letzten Wochen mehrfach gelungen war, Anleihen zu platzieren. Erst wenn Griechenland keinen Zugang mehr zum Kapitalmarkt habe, brauche das Land externe Hilfe, die dann aus einer Kombination eines substanziellen IWF-Beitrags und ergänzenden bilateralen Hilfen bestehen könnte. Ein Gemeinschaftsinstrument lehnte die Bundeskanzlerin aus rechtlichen Gründen ab. Auch würde mit einem solchen Instrument ein Präzedenzfall geschaffen, den man viel einfacher immer wieder in Aktion rufen könnte. Unter Beifall versprach Merkel, dass sich die Bundesregierung nur an Finanzhilfen beteiligen werde, wenn auch der IWF mit im Boot sei. Auch wenn man Griechenland womöglich als *ultima ratio* helfen müsste, sollte für die Zukunft ausgeschlossen werden, dass ein Mitgliedstaat die ganze Eurozone ins Chaos stürzt. Merkel plädierte für ein Insolvenzverfahren für die Eurozone und den Ausschluss einzelner Mitglieder aus der Währungsgemeinschaft, wenn diese notorisch gegen die Regeln verstießen. Diese Positionen werde sie auch auf dem bevorstehenden Ratsgipfel vortragen.

Merkel beendete mit ihrem Vortrag vorerst alle Spekulationen um einen Europäischen Währungsfonds. Gegen Schäubles EWF-Pläne gab es gerade von erfahrenen Parlamentariern wie dem Alterspräsidenten Heinz Riesenhuber heftigen Widerstand. Am Rande der Fraktionssitzung hatten Riesenhuber und ich eindringlich auf Merkel eingeredet. Für Schäuble war Merkels Pochen auf eine IWF-Beteiligung eine schwere Niederlage. Die Kanzlerin hatte aber die Stimmungslage innerhalb der Fraktion gut erkannt, auch wenn diese nicht der ausschlaggebende Punkt für eine Beteiligung des IWF war. Es war vielmehr die Tatsache, dass Schäuble auch auf europäischer Bühne eine Mehrheit gegen sich hatte.[41] Die Meinungs- und Stimmungslage in unserer Fraktion berührte den Finanzminister nur am Rande. Nachdem die Beteiligung des IWF klar war, verschoben sich allmählich die Koordinaten der Diskussion. Die Ja/Nein-Frage wurde von der Mehrheit nicht mehr gestellt, es ging nur noch um das Wie.

Am 24. März tagte der Haushaltsausschuss nach dreiwöchiger Pause wieder regulär. Kampeter unterrichtete den Ausschuss über die Ergebnisse des zurückliegenden ECOFIN. Dort sei zwar ausführlich über die technische Umsetzung möglicher Notfallmaßnahmen für Griechenland gesprochen, aber keinerlei Entscheidungen irgendwelcher Art getroffen worden. Die Finanzminister hätten lediglich verschiedene Alternativen erörtert, wobei solche mit erheblichen Risiken für den deutschen Bundeshaushalt ausgeschlossen worden seien. Auch beim anstehenden Treffen des Europäischen Rates seien keine Beschlüsse zu erwarten. Sollten sich Beschlüsse als notwendig erweisen, wovon er aber nicht ausgehe, würden diese in einer späteren Ratssitzung zu treffen sein, legte Kampeter dar.

Für den Staatssekretär verlief die Sitzung äußerst ungemütlich. Es gab sehr viele kritische Nachfragen. Es sei wenig hilfreich, wenn jeden Tag Spekulationen über mögliche Details, Volumina und instrumentelle Umsetzungen möglicher, aber nicht angeforderter Hilfspakete Griechenlands ins Spiel gebracht würden, verteidigte sich Kampeter und bat um Verständnis, dass er sich nur vage äußern könne. Langfristig befürworte Finanzminister Schäuble weiterhin einen Europäischen Währungsfonds, der aber nur am Ende einer Interventions- und Sanktionskurve stehen könne, offenbarte Kampeter. Hier war extreme Vorsicht geboten. Schäuble hat gute Nehmerqualitäten. Niederlagen steckt er sehr gut weg und verliert dabei seine Ziele nie aus Augen. So war es auch hier, wenn auch der Name EWF verbrannt war. Er erlebte später als ESM (Europäischer Stabilitätsmechanismus) eine Wiedergeburt.

Merkel und Schäuble hatten verstanden, dass der Bundestag dem Bailout nur zustimmen würde, wenn er Teil eines größeren Paketes war. Beide machten sich jetzt die Forderung nach einer Austritts- und Ausschlussmöglichkeit einzelner Mitglieder aus der Eurozone zu eigen. In der *FAZ* sagte Schäuble:

> »Ich bin wie die Bundeskanzlerin der Meinung, dass die Möglichkeit eines Ausscheidens als letztes Glied einer Handlungskette – als *ultima ratio* – dazugehört.«[42]

Schäubles Interviewpartner sah den Dammbruch infolge einer bilateralen Griechenland-Hilfe bereits voraus. Er äußerte die Befürchtung, dass sich Deutschland einerseits mit seiner Forderung nach einer Schärfung des Euro-Regelwerkes nicht durchsetzen, aber andererseits langfristig in eine Haftungs- und später Transfergemeinschaft hineinschlittern könnte. Schäuble wollte dies nicht gelten lassen:

> »Nein. So geht das nicht. Sie können jeden Vorschlag kritisieren, indem Sie ihn in Teile zerlegen und dann sagen, das eine kommt, das andere kommt nicht; also taugt es nichts. Das ist nicht fair. Sie können den Vorschlag nur als Ganzes bewerten. Aber es bleibt bei dem grundsätzlichen Problem, dass potenzielle Sünder über Sünder entscheiden, sodass am Ende nichts passieren wird. Deswegen steht in meinem Vorschlag, dass potenziellen Sündern das Stimmrecht entzogen wird. [...] Ich habe keine Haftungsgemeinschaft vorgeschlagen. [...] Mein Vorschlag sind schärfere Instrumente. Erst als letztes Mittel besteht die Möglichkeit einer Liquiditätshilfe unter Auflagen. Dies hat mit einer Haftungsgemeinschaft nichts zu tun.«[43]

Am 25. März 2010 erklärten die Staats- und Regierungschefs des Euro-Währungsgebietes die Bereitschaft, »im Rahmen eines Paketes, das eine erhebliche Finanzierung durch den Internationalen Währungsfonds und einen Mehrheitsanteil aus europäischen Finanzmitteln umfasst, zu koordinierten bilateralen Darlehen beizutragen.«[44] Merkel hatte das bereits vorab in einer Regierungsklärung im Bundestag als ihre eigene Verhandlungsposition ausgegeben. Gleichzeitig machte sie uns damals immer noch Hoffnung, dass diese Situation nicht eintreten werde:

> »Es ist noch kein Euro und kein Cent für die Unterstützung Griechenlands ausgegeben worden. Bislang ist Griechenland nicht zahlungsunfähig geworden. Auch sind düstere Vorhersagen über die Entwicklung in anderen Mitgliedstaaten nicht Realität geworden. [...] Deshalb sage ich: Ein guter Europäer ist nicht unbedingt der, der schnell hilft. Ein guter Europäer ist der, der die europäischen Verträge und das jeweilige nationale Recht achtet und so hilft, dass die Stabilität der Eurozone keinen Schaden nimmt.«[45]

Nach dem Ratsgipfel machte der Bundestag erst einmal drei Wochen Osterpause. Und wie nach dem Ratsgipfel im Februar trat auch jetzt eine kurze Entspannungsperiode ein. »Die jüngste Platzierung einer griechischen Anleihe am 29. März 2010 hat deutlich gemacht, dass Griechenland unverändert Zugang zum Kapitalmarkt hat«, schrieb Finanzstaatssekretär Jörg Asmussen fast schon euphorisch am 9. April 2010 an den Haushaltsausschuss.[46]

Das Blatt begann sich aber nun endgültig zu wenden. Bereits zwei Tage später gab es eine Telefonkonferenz der Eurogruppe, auf der die Details für den bevorstehenden Bailout vereinbart wurden. Es ging nun konkret um ein Hilfsprogramm mit einer Laufzeit von drei Jahren. Dies enthielt die Verpflichtung der Euro-Mitgliedstaaten zusammen mit dem IWF »im ersten Jahr bis zu 30 Milliarden Euro zur Deckung des Finanzierungsbedarfs bereitzustellen.«[47]

Bisher waren alle davon ausgegangen, dass es sich um insgesamt 30 Milliarden Euro handelte, an denen sich Deutschland gemäß EZB-Schlüssel mit etwas mehr als acht Milliarden Euro beteiligen musste. Nun stand ein Vielfaches dieser Summe im Raum. Die miserable Informationspolitik der

Bundesregierung wurde nun auch in den Medien thematisiert. »Haushälter fühlen sich schlecht über Ausmaß der Hilfen informiert«, titelte das *Handelsblatt* am 15. April 2010. Dem Blatt war es gelungen, einer ganzen Reihe von Abgeordneten Stellungnahmen abzuringen. »Ich bin davon ausgegangen, dass der deutsche Beitrag auf gut acht Milliarden Euro begrenzt ist«, zitierte es einen offensichtlich verblüfften Norbert Barthle. Auch der haushaltspolitische Sprecher der SPD, Carsten Schneider, machte aus seinem Ärger kein Geheimnis: »Es kann nicht sein, dass die Bundesregierung solche schwerwiegenden Vereinbarungen in Hinterzimmern trifft, ohne das Parlament und die Öffentlichkeit zu informieren.« Der haushaltspolitische Sprecher der FDP habe trotz mehrerer Bitten die Erklärung der Eurogruppe vom 11. April 2010 nicht erhalten, beklagte sich indigniert Otto Fricke.[48]

Bereits am 12. April 2010 wurde eine Expertenkommission, bestehend aus Mitgliedern der EU-Kommission, EZB und des IWF – kurz *Troika* genannt – nach Griechenland entsandt, um dort zusammen mit den griechischen Behörden ein mehrjähriges Wirtschaftsprogramm auszuarbeiten. Das Programm sollte »so angelegt sein, dass es auch als Konditionalität für ein Kreditprogramm des IWF bzw. der Eurozonen-Staaten dienen könnte. Allerdings hat die griechische Regierung bislang nicht um finanzielle Hilfe gebeten«, unterrichtete Kampeter den Haushaltsausschuss schriftlich.[49] Für Finanzhilfen müsste Griechenland drei Bedingungen erfüllen: Die griechische Regierung müsste erstens einen offiziellen Antrag stellen, zweitens den Nachweis erbringen, dass Griechenland keinen ausreichenden Zugang zum Kapitalmarkt hat, und drittens müssten die Euro-Mitgliedstaaten einstimmig grünes Licht geben.[50] Auf europäischer Ebene war bereits vereinbart worden, alle erforderlichen nationalen Maßnahmen in die Wege zu leiten, »um Griechenland rasch Hilfe leisten zu können.«[51]

Die griechische Schuldenorgie wurde nun öffentlich als Verschwörung der Finanzmärkte gegen die Währung umgedeutet. »Die Märkte wissen jetzt: Das ist kein Gedicht, was die Finanzminister geschrieben haben. Es ist das geladene Gewehr«, sagte Juncker gegenüber dem Deutschlandfunk am 12. April.[52] Die Märkte verhielten sich in dieser Situation – im Gegensatz zu den selbst ernannten Euro-Rettern – vollkommen rational. Je höher das Risiko, desto höher die Zinsen. Man darf die Finanzmärkte nicht auf eine Bande von Zockern reduzieren. Hier agieren auch langfristig denkende Investoren wie zum Beispiel Pensionsfonds oder Versicherungen. Diese zogen sich – ganz im Sinne ihrer vielen Millionen Kunden – aus riskanten Geschäften zurück.

Die technischen Vorarbeiten zum Bailout zeigten, dass die Zinsen als Risikoindikator ausgeschaltet werden sollten. Es wurde über zwei Zinsmodelle diskutiert. Einige befürworteten einen Festzins von etwa fünf Prozent, andere wollten den Basiszins des Darlehens am Dreimonats-Euribor (Euro Interbank Offered Rate) orientieren. Das ist der Zinssatz, zu dem sich Banken untereinander Kredite gewähren. Mitte April 2010 lag er bei etwa 0,6 Prozent. Hinzu sollten ein Aufschlag von 300 Basispunkten sowie eine Verwaltungsgebühr von bis zu 50 Basispunkten kommen. Der Zins hätte also zum damaligen Zeitpunkt 4,1 Prozent betragen. Das Zinsrisiko trug bei diesem Modell Athen. Wenn Griechenland das Darlehen nicht innerhalb von drei Jahren zurückzahlte, sollten die noch ausstehenden Beträge mit einem zusätzlichen Strafzins von 100 Basispunkten belegt werden.[53] Einige Kollegen witterten damals ein großes Geschäft für den Bundeshaushalt. In einem Vermerk aus dem Finanzministerium hieß es:

>»Die Kosten des Darlehens sind nicht subventioniert, der Kredit enthält eine erhebliche Marge gegenüber den Finanzierungskosten Deutschlands und aller finanzierenden Euroländer. [...] Die Bundesregierung wird nicht nur durch die Zinshöhe, sondern auch durch die Auflagen für den Kredit dazu beitragen, dass GRC im Falle einer Finanzhilfe möglichst rasch wieder an den Kapitalmarkt zurückkehrt.«[54]

Aber solange die griechische Regierung keinen Antrag stellte, gaukelte man uns weiterhin vor, es sei noch nichts entschieden. Dementsprechend wurden im Bericht des CDU/CSU-Fraktionsvorsitzenden vom 20. April wieder nur von »mögliche[n] bilaterale[n] Hilfen« gesprochen.[55] Am 21. April tagte der Haushaltsausschuss. Immerhin kam nun Schäuble persönlich. Die europäischen Finanzminister hätten sich dagegen entschieden, griechische Staatsanleihen zu kaufen, sie wollten Griechenland einen Kredit gewähren, berichtete Schäuble. Nur so könnte man Athen Auflagen diktieren. Griechenland habe im ersten Jahr einen Kapitalbedarf in Höhe von 40 Milliarden Euro. Der IWF habe bereits signalisiert, sich mit zehn bis 15 Milliarden Euro zu beteiligen. Man sei übereingekommen, dass die Euro-Mitgliedstaaten bilateral bis zu 30 Milliarden Euro stemmen müssten. Gemäß des EZB-Schlüssels von 28 Prozent würde sich der deutsche Anteil somit auf bis zu 8,4 Milliarden Euro belaufen, so Schäuble.

Die Abwicklung sollte in Deutschland die staatliche Förderbank KfW übernehmen. Für die Kreditvergabe sei jedoch eine gesetzliche Ermächtigung notwendig. Um keine falschen Signale an die Finanzmärkte zu senden, sollte damit jedoch gewartet werden. Schäuble vertraute darauf, dass der Bundestag bei Eintritt des Ernstfalls ein beschleunigtes Gesetzgebungsverfahren ins Auge fassen werde. Nach Aussage der griechischen Regierung sei aber innerhalb der nächsten zwei Wochen keine dramatische Zuspitzung der Lage zu befürchten. Aber man wisse nie, wie die Märkte reagierten, zeigte sich Schäuble skeptisch.

In der Berichterstatterrunde zog Carsten Schneider mächtig vom Leder. Bereits dreimal habe der Haushaltsausschuss um Unterrichtung in Bezug auf die griechische Schuldenkrise und deren Folgen für den Bundeshaushalt gebeten. Heute hätten die Abgeordneten das erste Mal weiterführende Informationen erhalten, ereiferte sich Schneider. Und ließ dann wissen, dass er ein verkürztes Gesetzgebungsverfahren ablehne. Das saß und führte zu Streit im Ausschuss. Der haushaltspolitische Sprecher der FDP, Otto Fricke, drohte, es sei das gute Recht der Opposition, ein verkürztes Gesetzgebungsverfahren zu verweigern, aber dann müsste sie auch die Verantwortung für die damit verbundenen Risiken übernehmen.

Schäuble setzte die Einschüchterung der Opposition mit düsteren Horrorgemälden fort. Die Franzosen könnten ein entsprechendes Gesetz innerhalb von sechs Tagen zustande bringen. Wenn sich die Opposition öffentlich gegen ein verkürztes Gesetzgebungsverfahren aussprechen würde, könne das spekulative Tendenzen auf den Märkten auslösen, für die der Abgeordnete Schneider doch mit Sicherheit nicht öffentlich Verantwortung übernehmen wolle. Schneider solle vorsichtig sein, denn Schäuble könne ihm nicht garantieren, dass er dafür nicht persönlich haftbar gemacht werde.

Die Vorsitzende des Haushaltsausschusses, Petra Merkel (SPD), half ihrem Parteigenossen nicht und ließ die Situation weiterlaufen. Ein CSU-Haushälter appellierte an Schneiders Haushälterehre, da dessen Bemerkungen eine Abkehr von der bisherigen Arbeit im Parlament und Haushaltsausschuss in Notsituationen darstelle. Der Haushaltsausschuss habe sich bisher immer dadurch ausgezeichnet, dass er mit einem Höchstmaß an Verantwortungsbewusstsein in ganz besonderen Situationen seinen Aufgaben nachkomme. Er bat Schneider, über die Angelegenheit noch einmal nachzudenken und erinnerte an das im Herbst 2008 innerhalb weniger Tage verabschiedete Finanzmarktstabilisierungsgesetz. Das nahm ein anderer FDP-Abgeordneter zum Anlass, Schneider vorzuhalten, dass die FDP während ihrer Zeit in der Opposition nicht solche Spielchen gemacht habe. Ein Linker bemerkte lapidar, dass die Koalition von der Opposition mehr staatstragendes Verhalten erwarte, als sie selbst praktiziere.

Aber Schneider hatte recht. Griechenland war kein Notfall. Im Gegensatz zur US-Investmentbank Lehman Brothers, die kurz vor ihrem Bankrott im September 2008 noch mit einem Spitzenrating bedacht worden war, wusste bei Griechenland jeder Investor, woran er war. Seit Monaten bastelte die Regierung an Notfallplänen für den Fall, dass Griechenland auf den Märkten nur noch Geld zu prohibitiv hohen Zinsen bekam. Das letzte Treffen der europäischen Staats- und Regierungschefs lag Wochen zurück, seitdem hatte die Bundesregierung noch nicht einmal einen Kabinettsbeschluss zustande gebracht. Und jetzt bekam das Parlament plötzlich die Pistole auf die Brust gesetzt.

Einen Tag später versuchte Schäuble, die deutsche Öffentlichkeit mit den gewohnten Durchhalteparolen zu beruhigen. Im Deutschlandfunk sagte er am 22. April:

> »Bisher sagt Griechenland, dass es nicht entschieden hat, dass es auch immer noch hofft, ohne auszukommen. Was wir tun in der EU, auch mit dem IWF, ist eine reine Vorbereitung für den Fall, aber es ist nicht entschieden, ob der Fall eintritt. [...] Griechenland hat ja auch in dieser Woche keine Schwierigkeiten, seine notwendige Finanzierung an den Anleihemärkten sicherzustellen, auch zu Zinssätzen, die den Marktverhältnissen entsprechen.«[56]

Auch wenn Schäuble am 22. April 2010 die Öffentlichkeit noch glauben machen wollte, dass ein Bedarf Griechenlands an Hilfskrediten nicht absehbar wäre, war es dann doch nur einen Tag später schon soweit. Nachdem die griechische Regierung die Defizitzahlen wieder nach oben korrigieren musste, was einer Herabstufung der griechischen Staatsanleihen auf »Junk« mit all seinen Folgen bewirkte, stellte der griechische Finanzminister einen Antrag auf Finanzhilfen. Das war nach den Verlautbarungen der Staats- und Regierungschefs auf dem EU-Gipfel am 26. März 2010 und der Telefonkonferenz der Eurogruppe am 11. April 2010 wahrlich keine Überraschung mehr, auch wenn uns die Bundesregierung einen »dramatische[n] Anstieg der Renditen für griechische Staatsanleihen am 22. April von 10,6 % auf dreijährige und 8,9 % auf 10-jährige Anleihen« als Ursache präsentierte.[57] Um die Angst vor Ansteckungsgefahren und Dominoeffekten zu schüren, wurden wir gleichzeitig darüber in Kenntnis gesetzt, dass Portugal, Spanien und Irland ebenfalls stark unter Druck stünden.

Am 27. April erhielten wir einen ersten Entwurf zum *Gesetz zur Schaffung einer Ermächtigungsgrundlage für die Übernahme von Gewährleistungen im Zusammenhang mit Notmaßnahmen zum Erhalt der für die Stabilität der Währungsunion erforderlichen Zahlungsfähigkeit.* Der Gesetzentwurf war äußerst knapp gehalten. Der Bundestag sollte das Finanzministerium ermächtigen, »Gewährleistungen bis zur Höhe von insgesamt 8,4 Milliarden Euro für Kredite an die Hellenische Republik für Notmaßnahmen zum Erhalt der für die Finanzstabilität der Währungsunion erforderlichen Zahlungsfähigkeit zu übernehmen.«[58]

Am 28. April fand ein Hintergrundgespräch statt, in dem Schäuble die Führungskreise der Bundestagsfraktionen ins Gebet nahm. Um die Kompromissbereitschaft der Fraktionsführungskader zu erhöhen, brachte Schäuble noch den EZB-Präsidenten Jean-Claude Trichet und IWF-Chef Dominique Strauss-Kahn mit. Deren Darstellungen erfolgten zwar in unterschiedlicher Tonalität, waren aber beide gleichermaßen nachdrücklich. Beide forderten den Bailout. Die Vertreter von EZB und IWF erwiesen sich als gute Lobbyisten der französischen Finanzbranche, indem sie erfolgreich Forderungen nach einer Beteiligung der privaten Gläubiger zurückwiesen. Trichet und Strauss-Kahn hätten ihm die Folgen eines Haircuts vor Augen geführt, rechtfertigte sich wenige Tage später Barthle für seine Kehrtwende um 180 Grad. Barthle warnte vor Panikmache und stellte sich immer noch als Herr der Lage dar. »Zunächst geht es jetzt nur um die 8,4 Milliarden Euro, die im Gesetzentwurf stehen«, sagte er der *Welt* am 30. April.[59] Unser haushaltspolitischer Sprecher war offensichtlich der Meinung, es gehe bei der anstehenden Abstimmung zunächst nur um die 30 Milliarden Euro, die Griechenland an bilateralen Hilfen im laufenden Jahr benötigte. Seine Hoffnung war, dass es nur eine kleine Finanzspritze brauchte, um mit einem Schlag alle Spekulationen auf den Finanzmärkten zu beenden. »Die Lage wird sich beruhigen. Weder Portugal noch Spanien werden unsere Hilfe benötigen«, war sich Barthle sicher.[60]

Doch bereits einen Tag später wurde die Summe, die Griechenland in den nächsten drei Jahren benötigte, auf 110 Milliarden Euro beziffert. Davon wollte der IWF 30 Milliarden übernehmen. Die Athener Troika-Mission wurde in den Abendstunden des 1. Mai mit der Vorlage eines dreijährigen Anpassungsprogramms, das diverse wirtschafts- und finanzpolitische Maßnahmen vorsah, abgeschlossen. Zumindest auf dem Papier waren das bittere Pillen, die jedoch geschluckt werden mussten, bevor Athen in den Genuss eines noch größeren Schlucks aus der Schuldenpulle kam. In Griechenland brachen daraufhin starke Unruhen und Straßenschlachten aus. Infolge des dritten Generalstreiks in einem Jahr starben bei Protesten in Athen sogar drei Menschen in einer in Brand gesteckten Bank.

Am Sonntag tagte wieder die Eurogruppe. Auf europäischer Ebene war der Weg für Hilfen frei. Nur die Slowakei weigerte sich, ihre Bevölkerung, deren Lebensstandard unter dem der Griechen lag, für deren Schuldenorgie bluten zu lassen. Am 3. Mai begann im Bundestag ein Sondersitzungsmarathon. Um 14 Uhr tagte außerplanmäßig der Haushaltsausschuss, was aber nicht länger als zwei Stunden dauern durfte, weil direkt im Anschluss eine Sonderfraktionssitzung angesetzt war. Eigentlich hatte sich der Ausschuss die Anwesenheit von Schäuble und Außenminister Guido Westerwelle erbeten. Beide ließen sich aber durch Staatssekretäre vertreten. Schäuble hatte nach Aussage Kampeters gerade erst die Kabinettssitzung verlassen und eilte nun zu den Fraktionsvorsitzenden.

Zum Sitzungsbeginn ließ Kampeter druckfrisch die Kabinettsvorlage austeilen. Das Konvolut aus Papieren, das wir in diesem Moment zum ersten

Mal zu Gesicht bekamen, bestand aus einem überarbeiteten Gesetzent-wurf, einem »Memorandum of Economic and Financial Policies« in eng-lischer Sprache sowie einem »Memorandum of Understanding« (MoU) mit deutscher Übersetzung. Daneben lag ein an die Herren Juncker, Tri-chet und Währungskommissar Olli Rehn adressiertes Schreiben, das der griechische Finanzminister gemeinsam mit dem Präsidenten der griechi-schen Zentralbank verfasst hatte. Darin versprachen die beiden Griechen den Vertretern von Eurogruppe, EZB und EU-Kommission, sich an die mit der Troika getroffenen Vereinbarungen zu halten. Daneben wurde uns ein gemeinsamer Brief von Rehn und Trichet an Juncker vorgelegt, der nur Wiederholungen enthielt. Damit sahen die Euro-Retter die dritte Bedingung für den Bailout als erfüllt an. Alle bestätigten sich gegenseitig, das Richtige zu tun. Das war ein guter Indikator dafür, dass etwas falsch lief.

Das Gesetz trug nun den Titel »Gesetz zur Übernahme von Gewährleis-tungen zum Erhalt der für die Finanzstabilität in der Währungsunion er-forderlichen Zahlungsfähigkeit der Hellenischen Republik« (Währungs-union-Finanzstabilitätsgesetz, WFStG). Die Änderungen waren nicht nur kosmetischer Natur. Jetzt sollte der Bundestag das Bundesfinanzministe-rium ermächtigen, »Gewährleistungen bis zur Höhe von insgesamt 22,4 Milliarden Euro [Unterstreichung durch d. Verf.] für Kredite an die Helle-nische Republik zu übernehmen[.]«[61]

Aus 8,4 Milliarden waren so innerhalb einer Woche 22,4 Milliarden Euro geworden. Damit die Zahl 8,4 überhaupt noch im Gesetz auftauchte, wur-de auf das erste Auszahlungsjahr verwiesen. Bei den Beteiligungsrechten wurde der Bundestag kurz gehalten. Nach Verabschiedung des Gesetzes sollte der Haushaltsausschuss zwar regelmäßig unterrichtet werden, ein Parlamentsvorbehalt war aber nicht vorgesehen.

Nachdem wir uns einen Überblick über die Unterlagen verschafft hatten, begann Kampeter mit seiner Unterrichtung. Das Anpassungsprogramm sei für Griechenland kein Zuckerschlecken. Griechenland zahle selbst den größten Preis für die Unterstützungsmaßnahmen. Und auch aus un-serem ureigenen Interesse müsste Griechenland vor der Pleite gerettet werden. Ein Zusammenbruch des griechischen Finanzsystems würde die dortigen Banken vom internationalen Bankenmarkt abschneiden. Die darauffolgende Kreditklemme ginge letztendlich auf Kosten der deutschen Wirtschaft, da die Griechen die deutschen Exporte nicht mehr bezahlen könnten, legte Kampeter dar. Im Bezahlen von Rechnungen war Griechenland sowieso sehr zurückhaltend. Im Kern verschenkte die deutsche Volkswirtschaft auf diese Weise ihre Produkte an Griechenland, vergleichbar mit einem Bauern, der seinen Kunden auf dem Markt Geld gibt, damit sie seine Kartoffeln kaufen.

Barthle und Fricke verteidigten erwartungsgemäß das Krisenmanagement der Bundesregierung. Fricke äußerte zwar für sich und seine Fraktion viel Unbehagen, letztendlich sei der Weg aber der richtige. Für die FDP sei die alles entscheidende Frage, ob das griechische Volk hinter dem Reformprogramm stünde. Kampeter war sichtlich erleichtert, dass sich keine Fraktion einem beschleunigten Gesetzgebungsverfahren in den Weg stellte. Auch Schneider war offensichtlich von der SPD-Fraktionsführung eingenordet worden. Die Sache lief gut für die Bundesregierung.

Wolf-Ruthart Born, Staatsminister für Europa im Auswärtigen Amt, äußerte sich noch kurz aus Sicht des Auswärtigen Amtes zum Stimmungsbild gegenüber Deutschland in Europa und zu den Rüstungsausgaben Griechenlands. Eine Kürzung sei im MoU nicht vorgesehen. Die besondere Interessenlage Griechenlands gegenüber der Türkei habe immer schon zu einem hohen Verteidigungshaushalt geführt. Born erinnerte zum Ende seines Beitrags an die 300.000 Griechen, die in Deutschland lebten. Die Griechenland-Hilfe sei ein gutes Signal für die 50-jährige Geschichte griechischer Zuwanderung und die deutsch-griechischen Beziehungen. Deutschland und Europa könne nichts Besseres passieren als der Euro, so der Staatsminister. An deplazierter Theatralik war dieser feuilletonistische Beitrag kaum zu überbieten. Das Europapathos triefte an allen Ecken und Enden. Die Sitzung des Haushaltsausschusses war leider viel zu schnell vorbei; neun Kollegen konnten ihre angemeldeten Fragen nicht mehr stellen und wurden auf die nächste Sitzung am Mittwoch verwiesen.

In der Fraktionssitzung wurde eine Probeabstimmung durchgeführt. Es gab acht Neinstimmen und neun Enthaltungen. Auch Norbert Lammert stimmte dagegen. Der Bundestagspräsident kritisierte, dass im vorgelegten Gesetzentwurf das zwischen Griechenland und der Troika ausgehandelte Anpassungsprogramm mit keiner Silbe erwähnt wurde, obwohl dieses immer als Junktim präsentiert wurde.[62] Sein Nein setzte die Fraktionsspitze gewaltig unter Druck. Lammerts Kritik war zwar nicht grundsätzlich, aber in der Sache wichtig. Insgesamt sollen bei den Probeabstimmungen bei Union und FDP zwei Dutzend Abgeordnete mit Nein gestimmt haben, wobei die Fraktionsführung immer nach Gutdünken auszählt und dabei zaghafte Meldungen in den hinteren Reihen gerne unter den Tisch fallen lässt.

Am Dienstag wurde in der Arbeitsgruppe Haushalt ein Änderungsantrag zum Gesetzentwurf der Bundesregierung erarbeitet, der die Kritik des Bundestagspräsidenten beherzigte und einige Klarstellungen enthielt.[63] Das Gesetz war da noch gar nicht ins Parlament eingebracht worden, aber der enge Zeitplan zwang uns dazu, den zweiten vor dem ersten Schritt zu machen.

Am Mittwochmorgen fand die 1. Lesung des Währungsunion-Finanzstabilitätsgesetzes statt. Die außerplanmäßige Plenarsitzung begann mit einer Regierungserklärung der Bundeskanzlerin, die eher den Charakter einer Beschwörungszeremonie hatte:

> »Wir sind heute hier zusammengekommen, weil wir in erster Lesung über ein Gesetz entscheiden müssen, das eine enorme Tragweite hat. [...] Es geht um nicht mehr und nicht weniger als um die Zukunft Europas und damit um die Zukunft Deutschlands in Europa. [...] Europa steht am Scheideweg. Die zu beschließenden Hilfen für Griechenland sind alternativlos [...]. Sie müssen erfolgen, damit es nicht zu einer Kettenreaktion im europäischen und internationalen Finanzsystem und zu einer Ansteckung anderer Euro-Mitglieder kommt.«[64]

Und damit keiner sagen konnte, Europa würde nicht aus den Fehlern der Vergangenheit lernen, stellte Merkel eine Zukunftsagenda vor, wie dem Stabilitätspakt wieder Geltung verschafft werden sollte. Für die Abgeordneten war das von zentraler Bedeutung, denn so glaubte man, den Bailout rechtfertigen zu können.

Während im Plenarsaal noch die Debatte lief, hatten sich einige Abgeordnete schon zur öffentlichen Anhörung des Haushaltsausschusses eingefunden, die wegen des großen Interesses im größten Saal des Hauses stattfand, im Sitzungssaal der CDU/CSU-Bundestagsfraktion. Als Sachverständige waren unter anderem eingeladen: Bundesbankpräsident Axel Weber, KfW-Chef Ulrich Schröder, der Präsident der Bundesanstalt für Finanzdienstleistungsaufsicht (BaFin) Jochen Sanio, der Chefvolkswirt der Deutschen Bank Thomas Mayer und der Juraprofessor und spätere Prozessbevollmächtigte von Peter Gauweiler, Dietrich Murswiek. Da Norbert Barthle noch im Plenum beschäftigt war, eröffnete ich als sein Stellvertreter die Fragerunde. Ich wollte wissen, was passieren würde, wenn sich die Griechenland-Hilfe als Milchmädchenrechnung erweisen sollte.

Axel Weber erwiderte schroff, es mache keinen Sinn, vom Risikoszenario auszugehen. Er zeigte sich sehr zuversichtlich, dass sich Griechenland noch innerhalb der drei Programmjahre einen Marktzugang zurückerarbeiten werde. Die Rechnung sei ganz einfach: Im Rahmen des Hilfsprogramms müsste Athen Zinsen zahlen, die 350 Basispunkte über dem Euribor lägen. Sobald das Anpassungsprogramm greife, könne sich Griechenland wieder zu besseren Konditionen auf dem Markt finanzieren; das Programm beende sich damit quasi von alleine. Weber sagte wörtlich:

>»Sie dürfen die letzten drei, vier Wochen, die durch viel Nervosität an den Märkten gekennzeichnet waren, nicht als für die weitere Entwicklung symptomatisch ansehen. Jetzt zählt, dass das Programm auf den Weg gebracht wird. Ich glaube, das ist zurzeit relativ alternativlos. Jedes alternative Szenario würde zum jetzigen Zeitpunkt höhere Kosten verursachen.«[65]

Das Wort des Bundesbankpräsidenten hatte Gewicht. Da hatte ich schlechte Karten. Jochen Sanio von der BaFin sprach sogar von einem »Angriffskrieg« von Spekulanten gegen den Euro.[66] Der FDP-Haushälter Jürgen Koppelin störte sich am im Verlauf der Anhörung geäußerten Vorwurf, die Politik habe für jedermann offensichtliche Vorgänge in Griechenland willentlich ignoriert und hätte viel früher handeln müssen. Koppelin wollte von Weber und Sanio wissen, zu welchem konkreten Zeitpunkt man politisch hätte tätig werden sollen. Dann schob er noch mit leicht provokantem Unterton nach: »Ab wann haben Sie politisch Verantwortliche gedrängt zu handeln?«

Weber konterte stark auf die Kritik, was zu großer Heiterkeit führte. Koppelin solle jetzt schon mal in seinem Büro anrufen und seine Mitarbeiter darauf vorbereiten, dass die Bundesbank gleich damit beginnen werde, massenhaft Material zu senden, mit dem man in der Vergangenheit die Politik zu mehr Sparsamkeit ermahnt habe. Die Bundesbank sei aber Kummer gewöhnt, wenn es um Finanzpolitik gehe, so Weber.

Einziger inhaltlicher Lichtblick der öffentlichen Anhörung war Professor Murswieks Plädoyer für die Einhaltung der No-Bailout-Klausel. Murswiek legte dar, aus Artikel 125 AEUV

> »ergibt sich nicht nur, dass die Mitgliedstaaten nicht nur für Verbindlichkeiten anderer Mitgliedstaaten haften, sondern auch, dass sie nicht für solche Verbindlichkeiten eintreten. Dieser Indikativ – die Staaten tun etwas Bestimmtes nicht – bedeutet in der Rechtssprache einen Imperativ, das heißt, sie dürfen es nicht tun. Es ist also nicht lediglich so, dass Griechenland keinen Anspruch auf Hilfen von anderen Euro-Staaten hat, sondern es ist den Mitgliedstaaten und der EU nach dieser Bestimmung sogar verboten, Finanzhilfen zu geben.«[67]

Bevor er von der Ausschussvorsitzenden Petra Merkel abgewürgt wurde, erinnerte der Freiburger Jurist noch daran, dass die Rechtsordnung auch einen Wert an sich habe. Auch auf europäischer Ebene sei man ein Rechtsstaat. Murswiek verwies auf Alternativen. Renommierte Ökonomen hätten sich mit Vorschlägen zu Wort gemeldet.

Am Ende der Anhörung kam ich noch einmal zu Wort. Ich wollte die Begründung für die Domino-Theorie kennenlernen. War es nur Angstmacherei oder gab es wirklich eine begründete Annahme dafür, dass eine Insolvenz Griechenlands einen Flächenbrand in Europa nach sich ziehe? Meine Frage richtete ich an Thomas Mayer von der Deutschen Bank.

> »Da laufen eigentlich, wenn Sie so wollen, nicht besonders kluge Prozesse ab; es sind vielmehr Prozesse, die sich aus dieser Marktdynamik heraus

entwickeln. Meines Erachtens steht dort keine große Strategie [...] dahinter [...]. Da geben Sie im Grunde genommen den Finanzleuten viel zu viel Kredit; das sind eigentlich relativ einfache Prozesse, die, wenn sie ablaufen, auch aus dem Ruder laufen können.«[68]

Die Anhörung war zu Ende. Nach einer kurzen Verschnaufpause stand schon die nächste Sitzung an: Schäuble und die Bundesjustizministerin Leutheusser-Schnarrenberger wurden im Haushaltsausschuss erwartet. Schäuble berichtete zunächst von Gesprächen mit Vertretern der deutschen Finanzindustrie. Die Banken hätten versprochen, bestehende Kreditlinien gegenüber dem griechischen Staat und seinen Banken in den nächsten drei Jahren aufrechtzuerhalten. Noch wüsste man aber nicht, wie viele Anleihen in diesem Zeitraum fällig würden.

Schäuble ließ eine Tischvorlage zur Gläubigerstruktur der Staatsschulden Griechenlands und deren Fälligkeitsterminen verteilen. Die Restlaufzeit der Kreditlinien betrug im Schnitt 7,7 Jahre. Nach Angaben der Bundesbank betrug das Exposure deutscher Banken gegenüber Griechenland im Februar 2010 33,04 Milliarden Euro. Nach Auskunft der Bank für Internationalen Zahlungsverkehr (BIZ) waren es 45 Milliarden US-Dollar, was je nach Kurstag deckungsgleich war. Von den 45 Milliarden US-Dollar machten Forderungen gegenüber dem griechischen Staat mit 51 Prozent die Mehrheit aus. 26 Prozent der Forderungen hatte der deutsche Finanzsektor gegenüber den Banken des Landes; 22 Prozent gegenüber dem Nichtbankensektor. Ein Schuldenschnitt hätte bei deutschen Banken und Versicherungen zwar zu einem erheblichen Abschreibungsbedarf geführt; ein Haircut von etwa 50 Prozent wäre aber, auf die einzelnen Institute verteilt, durchaus verschmerzbar gewesen. Auf diesen, die Geldbörse des Steuerzahlers schonenden Schritt wurde aber auf Druck Frankreichs verzichtet: Die französischen Banken waren mit einem Exposure in Höhe von 75 Milliarden US-Dollar relativ und absolut die größte Gläubigergruppe. Die Banken Portugals, Spaniens und Italiens hatten zusammen nur knapp 18 Milliarden Euro im Feuer. Diese Zahlen lieferten keine Bestätigung eines Dominoeffektes.

Aus der Tischvorlage war ersichtlich, dass im März 2012 ein großer Batzen Anleihen fällig wurde. Bis dahin musste Griechenland unbedingt die

Kurve bekommen haben und sich wieder über die Finanzmärkte Geld beschaffen. Kampeter hatte hierzu bereits am Montag ein interessantes Detail fallengelassen. Griechenlands Finanzbedarf betrug innerhalb der nächsten drei Jahre 150 Milliarden Euro. Ohne das Engagement privater Geldgeber würde eine Finanzlücke in Höhe von 40 Milliarden Euro aufklaffen. Dass die Euro-Retter Ende Februar 2012 ein zweites Griechenland-Hilfspaket schnüren würden, war vorhersehbar.

Leutheusser-Schnarrenberger versetzte den Abgeordneten einen großen Schreck, indem sie Schäubles Einschätzung bestätigte, dass der Änderungsantrag zum Währungsunion-Finanzstabilitätsgesetz einen rein deklaratorischen Charakter hatte. Aus juristischer Sicht bewirke der Antrag keine Konditionalität zwischen der Auszahlung von Hilfsgeldern und der Umsetzung der vereinbarten Maßnahmen, so die Bundesjustizministerin. Das führte zu einer lebhaften Diskussion, in deren Verlauf die Ministerin zugeben musste, dass man sich auf juristisches Neuland begeben habe. Der Tagesordnungspunkt war dann auch schon bald zu Ende. Bereits einige Zeit zuvor war uns mit sanftem Druck mitgeteilt worden, dass Bundesumweltminister Norbert Röttgen bereits vor dem Sitzungssaal wartete.

Am Donnerstag fand erneut eine Sondersitzung der CDU/CSU-Bundestagsfraktion statt. Viele Zweifler waren mit dem wirkungslosen Änderungsantrag eingefangen worden. Jetzt stand die Regierungsmehrheit. Zum Showdown, der keiner war, kam es dann am 7. Mai 2010 mit der 2./3. Lesung. Ich hatte mein abweichendes Abstimmungsverhalten bereits im Vorfeld dem Parlamentarischen Geschäftsführer (PGF) der CDU/CSU-Bundestagsfraktion mitgeteilt. Ich konnte die Griechenland-Hilfe nicht verantworten. Gerade die Beratungen hatten verdeutlicht, dass wir uns auf einem ökonomischen Irrweg befanden. Ohne Schuldenmoratorium und Teilverzicht auf Forderungen konnte die Sanierung der griechischen Staatsfinanzen nicht gelingen. Wir steuerten wissentlich auf eine Daueralimentierung Griechenlands zu. Nur mit einem Haircut konnte gewährleistet werden, dass die Gläubiger, die für ihre vermeintliche Risikobereitschaft ordentliche Zinsen eingestrichen hatten, nun auch tatsächlich bei Eintritt der Zahlungsunfähigkeit einen Beitrag leisteten. Aber ein Schuldenschnitt allein war nicht das Allheilmittel. Griechenland musste

– zumindest zeitweise – aus der Eurozone ausscheiden. Nur so hatte das Land eine Chance, durch autonome währungspolitische Entscheidungen die Außenbilanz zu verbessern und wieder an Wettbewerbsfähigkeit zu gewinnen. Leider sahen das die wenigsten so.

Im Plenum wurden die gleichen Lieder vorgetragen wie am Mittwoch, mit dem Unterschied, dass zunächst die zweite Garde zum Tanz aufspielte. Unserem haushaltspolitischen Sprecher Norbert Barthle wurde die Ehre des ersten Redners zuteil. Obwohl die SPD die Griechenland-Hilfe prinzipiell richtig fand, nutzte Schneider die Debatte zu einer schonungslosen Abrechnung mit der Bundesregierung. Das war dem regierungstreuen FDP-Haushälter Fricke zu viel. Er meldete sich mit einer Kurzintervention zu Wort:

> »Ich wäre froh gewesen, wenn Sie hier, vor der Bevölkerung und den Zuhörern und Zuschauern, gesagt hätten: Es bleibt bei den 22,4 Milliarden Euro, die der Bundestag heute mit dem Gesetzentwurf beschließen wird. Es wird kein einziger Cent mehr. Auch wenn Sie sich hinter spekulativen Äußerungen und sonstigen Formulierungen verstecken: Es bleibt bei den 22,4 Milliarden Euro. Das hätten Sie ehrlicherweise sagen sollen, statt eine höhere Zahl ins Gespräch zu bringen.«[69]

Fricke hätte sich besser mal nicht so weit aus dem Fenster lehnen sollen. Die 22,4 Milliarden Euro waren erst der Anfang. Die Debatte lief zunehmend aus dem Ruder. Renate Künast wollte »Europa gegen Abzockerei und gegen Spekulationen« verteidigen.[70] Im Gegensatz zu den Linken, die das Geld lieber ohne Auflagen im Ionischen Meer versenkt hätten und vor »Taliban im Nadelstreifen« warnten,[71] stimmten die Grünen der Griechenland-Hilfe zu. Das »Ja« der Grünen sei ein »Bekenntnis zu Europa«, aber gleichzeitig »das klare Nein zur Politik der Regierung Merkel/Westerwelle«.[72]

Erst dann kam Schäuble. Diese Rednerfolge sollte den Eindruck erwecken, der Wunsch nach einem Bailout Griechenlands komme aus der Mitte des Parlaments. Der Finanzminister hatte mittlerweile schon Übung darin, die Euro-Krise argumentativ ins Metaphysische zu überhöhen. Zu Beginn seiner Rede erinnerte er daran, »dass morgen vor 65 Jahren, am 8. Mai

1945, der Zweite Weltkrieg – das finsterste Kapitel unserer Geschichte – zu Ende ging.«[73] Heute müsste Europa wieder vor dem Untergang bewahrt werden.

Es folgten insgesamt neun namentliche Abstimmungen mit Stimmkarte. Gegen das letztendlich entscheidende Zustimmungsgesetz gab es aus der Koalition nur fünf Nein-Stimmen. Diese kamen von Alexander Funk, Peter Gauweiler, Manfred Kolbe (alle CDU/CSU), Frank Schäffler (FDP) und mir. Dass die Kanzlermehrheit für die Bundesregierung zu Beginn der Woche keineswegs sicher gewesen war, zeigte die ungewöhnlich große Anzahl an persönlichen Erklärungen. Diese Erklärung kann jeder Abgeordnete dem Plenarprotokoll beifügen lassen, um seinen eigenen ganz besonderen Standpunkt oder den Grund für ein abweichendes Abstimmungsverhalten darzulegen. Oftmals dient die Abgabe einer Erklärung auch nur zur Beruhigung des eigenen Gewissens und/oder als eine Art Vorwärtsverteidigung gegen die eigene Wahlkreisöffentlichkeit. Meine Erklärung befindet sich in Anlage 1.

Der Rettungsschirm steht – Bundespräsident Köhler geht

Wenige Stunden nach dem Bundestag befasste sich zur Mittagszeit bereits der Bundesrat mit dem Gesetz zur Griechenland-Hilfe. Der Bundesrat hatte sein Votum zur Griechenland-Hilfe noch nicht abgegeben, als Schäuble die Sitzung eilig verlassen musste, um an mehreren kurzfristig einberufenen Telefonkonferenzen teilzunehmen, die teilweise bis zu zweieinhalb Stunden dauerten. Die Finanzmärkte ließen sich nicht so einfach beruhigen, wie man uns glauben machen wollte. Die Risikoaufschläge für irische, portugiesische und spanische Staatsanleihen stiegen weiter. Die europäischen Banken belauerten sich und stellten sich gegenseitig kein Kapital mehr zur Verfügung. Der Albtraum ging jetzt erst richtig los. In den Gesprächen zwischen Vertretern des Financial Stability Board (FSB) sowie den G7-Finanzministern und -Notenbankgouverneuren wurde ein »entschlossenes, rasches und massives Handeln« beschlossen.[74] Auch der IWF mischte wieder mit. Neben Schäuble nahmen von deutscher Seite noch Weber und Sanio an der entscheidenden Telefonkonferenz teil.

Im Anschluss warnte Schäuble Merkel vor einem bevorstehenden Flächenbrand in Europa. Gleichzeitig stimmte der Finanzminister seine Kanzlerin schon einmal darauf ein, dass das für den Abend anberaumte Treffen der Staats- und Regierungschefs der Eurozone mit Vertretern der Europäischen Kommission und dem EZB-Präsidenten Trichet eine außergewöhnlich schwierige Sitzung werden würde. Der Beginn musste sogar nach hinten verschoben werden, weil der Beratungsbedarf auf allen Seiten außerordentlich groß war.

Sarkozy nutzte die zusätzliche Zeit und zog alle Register. Bereits im Vorfeld hatte er sich mit Vertretern aus Italien, Spanien und Portugal abgesprochen, damit auch diese über verschiedenste Kanäle die Angst vor einem Zusammenbruch der Eurozone schürten. Während der Beratungen machte er massiv Druck auf die EZB, um die Zentralbank zu einem groß angelegten Kaufprogramm für Staatsanleihen von Schuldenstaaten auf dem Sekundärmarkt zu bewegen. Die festgeschriebene Unabhängigkeit der Europäischen Zentralbank war dem Franzosen vollkommen gleichgültig. Merkel wurde geradezu überrollt. Bereits bei den Verhandlungen über den Bailout Griechenlands soll Sarkozy laut einem spanischen Regierungsvertreter Merkel mit einem Austritt Frankreichs aus der Eurozone und dem Ende der deutsch-französischen Achse gedroht haben, wenn Deutschland nicht zahle. Am Ende kam es zur Machtprobe. Merkel reiste schmallippig ab, während sich der französische Präsident in einem Fahnenspalier als Retter Europas gerierte und der Öffentlichkeit strahlend seine Verhandlungserfolge präsentierte. Bis zur Eröffnung der Börse am Montagmorgen in Asien sollte den Finanzmärkten bewiesen werden, dass die Zahlungsunfähigkeit eines Euro-Mitgliedstaates ausgeschlossen war. Die EU-Kommission sollte einen entsprechenden Vorschlag vorlegen, über den ein Sonder-ECOFIN bis Sonntagnacht entscheiden musste.

Tragischerweise konnte Schäuble an dieser entscheidenden Sitzung nicht teilnehmen. Schäuble, der von mehreren Krankenhausaufenthalten gebeutelt war, hatte ein Medikament nicht vertragen. Auf dem Weg zum Sitzungsort musste der Minister notgedrungen in ein Krankenhaus. Die Ärzte rieten ihm dringend davon ab, seinen Terminkalender durchzuziehen, und verordneten ihm einige Tage Ruhe. Die Vertretung musste Innenminister Thomas de Maizière zusammen mit Finanzstaatssekretär Asmussen übernehmen, da Merkel zeitgleich anlässlich des 65. Jahrestages des »Tag des Sieges« der Roten Armee über Hitler-Deutschland in Moskau weilte.

Während unsere Bundeskanzlerin auf dem Roten Platz mehr als 150 gepanzerte Fahrzeuge, Raketen- und Artillerie-Systeme betrachten durfte, hatte de Maizière der Koalition aus Schuldenstaaten und deren größten Gläubigern wenig entgegenzusetzen. Unterstützung erhielt die Bundesregierung in den Verhandlungen nur von den Niederlanden und Finnland sowie eingeschränkt von Österreich. Selbst der maltesische Finanzminister machte sich in einzelnen Punkten für die deutsche Position stark. Die Verhandlungen wurden jedoch klar vom deutsch-französischen Gegensatz dominiert. Immer wieder musste die Sitzung unterbrochen werden, weil die Verhandlungsführer mit ihren jeweiligen Regierungszentralen Rücksprache halten mussten. Zu einer gemeinsamen Position zu kommen, schien fast unmöglich. Bis Deutschland einknickte.

Die deutsche Verhandlungsdelegation war mangelhaft vorbereitet und wurde von der Tischvorlage der EU-Kommission regelrecht überfahren, klagte mir damals vertraulich ein Mitarbeiter aus dem Bundesfinanzministerium. Er bezeichnete die Ereignisse als »europapolitische[n] Schnitzer des Jahrzehnts«. Später sagte ein damaliges Regierungsmitglied zu mir: »Merkel war in Moskau, Schäuble im Krankenhaus und der de Maizière hat sich über den Tisch ziehen lassen.«

De Maizière ließ sich auf einen 750 Milliarden Euro schweren Euro-Rettungsschirm ein. Dieser bestand aus drei Elementen: EFSM, EFSF und IWF. Jetzt waren die Hilfen, für die es noch gar keinen konkreten Adressaten gab, nicht mehr freiwillig und bilateral, sondern gemeinschaftlich und verpflichtend. Die alten Scheinargumente hatten übers Wochenende ausgedient. Drei entschlossene Franzosen in Schlüsselpositionen – Trichet, Strauss-Kahn und Sarkozy – hatten im Handstreich die Stabilitätsarchitektur der Währungsunion hinweggefegt.

Die Abkürzung EFSM steht für Europäischer Finanzstabilisierungsmechanismus, der mit 60 Milliarden Euro aus EU-Eigenmitteln gefüllt werden sollte. Die Eigenmittelobergrenze beträgt 1,23 Prozent des Bruttonationaleinkommens der Europäischen Union. Der EFSM hatte für die Euro-Retter den Vorteil, dass die Gelder sofort abgerufen werden konnten. Er wurde in Form einer Verordnung am Sonntag beschlossen und war daher unmittelbar geltendes Recht. Der EFSM stützte sich auf Artikel 122 Absatz 2 AEUV, dort heißt es:

»Ist ein Mitgliedstaat aufgrund von Naturkatastrophen oder außergewöhnlichen Ereignissen, die sich seiner Kontrolle entziehen, von Schwierigkeiten betroffen oder von gravierenden Schwierigkeiten ernstlich bedroht, so kann der Rat auf Vorschlag der Kommission beschließen, dem betreffenden

Mitgliedstaat unter bestimmten Bedingungen einen finanziellen Beistand der Union zu gewähren.«

Der Vertrag über die Arbeitsweise der Europäischen Union war unpräzise. Die Formulierung »außergewöhnliche Ereignisse« entpuppte sich als willkommener Türöffner für die Schuldenvergemeinschaftung. Das Budgetrecht ist das Königsrecht eines jeden Parlaments. Das hatten auch schon Wilhelm II. und sein Kanzler Bernhard von Bülow schmerzlich erfahren müssen. Bülow sah sich gezwungen, den Reichstag aufzulösen und Neuwahlen auszuschreiben, weil Zentrum und SPD einen Nachtragshaushalt zum Kolonialetat abgelehnt hatten. Das war im Jahr 1906. Von »Hottentottenwahlen« war man in der Europäischen Union im 21. Jahrhundert aber weit entfernt. Viele Jahre lang hatten einige Staaten extrem über ihre Verhältnisse gelebt. Die Schuldenhaushalte, mit parlamentarischen Mehrheiten frei gewählter Parlamente beschlossen, wurden nun als finanzpolitischer Kometeneinschlag dargestellt.

Als Ergänzung zum EFSM wurde ein 440 Milliarden schweres Special Purpose Vehicle (SPV) ins Leben gerufen. Diese privatrechtliche Zweckgesellschaft mit Sitz in Luxemburg erhielt später den Namen European Financial Stability Facility (EFSF). Die EFSF sollte in Form von Darlehen und Kreditlinien Euro-Schuldenstaaten vor dem Bankrott bewahren. Für die dafür notwendigen Mittel mussten die Euro-Mitgliedstaaten garantieren. Deutschland war gemäß des EZB-Schlüssels mit 28 Prozent, also mit 123 Milliarden Euro an der EFSF beteiligt. Nach drei Jahren sollte die Zweckgesellschaft wieder aufgelöst werden. Schon damals gab es auf Mitarbeiterebene im Finanzministerium starke Zweifel an der zeitlichen Befristung. »Erfahrungsgemäß haben solche Einrichtungen ein sehr zähes Leben und suchen sich Zusatzaufgaben und bekommen sie dann auch«, hieß es in einem Non Paper eines couragierten Beamten.

Der Beitrag des IWF am Rettungsschirm sollte sich auf mindestens die Hälfte des Programmvolumens der Europäer belaufen. Das machte einen IWF-Anteil in Höhe von bis zu 250 Milliarden Euro.

Mit Spanien und Portugal wurden auf dem EU-Gipfel auch bereits die nächsten Rettungskandidaten namentlich benannt. Beide Staaten

sicherten zu, in den nächsten beiden Jahren zusätzliche Konsolidierungs-
maßnahmen zu ergreifen, wurden aber dennoch auf die Beobachtungs-
liste der EU-Kommission gesetzt. Portugals Finanzminister zeigte sich
bei den Gesprächen deutlich einsichtiger als seine Kollegin aus Spanien.
Die spanische Finanzministerin soll sich sogar geweigert haben, eine entsprechende Erklärung zu unterschreiben, wenn dort konkrete Zahlen zur
Konsolidierung des spanischen Haushaltes auftauchen sollten.

Am 9. Mai 2010 beschloss der EZB-Rat, im Rahmen eines Securities Markets Programme (SMP) Staatsanleihen auf dem Sekundärmarkt aufzukaufen – gegen den auch öffentlich bekundeten Widerstand des deutschen Bundesbankpräsidenten Weber.[75] Bereits in der Vorwoche hatte die
EZB die Bonitätsanforderungen für Refinanzierungsgeschäfte bei Staatsanleihen von Griechenland, Irland und Portugal ausgesetzt.

Diese Entwicklung traf die Abgeordneten des Deutschen Bundestags völlig unerwartet. Nicht nur ich war geschockt, was de Maizière am 10. Mai
2010 über ein Special Purpose Vehicle im *Morgenmagazin* berichtete. Von
den Telefonkonferenzen und den Sondersitzungen erfuhren wir erst im
Nachhinein. Barthle beklagte sich im Haushaltsausschuss bitterlich. Bis
abends halb neun sei er am Freitag im Büro gewesen, ohne dass ihn je-
mand vorgewarnt habe. Erst am Montag informierte die Bundesregierung
die Fraktionsvorsitzenden über einen beabsichtigten Kabinettsbeschluss
am Dienstag. Der regierungsinterne Abstimmungsprozess dazu dauerte
von Montagmittag bis weit nach Mitternacht.

Obwohl für den Start des Rettungsschirms kein konkretes Datum vorgesehen war, wurde uns Abgeordneten wieder ein straffer parlamentarischer Zeitplan auferlegt. Am 11. Mai reisten die Abgeordneten zu Son-
derfraktionssitzungen aus ihren Wahlkreisen nach Berlin. In der Sitzung
ergriff ich das Wort:

>»Ich hatte schon erwartet, dass das kommt, aber nicht, dass es so schnell
>kommt. Ich finde es schon dramatisch, in welchem Tempo wir uns hier
>von Grundprinzipien verabschieden. [...] Wir kaufen uns Zeit, das ist ja im-
>merhin jetzt ein ehrliches Wort. Am Freitag klang das anders. [...] Wo soll
>dieser Weg hinführen? [...] Wenn wir jetzt alles an europapolitischem, an

haushaltspolitischem Tafelsilber über Bord werfen, nimmt das ein böses Ende. [...] Ich warne dringend, wirklich dringend, davor, sozusagen im Husarenritt alles, was wir hier für richtig gehalten haben, was wir den Bürgern bei der Einführung des Euros versprochen haben, über Bord zu werfen.«[76]

Im Anschluss standen für die Haushälter weitere Sondersitzungen an. Von Kampeter erhielten wir wie gewohnt Informationen aus zweiter Hand. Als Tischvorlage bekamen wir dann den gerade vom Kabinett beschlossenen »Entwurf eines Gesetzes zur Übernahme von Gewährleistungen im Rahmen eines europäischen Stabilisierungsmechanismus« (StabMechG). Kampeter feierte den Rettungsschirm und die Sekundärmarktkäufe der EZB als zwei neue Sicherheitsringe für die Stabilität der Eurozone. Jetzt könne man in die Haushaltspolitik anderer Staaten eingreifen, wenn diese nicht spurten. Gegen das nun im Aufbau befindliche Stabilitätsregime seien die Maastricht-Kriterien geradezu eine Kaffeerunde. Kampeter störte sich lediglich daran, dass der Rettungsschirm den sperrigen Begriff Zweckgesellschaft verpasst bekam. Die Bundesregierung bevorzugte die Bezeichnung »Stabilitätsagentur«. An semantischen Ergüssen waren wir Haushälter nicht interessiert. Wir wollten wissen, wie der Rettungsschirm konkret funktionieren sollte. Das wiederum konnte der Staatssekretär nicht sagen. Einzelheiten sollten wir im Verlauf der nächsten Woche erfahren.

Über Kampeter brach schon in der Berichterstatterrunde ein Gewitter an kritischen Fragen und Kommentaren los. Entweder habe die Bundesregierung das Parlament bewusst belogen oder von all dem wirklich selbst nichts gewusst. Beides lasse tief blicken, sagte Schneider. Auch Barthle mochte sich nicht zurückhalten. Die Kanzlerin sei am Freitag garantiert nicht mit einer leeren Aktentasche nach Brüssel geflogen. Das gleiche betreffe den Sonder-ECOFIN vom Sonntag. Barthle wollte wissen, mit welchen Vorstellungen die deutsche Regierung in die Verhandlungen gegangen sei und wie die Position der anderen aussehe. Nur mit dieser Information könne er sich ein abschließendes Bild machen.

An diesem Punkt musste Asmussen für Kampeter einspringen. Asmussen zeichnete zunächst ein ganz düsteres Bild der Entwicklung auf den Finanzmärkten. An der Chicagoer Börse habe am Freitag die größte Netto-Position, die es jemals gegeben habe, auf einen Verfall des Euro gesetzt.

Die deutsche Verhandlungsposition habe am Sonntag aus fünf Punkten bestanden:

1. Finanzhilfen nur als *ultima ratio*, keine Hilfe ohne vorherige Eigenanstrengung
2. Keine Eurobonds, konditionierte Kreditvergabe über eine Zweckgesellschaft
3. Beteiligung des IWF
4. Beitrag der EZB
5. Einbettung der Beschlüsse in »größeren Horizont« (Stärkung des Stabilitäts- und Wachstumspaktes)

Die Bundesregierung habe sich mit diesen fünf Punkten zum Ziel gesetzt, sowohl die Stabilität des Euro zu erhalten, aber gleichzeitig auch den Einstieg in eine Transferunion zu verhindern. Man braucht nicht viel detektivisches Gespür, um diese Punkte als im Nachgang konstruiert zu entlarven. Die Punkte 1, 3 und 5 waren bekannt. Dass das EFSM/EFSF-Konstrukt auf einen deutschen Vorschlag zurückgeht, erscheint äußerst zweifelhaft. Asmussen sagte zu einem späteren Zeitpunkt entlarvend, dass die Bundesregierung die koordinierte bilaterale Griechenland-Hilfe als Blaupause für spätere Fälle verwenden wollte. Es ist zudem abwegig, dass die Bundesregierung einen Beitrag der EZB einforderte, auch wenn Asmussen diesen Punkt als extrem wichtig bezeichnete. Weber und Stark äußerten sich gegenteilig. Der spätere Bundesbankchef Jens Weidmann war zum damaligen Zeitpunkt wirtschaftspolitischer Berater der Kanzlerin. Von ihm kam die Idee mit Sicherheit auch nicht. Die Bundesregierung tischte uns am 11. Mai 2010 im Haushaltsausschuss ein konstruiertes Märchen auf.

Kollege Peter Danckert sprach aus, was alle im Raum dachten: Er glaube der Regierung kein Wort mehr. Das alles sei sehr beklemmend und hinterlasse bei ihm ein Gefühl der Ohnmacht. Er könne die Wörter »alternativlos« und »*ultima ratio*« nicht mehr hören. Seit 50 Jahren sei er politisch aktiv, noch nie habe er eine Situation als so schlimm empfunden wie diese. Mit diesem Ohnmachtsgefühl traten wir wieder die Heimreise an.

Eine Woche später kamen wir in der Fraktion wieder zusammen. Die Stimmung war resignativ. Ich wandte mich dennoch dagegen, dass aus der Euro-Krise eine Frage von Krieg und Frieden gemacht wurde. Hier ging es um ökonomische Sachverhalte, die man auch nüchtern als solche betrachten musste. Die EU hatte damals 27 Mitglieder, von denen 16 mit dem Euro zahlten. Waren Schweden, Briten oder Polen schlechtere Europäer, nur weil sie mit Kronen, Pfund und Zloty zahlten? Ich beendete meinen Redebeitrag mit folgenden Worten:

> »Mit dem was wir heute tun, brechen wir mit allem, was wir zu diesem Euro gesagt haben, das sollten wir den Leuten ehrlich sagen. Wir wollen es jetzt anders, auch das kann man ja vertreten, indem man sagt, wir wollen unsere Exporterfolge absichern, deshalb müssen wir ein paar mit durchfüttern. Aber man soll nicht so tun, als ob das alles im Rahmen dessen wäre, was wir immer zum Euro gesagt haben, denn damit sind die Leute wirklich überfordert. Wenn wir etwas erklären wollen, [...] müssen wir die Dinge beim Namen nennen. Nach dem, was heute auf dem Tisch liegt, nach den 60 Milliarden, die bereits freihändig vergeben werden können und all dem anderen, was noch folgen wird. [...] Auch wir als Parlamentarier haben eine Verantwortung, und ich appelliere nachdrücklich an Sie alle, dass wir die ernst nehmen.«[77]

Ich bekam für diese Worte böse Blicke von den Mitgliedern der Fraktionsführung. Die Tische der hessischen Landesgruppe befinden sich im Fraktionssitzungssaal in der ersten Reihe direkt gegenüber der Fraktionsführungsbank. Nach der Fraktionssitzung gingen viele Kollegen mit zustimmenden Worten und Gesten an meinem Tisch vorüber oder blieben stehen. Einzelne nutzten dies gezielt, um die Führung zu provozieren. Meine Aktien ließ das sinken. Den Satz »Du wirst nichts mehr« hörte ich in dieser Zeit von der Fraktionsspitze das erste – aber nicht das letzte – Mal.

Am 19. Mai 2010 fand die 1. Lesung des StabMechG statt. Direkt darauf folgte eine öffentliche Anhörung. Experten wie Professor Murswiek, die auf sinnvolle Alternativen zu dem mit engen Leitplanken vorgegebenen Weg der Bundesregierung verwiesen, waren nicht (mehr) vertreten. Dafür waren Axel Weber und Jochen Sanio wieder dabei. Leider konnte nur Grundsätzliches diskutiert werden. Es konnten keine konkreten Fragen zur Konstruktion der EFSF gestellt werden, weil außer ein paar Eckpunkten nichts vorlag.

BaFin-Chef Sanio war stolz darauf, sich aufgrund seiner reißerischen Äußerungen bei der letzten Anhörung den Ruf eines bekennenden »Bellizisten« erarbeitet zu haben, und überschlug sich mit Superlativen.[78] Die jetzige Situation sei auch nach drei Jahren Finanzkrise die extremste der extremen Situationen. Auch von Weber war nichts zu erwarten: »Weil es sich um eine zeitlich begrenzte Maßnahme handelt, handelt es sich eben nicht um den Einstieg in dauerhafte europäische Finanzierungsinstrumente«,[79] sagte der Bundesbankpräsident und schob eine unzweideutige Empfehlung an die versammelte Abgeordnetenschar hinterher, dem Gesetzentwurf aus dem Bundesfinanzministerium zuzustimmen:

> »Am Markt ist die Überzeugung des vorletzten Wochenendes, dass es ein solches Programm geben wird, eingeschlagen. Die sofortige Reaktion war eine deutliche Erholung des Marktes. Es hat natürlich ein Risikotransfer von den Finanzmärkten zurück in den Bereich der Steuerzahler stattgefunden; das muss man ganz klar sagen. [...] Der andere Punkt ist eher inhaltlicher Natur. Die Technik, wie genau das Ganze funktioniert, wo die Zweckgesellschaft aufgesetzt ist, ist nicht Teil der Befürchtungen, die am Markt herrschen. Die Befürchtung ist, dass es Probleme im Hinblick auf die demokratische Akzeptanz des Paketes geben könnte. Um es einmal umzudrehen: Wenn Sie die Entscheidung treffen würden, dieses Paket nicht zu unterstützen, wenn Deutschland im Laufe dieser Woche entscheiden würde, nicht Teil dieses Pakets zu sein, dann würden Sie am Montag eine dramatische Marktreaktion erleben.«[80]

Interessant war die Anhörung vor allem deshalb, weil mit Weber und Sanio zwei Teilnehmer der folgenschweren Telefonkonferenz vom 7. Mai als Experten geladen waren. Diese Telefonkonferenz hatte uns letztendlich den Rettungsschirm eingebrockt. Daher versuchten wir, das dort Besprochene zu rekonstruieren. Weber berichtete, dass sich die Lage schon am 6. Mai – also einen Tag vor der Abstimmung über das Griechenland-Hilfspaket im Bundestag – deutlich verschlechtert habe. Der Dow Jones sei am Donnerstag ohne erkennbaren Grund um 1.000 Punkte gefallen. Das habe auch negative Auswirkungen auf den Euro gehabt. Die Devisenmärkte gerieten unter Druck, was besonders auch die französischen Staatstitel betroffen habe. Sanio ergänzte zur erhofften, aber ausgebliebenen Wende durch das Griechenland-Paket: »Die Märkte haben dieses Paket – aus

Gründen, die ich nicht nachvollziehen kann – nicht gekauft. Danach beschleunigten sich die Dinge in einem rasanten – um nicht zu sagen: irrwitzigen – Tempo.«[81]

Es folgte Rückfrage über Rückfrage, bis Siegfried Kauder, der damalige Vorsitzende des Rechtsausschusses, der Kragen platze, als Danckert mutmaßte, Sanio könnte Gewissenskonflikte haben. Kauder empörte sich darüber, dass einige Abgeordnete Weber und Sanio wie Zeugen vor einem Untersuchungsausschuss behandelten. Die Ausschussvorsitzende ließ die Diskussion jedoch laufen. Sanio relativierte die Bedeutung der Telefonkonferenz. Dort seien keine Beschlüsse getroffen, sondern nur eine Lageanalyse vorgenommen worden. Die Mitglieder des Financial Stability Boards hätten lediglich die Meinung geäußert, dass es, wenn nichts geschehe, einen ganz schlimmen Montag geben werde. Als Quintessenz dessen sei der folgende Satz herausgekommen: »A credible package of measures must be put in place over the weekend and announced before Asian markets open on Monday.«[82] Weber äußerte sich gar nicht zu den Inhalten der Telefonkonferenz.

Alles in allem erfüllte die Anhörung ihren Zweck für die Fraktionsführung. Die geladenen Experten sprachen sich unisono für den Rettungsschirm aus. Gerade die Empfehlung Webers, das StabMechG zeitnah zu verabschieden, hatte Gewicht. Auch in der folgenden Sitzung des Haushaltsausschusses gab es für Schäuble keine größeren Widerstände. Der Finanzminister gab sogar zu, dass die Unterrichtung des Parlaments vom 7. bis 9. Mai lückenhaft war, bat dies jedoch aufgrund der Notsituation zu entschuldigen.

Am 21. Mai 2010 stand zwei Tage nach der ersten bereits die 2./3. Lesung des StabMechG an. Das Finanzministerium wurde mit dem Gesetz ermächtigt, Gewährleistungen in Höhe von bis zu 123 Milliarden Euro zu übernehmen, die die EFSF in Form von konditionierten Krediten an Schuldenstaaten weiterreichen sollte. Geld sollte nur fließen, wenn die finanzielle Notlage eines Staates die Stabilität der gesamten Eurozone in Gefahr brachte. Im Gesetz waren noch eine Reihe weiterer (Schein-)Voraussetzungen aufgelistet. Im Gegensatz zum Garantierahmen waren die parlamentarischen Beteiligungsrechte nicht so üppig ausgeprägt. Es gab keinen Parlamentsvorbehalt, sondern nur geringfügige Unterrichtungspflichten der Bundesregierung gegenüber dem Haushaltsausschuss.

Mit 319 Ja- und 73 Nein-Stimmen, bei 195 Enthaltungen, passierte das StabMechG den Deutschen Bundestag. Aus den Regierungsfraktionen stimmten letztendlich nur sechs Abgeordnete gegen das Gesetz, vier enthielten sich.[83] Am Tag der EFSF-Abstimmung schob Schäuble ein fünfseitiges Schreiben an die Mitglieder der CDU/CSU- und FDP-Bundestagsfraktion nach. Die erste Zwischenüberschrift lautete: »Was haben wir mit dem Gesetz vom 21. Mai eigentlich beschlossen?«[84] Schäuble stellte den Regierungsfraktionen offiziell ein Armutszeugnis aus, wahrscheinlich ohne sich dessen bewusst zu sein. Es spiegelte einfach seinen mangelnden Respekt vor den Kollegen wider: Viele Abgeordnete wussten gar nicht, worüber sie genau abgestimmt hatten. Wenigstens sollten die Parlamentarier für entlarvende Rückfragen aus ihren Wahlkreisen gewappnet werden.

Das StabMechG wurde bereits am 22. Mai vom Bundespräsidenten unterzeichnet. Es trat somit am Folgetag in Kraft. Wenige Stunden bevor der Präsident seine Unterschrift unter das umstrittene Gesetz setzte, hatte Köhler auf dem Rückflug von einem Besuch der Truppe in Afghanistan dem Deutschlandfunk ein folgenschweres Interview zu den Auslandseinsätzen der Bundeswehr gegeben.[85] Infolge des Interviews wurde er von der Opposition aufs heftigste attackiert – und von den eigenen Leuten nicht hinreichend verteidigt. Am 31. Mai 2010 trat Horst Köhler von seinem Amt des Bundespräsidenten zurück.

Köhlers Rücktritt löste heftige Spekulationen aus. War der Bundespräsident zurückgetreten, weil mit Griechenland-Hilfe und Rettungsschirm sein Lebenswerk zerstört worden war? Immerhin hatte Köhler einst als Finanzstaatssekretär den Vertrag von Maastricht entscheidend geprägt und mitverhandelt. Bereits 1992 sagte er in einem Interview mit dem *Spiegel*:

> »Es wird nicht so sein, dass der Süden bei den sogenannten reichen Ländern abkassiert. Dann nämlich würde Europa auseinanderfallen. [...] Es gibt eine »no-bailout-rule«. Das heißt, wenn sich ein Land durch eigenes Verhalten hohe Defizite zulegt, dann ist weder die Gemeinschaft noch ein Mitgliedstaat verpflichtet, diesem Land zu helfen.«[86]

Andererseits waren Köhlers Aussagen im Vorfeld der Ausfertigung der beiden Bailout-Gesetze zu eindeutig, um diese Spur weiterzuverfolgen. So begrüßte er noch am 14. Mai 2010 bei einem Festakt im Bundesverfassungsgericht die Maßnahmen mit den Worten:

»Es war richtig, dass die Staats- und Regierungschefs der Europäischen Union gemeinsam mit dem Internationalen Währungsfonds kraftvoll gehandelt haben. [...] Wir Deutsche sind dabei weder die ›Zahlmeister‹ noch gar die ›Deppen‹ Europas, wie manche Zeitung meint, sondern wir tragen unseren Anteil an der Verantwortung für Europa, entsprechend der Größe und Leistungsfähigkeit unserer Volkswirtschaft. [...] Ich habe auch großen Respekt vor der Entscheidung der Europäischen Zentralbank, in dieser extremen Ausnahmesituation Schuldentitel von Euro-Länder[n] aufzukaufen. Auch das trägt zur Stabilisierung der Lage bei.«[87]

Es besteht natürlich eine gewisse Restwahrscheinlichkeit, dass Köhler sich öffentlich selbst verleugnete, er also nicht sagte, was er dachte. Ich glaube, heute verbietet es ihm sein Amtsverständnis, sich zu Details seiner Präsidentschaft zu äußern. Mein ehemaliger Kollege Peter Gauweiler forderte in einem offenen Brief Aufklärung von Köhler über die Hintergründe seines Rücktritts.[88] Eine Antwort bekam er nicht.

DER BERLINER CLUB

»Die Rettungsschirme laufen aus. Das haben wir klar vereinbart. Griechenland wird insgesamt drei Jahre die Kreditlinien in Anspruch nehmen können. Dann können sie noch fünf Jahre laufen. Danach ist Schluss«,[89] sagte Wolfgang Schäuble Ende Juli 2010 in einem Interview mit der *FAZ*, in dem er die Einführung eines Insolvenzrechts für Staaten ankündigte. Auf die von den beiden *FAZ*-Redakteuren Manfred Schäfers und Holger Steltzner vorgeschlagene Wette, dass der Rettungsschirm trotz aller gegenteiligen Beteuerungen garantiert verlängert würde, ging Schäuble nicht ein. »Solange Angela Merkel Bundeskanzlerin ist und ich Finanzminister bin, würden Sie diese Wette verlieren«, lautete seine Begründung.[90]

Im Frühjahr wurde auf europäischer Ebene eine Task Force eingerichtet, die unter dem Vorsitz von Ratspräsident Herman Van Rompuy Reformvorschläge für das Euro-Regelwerk erarbeiten sollten. Die Van-Rompuy-Task-Force bestand aus Vertretern der Mitgliedstaaten, der Europäischen Kommission und der EZB. Auf den ersten beiden Treffen am 21. Mai und 7. Juni 2010 wurden erste Vorschläge der Arbeitsgruppe diskutiert. Am 19. Mai 2010 hatte die Bundesregierung bereits »Eckpunkte der Bundesregierung zur Stärkung der Eurozone« vorgelegt, die auch bei der Task Force Diskussionsgrundlage waren. Auf drei Seiten und in neun Punkten listete die Regierung auf, wie sie sich die Eurozone zukünftig vorstellte. Neben einer besseren Vorbeugung vor Haushaltskrisen sowie einer verbesserten wirtschaftspolitischen Überwachung und Koordinierung wollte die Bundesregierung einen »festen Krisenbewältigungsrahmen« etablieren. Im Dokument heißt es:

> »Der vereinbarte europäische Finanzstabilisierungsrahmen ist ein notwendiger Schritt zur Stabilisierung der aktuellen Lage. Dieses Instrument ist aus gutem Grund zeitlich befristet. Gehen wir über diese ad-hoc-Maßnahme

hinaus, so muss wesentlicher Bestandteil eines festen Krisenbewältigungs-
rahmens für die Eurozone ein Verfahren für eine geordnete staatliche Insolvenz sein. Damit werden für Staaten Anreize zu solider Finanzpolitik und für
Finanzmarktteilnehmer Anreize zu verantwortungsbewusster Kreditvergabe
gesetzt.«[91]

Für Defizitsünder sollten scharfe Sanktionen eingeführt werden, Struk-
turmittel gestrichen und Stimmrechte im Rat für mindestens ein Jahr entzogen werden. Ganz zentral aber war die Forderung nach einer Insolvenz-
ordnung für Staaten. Noch Anfang Juli waren dazu in der Presse Details
durchgesickert. Der *Spiegel* berichtete, die Bundesregierung behandle die
Insolvenzpläne als »streng vertrauliche Kommandosache. Kaum ein Dutzend Experten unterschiedlicher Regierungsressorts sind mit der Angelegenheit betraut.«[92]

Das im *Spiegel* angesprochene Konzept basierte auf Vorentwürfen aus
dem Finanz- und dem Justizministerium. Die Bundesregierung plante analog zum Pariser und Londoner Club die Gründung eines Berliner
Clubs. Im Pariser Club werden die Forderungen der Gläubigerstaaten gegen den zahlungsunfähigen Schuldnerstaat geregelt. Der Londoner Club
verhandelt ungedeckte Kreditforderungen von Banken gegenüber insol-
venten Staaten. Im Berliner Club, der den Arbeitstitel »Sovereign Bond
Restructuring Mechanism« trug, sollte nun noch der Umgang mit Staatsanleihen, die der Schuldnerstaat bei Endfälligkeit nicht bedienen konnte, geregelt werden. Das übliche Marktverfahren – private Gläubiger sichern sich durch adäquate Risikoprämien gegen eventuelle (Teil-)Ausfälle
bonitätsschwacher Schuldnerstaaten ab – sollte mit einem Mechanismus
ergänzt werden, der durch Restrukturierung der Anleiheschulden unter
Einbeziehung öffentlicher Garantiegeber den Refinanzierungsdruck der
Schuldenstaaten milderte beziehungsweise ihnen Zeit verschaffte. Ziel
war dabei, spekulatives Überschießen zu modulieren und den von Insolvenz bedrohten Staaten den Marktzugang zu erhalten.

Falls die Staatsinsolvenz dennoch eintreten sollte, war für die privaten
Gläubiger ein drastischer Haircut vorgesehen – im Konzept der Bundesregierung war von mindestens 50 Prozent die Rede. Das Schuldner-
land sollte seinen Beitrag im Rahmen einer Garantiegebühr entrichten.

Ähnlich wie bei der Brady-Initiative für überschuldete Entwicklungsländer von 1989 war eine Gestellung von Sicherheiten des Schuldnerstaates, zum Beispiel durch eigene Gold- oder Währungsreserven, zukünftige Rohstofferlöse oder Ähnliches, vorgesehen. Der Bundesregierung war dabei wichtig, dass der Berliner Club rechtlich eigenständig und politischer Einflussnahme entzogen war. Das Verfahren sollte nur bei paralleler Durchführung eines IWF-Kreditprogrammes mit Implementierung eines entsprechenden Reformprogrammes zur Wiedergewinnung der Kreditwürdigkeit des überschuldeten Staates möglich sein, um der Gefahr des *moral hazards* zu begegnen. Als Träger und Garantiegeber waren IWF und/oder die G20-Staaten, gegebenenfalls erweitert durch besonders betroffene Staaten (*friends*), vorgesehen. Ein entsprechender IWF Trust Fonds sollte kurzfristig von den Garantiegebern, mittel- und langfristig mit einer Finanzmarktabgabe, gespeist werden, so sah es das nie veröffentlichte Konzept der Bundesregierung vor.

Die sitzungsfreie Zeit endete für mich im Sommer 2010 mit einer zweitägigen Klausurtagung der Arbeitsgruppe Haushalt. Mit einem Entschließungsantrag wollten wir die Forderungen der Bundesregierung auf europäischer Ebene unterstützen und in Form einer frühzeitigen Parlamentsbefassung Druck auf die anderen Staaten ausüben. Die ersten Milliarden waren bereits nach Athen geflossen, der Katastrophenfall konnte nicht mehr abgewendet werden, jetzt ging es an die Beseitigung der Trümmer. Noch schlimmer durfte es auf keinen Fall kommen. EU-Haushaltskommissar Janusz Lewandowski holte schon Pläne für eine eigene EU-Steuer aus der Mottenkiste. Barroso träumte auf seiner »Rede zur Lage der Union 2010« am 7. September von »projektbezogene[n] EU-Anleihen [...], um große Infrastrukturmaßnahmen zu finanzieren.«[93] Der große Traum in Brüssel waren Eurobonds.

Der Bundestag verharrte in enger Umarmung mit der Regierung. In den meisten Fällen werden nicht nur die Gesetzestexte von den Ministerien verfasst, sondern in der Regel auch die Anträge der Regierungsfraktionen. Sollte einem Antrag ausnahmsweise keine ministerielle Formulierungshilfe zugrunde liegen, lässt man das betreffende Haus zumindest über den Text schauen, um ihm die Möglichkeit zur Bereinigung fehlerhafter – oder auch unliebsamer – Passagen zu geben. In gewisser Weise ist die

Bevormundung natürlich auch angenehm, da es, gerade wenn Regierung und Regierungskoalition an einem Strang ziehen, eigene Mühen erspart. Um den Antrag »Nachhaltige Stabilisierung der Eurozone sichern« wurde jedoch stark gerungen.

Es machte meiner Meinung nach keinen Sinn, gegen einen Staat, der ohnehin hoch überschuldet war, Geldstrafen zu verhängen. Als Alternative setzte ich – leider nur zwischenzeitlich – durch, dass auch verbriefte Papiere, hinter denen veräußerbares Vermögen des Staates steht, als Sicherheiten hinterlegt werden sollten. Viele hoch verschuldete Staaten besaßen noch große Aktienpakete privatwirtschaftlicher Unternehmen. Meine Kernforderung war weiterhin die Schaffung einer Regelung, mit der ein freiwilliges oder erzwungenes Ausscheiden eines Euro-Mitgliedstaates aus der Eurozone bei anhaltendem Fehlverhalten ermöglicht werden sollte.

»Da werden wir noch einige Diskussionen haben, auch mit dem BMF, dessen bin ich mir sicher«, hieß es in einem E-Mail-Schriftwechsel zwischen zwei Fraktionsmitarbeitern von Union und FDP. Eine Überarbeitung folgte der nächsten. Der Antrag sollte am 5. Oktober 2010 ins parlamentarische Verfahren eingebracht werden. Version über Version wurde erstellt, am Ende hing alles an einem Halbsatz. Der Bundestag forderte darin von der Bundesregierung, bei den Verhandlungen in der Van-Rompuy-Task-Force »eine Option zum Ausscheiden eines Euro-Mitgliedstaates aus der Eurozone« durchzusetzen.

Obwohl mein Landesgruppenvorsitzender und Fraktions-Vize für den Bereich Haushalt und Finanzen, Michael Meister, grundsätzlich grünes Licht gab, meldete das BMF zu diesem Punkt Vorbehalte an. Per E-Mail erhielten wir die Nachricht, dass »dort [...] noch ganz oben geprüft [wird], ob dieser Vorbehalt zurückgenommen werden kann.« Am Ende wurde der ganze Antrag kassiert. Formal fällte zwar der Fraktionsvorstand diesen Beschluss, die treibende Kraft hinter dieser Entscheidung aber war Schäuble. Zwei Monate nach seinem vollmundigen Interview in der *FAZ* hatte sich der Wind in Europa wieder gedreht.

Schäuble übersandte zwar noch einmal ein Papier mit dem Titel »AUTO-MATIC SANCTIONS AND ACCELERATED PROCEDERE FOR FUTURE

FISCAL SURVEILLANCE IN THE EU« an die Task Force, um das eigene Neun-Punkte-Papier zur Geltung zu bringen. Doch auch bei den Treffen der Task Force am 27. September und 18. Oktober 2010 konnten Schäuble beziehungsweise Asmussen die deutsche Position nicht durchsetzen. »Noch sehr unterschiedlich« seien die Verhandlungspositionen gewesen, wurde uns Haushältern im Nachgang des ersten Treffens mitgeteilt.[94] Eine Änderung der Abstimmungsregeln, also ein zumindest zeitweiser Stimmrechtsentzug für Vertragsbrüchige, stieß auf wenig Gegenliebe. Dafür hätte die Bundesregierung mit ihren Vorschlägen für quasi-automatische Sanktionen punkten können. Ein Sanktionsautomatismus wurde von der Mehrzahl der Mitgliedstaaten abgelehnt, was diese mit Fragen der Souveränität und der Position ihrer nationalen Parlamente begründeten.

Als es dann darauf ankam, Führungsstärke und Härte zu zeigen, ließ sich Merkel während eines Strandspaziergangs im normannischen Deauville am 18. Oktober 2010 vom französischen Staatspräsidenten Sarkozy in der Woche vor dem entscheidenden Ratsgipfel die Zähne ziehen.

Merkel war eingeknickt. Die Mittelmeerstaaten, der sogenannte Club Med, bejubelten ihren französischen Helden. Am 19. Oktober legte die Van-Rompuy-Task-Force schließlich ihren Abschlussbericht vor, in dem nach Meinung der Bundesregierung »alle Themen des deutschen Neun-Punkte-Papiers angemessen verankert« waren.[95] Einem Vergleich der beiden Dokumente hält diese Aussage allerdings nicht stand. Zwar sollten die quasi-automatischen Sanktionen früher greifen und verschärft werden. Vorgesehen waren aber nur Geldstrafen und spätestens ab 2014 die Streichung von Mitteln aus dem EU-Haushalt. Quasi-automatisch bedeutete dabei, dass Beschlussempfehlungen der EU-Kommission im Europäischen Rat dann als beschlossen galten, wenn nicht eine Mehrheit der Mitgliedstaaten aktiv dagegen stimmte. Das sollte es schwieriger machen, im Rat Mehrheiten gegen Sanktionen zu organisieren. Wer das Brüsseler Spiel ein wenig kennt, weiß aber, dass die politische Einflussnahme viel früher geschieht. Es wird nun einfach so lange hinter verschlossenen Türen verhandelt, bis die Beschlussempfehlung der Kommission konsensfähig ist. Allerspätestens seitdem mit Pierre Moscovici ein gescheiterter französischer Finanzminister als Währungskommissar über die

Einhaltung der Stabilitätskriterien wacht, dürfte der Angstschweiß der Defizitsünder getrocknet sein.

Die Task Force sprach sich in ihrem Abschlussbericht auch für die Schaffung eines dauerhaften Krisenbewältigungsmechanismus aus. Es war zwar die Rede davon, dass hierbei Fehlanreize vermieden und auch der Privatsektor beteiligt werden sollte, aber die Ausarbeitung war gar nicht Aufgabe der Task Force. Hier waren die Staats- und Regierungschefs der Eurozone gefragt. Am 28./29. Oktober 2010 tagte der Europäische Rat und fasste einen folgenschweren Beschluss. Es sollte ein »ständiger Krisenmechanismus zur Wahrung der Finanzstabilität des Euro-Währungsgebiets« eingerichtet werden.[96] Noch am Tag zuvor hatte Merkel in einer Regierungserklärung vor dem Bundestag gesagt:

> »Er [der auf drei Jahre befristete Rettungsschirm EFSF, Anm. d. Verf.] läuft 2013 aus. Das haben wir auch genau so gewollt und beschlossen. Eine einfache Verlängerung kann und wird es mit Deutschland nicht geben, weil der Rettungsschirm nicht als langfristiges Instrument taugt, weil er Märkten und Mitgliedstaaten falsche Signale sendet und weil er eine gefährliche Erwartungshaltung fördert. Er fördert die Erwartungshaltung, dass Deutschland und andere Mitgliedstaaten und damit auch die Steuerzahler dieser Länder im Krisenfall schon irgendwie einspringen und das Risiko der Anleger übernehmen können.«[97]

Dieses Zitat wird heute oftmals aus dem Zusammenhang gerissen. So wird der Eindruck erweckt, noch am Donnerstag habe Merkel abgelehnt, was sie kurz später selbst forcierte. Zu dem Zitat gehören auch diese Auszüge aus Merkels Rede:

> »Wir müssen heute Vorsorge zur Bewältigung künftiger Krisensituationen treffen. Dazu brauchen wir [...] einen neuen, robusten Krisenbewältigungsrahmen für Notfälle. Nur so können wir die Stabilität der Eurozone dauerhaft sichern. [...] Der jetzige Rettungsschirm darf nicht der Referenzfall für die Zukunft sein. Stattdessen brauchen wir einen Mechanismus, bei dem in einem transparenten, nachvollziehbaren Verfahren auch private Gläubiger beteiligt werden. Diese Forderung ist nicht neu.«[98]

Merkel der Lüge zu bezichtigen, wäre also unfair. Es kaschiert das Versagen unserer Bundesregierung, auf europäischer Ebene deutsche Interessen durchzusetzen. Mit ihren Plänen zur Schaffung eines Berliner Clubs war die Bundesregierung auf europäischer Ebene isoliert. Die Staaten mit Weichwährungstradition hatten in der Eurozone das Ruder übernommen.

Ansteckungsgefahr gebannt?
Irland, willkommen unterm Schirm!

Die Euro-Krise ließ keine Verschnaufpause zu. Zwar sollte mit der Griechenland-Hilfe und dem 750-Milliarden-Euro-Rettungsschirm ein Ausgreifen der Eurokrise auf andere Staaten vermieden werden, doch nun kreiste der Pleitegeier über der Republik Irland. Am 21. November stellte Irland einen Antrag auf finanzielle Unterstützung. Mit Irland traf es den einstigen EU-Musterschüler. Die grüne Insel war in Schieflage geraten, weil es ein Opfer seines vermeintlichen Erfolgsmodells wurde. Der irische Bankensektor war exorbitant groß und zusätzlich extrem stark vom Interbankenmarkt abhängig. Infolge der Bankenkrise im Herbst 2008 sah sich die irische Regierung gezwungen, ihren Banken weitreichende Garantien zu geben. Die Finanzinstitute gerieten infolge der Eurokrise immer mehr unter Druck, was unter anderem eine Verdopplung der irischen Zinsaufschläge mit sich brachte. Der irische Haushalt konnte die notwendigen Eigenkapitalaufstockungen nicht mehr stemmen, da das Land ohnehin in der Rezession steckte. Die Defizitquote erreichte mit 32 Prozent einen nie dagewesenen Höchstwert. Die Krisenursachen waren hier ganz andere als in Griechenland, wo die Krise vor allem konsumtive Ursachen hatte, während Irland unter einer Krise des Finanzsektors und unter einer Immobilienblase litt.

Die irische Notenbank hielt einige Banken nur noch mit ELA-Notkrediten am Leben. Die Abkürzung steht für Emergency Liquidity Assistance. Dabei handelt es sich um Notfall-Liquiditätshilfen, die eine nationale Notenbank des Eurosystems einer vorübergehend illiquiden Bank gewähren kann. Ab einem Volumen von zwei Milliarden muss der EZB-Rat einen Schwellenwert festlegen, bis zu dem Liquiditätshilfen in Form von Zentralbankgeld bereitgestellt werden dürfen. Gleichwohl kann der EZB-Rat die ELA-Vergabe mit Zweidrittelmehrheit stoppen, wenn die Auffassung besteht, dass die Vergabe der Notkredite den Zielen und Aufgaben des Eurosystems entgegensteht, zum Beispiel weil die unterstützte Bank nicht illiquide sondern insolvent ist.

Nachdem die irische Notenbank den Finanzinstituten etwa 50 Milliarden Euro ELA-Liquiditätshilfe gewährt hatte, drohte Trichet dem irischen Finanzminister Brian Joseph Lenihan am 19. November schriftlich an, den ELA-Hahn zuzudrehen, wenn das Land nicht bald unter den Rettungsschirm schlüpfen würde. Zwei Tage später stellte die irische Regierung den entsprechenden Antrag. Dieser Zusammenhang wurde erst im November 2014 von der *Irish Times* aufgedeckt.[99]

Am 29. November 2010 musste der Haushaltsausschuss zu einer Sondersitzung zusammenkommen. Zunächst war Irland nur im Unterausschuss gelandet, der am 24. November einstimmig Alarm schlug. Zwischenzeitlich waren nur die AG-Sprecher auf dem Laufenden gehalten worden. Zeitverlust: fünf Tage. Die wesentlichen Unterlagen erhielten wir erst als Tischvorlage. Schäuble warnte erwartungsgemäß vor massiven Ansteckungsgefahren, wenn sich der Bundestag querstelle. Irland sei gerade im Finanzbereich überaus stark vernetzt. Wenn man der dramatischen Lage nicht adäquat begegnete, würde es zu unkontrollierbaren Kettenreaktionen kommen, deren nächste Opfer die anderen überschuldeten Staaten der Eurozone würden. Es werde ein Erdbeben weit über die Europäische Union hinaus geben, orakelte Schäuble. Die Belastungen für die wirtschaftliche und soziale Lage, für den Arbeitsmarkt und damit die öffentlichen Haushalte wären weitaus dramatischer als das im Vergleich geradezu billige Irland-Hilfspaket.

Das Irland-Paket hatte einen Umfang von 85 Milliarden Euro, wobei 50 Milliarden zur Staatsfinanzierung dienen sollten. Die restlichen 35 Milliarden Euro waren für die Stützung des Bankensektors vorgesehen. Irland war der erste Staat, der die Gelder nicht bilateral sondern über das im Mai geschaffene Euro-Rettungsschirmsystem bekam. Über den EFSM flossen 22,5 Milliarden Euro, die EFSF wurde mit 17,7 Milliarden einbezogen. Der IWF beteiligte sich mit 22,5 Milliarden. Hinzu kam ein irischer Eigenanteil in Höhe von 17,5 Milliarden Euro. Großbritannien,

Schweden und Dänemark gaben auf freiwilliger Basis 3,8 Milliarden, 600 Millionen beziehungsweise 400 Millionen Euro dazu. Deutschland haftete über die EFSF direkt mit 6,2 Milliarden Euro. Am EFSM war Deutschland nur mittelbar über den Anteil von etwa 20 Prozent am EU-Haushalt beteiligt.

Irland legte ein äußerst ambitioniertes Anpassungsprogramm auf, das Ausgabenkürzungen in Höhe von zehn Milliarden Euro und fünf Milliarden Euro Einnahmeerhöhungen vorsah. Die Gläubiger sollten im Zuge der Bankenrestrukturierung aber nicht beteiligt werden. Denn dies würde die Finanzmärkte weiter verunsichern, so Schäuble.

In der allgemeinen Fragerunde bat ich Schäuble darum, die Gefährdung der Finanzstabilität der Eurozone als Ganzes anhand einer ökonomischen Analyse zu belegen. Die brauche es nicht, entgegnete mir Schäuble. Alles sei von EZB, EU-Kommission und IWF hinreichend festgestellt. Auf Grundlage dieser Feststellung sei ein Anpassungsprogramm erarbeitet, eine Schuldentragfähigkeitsanalyse erstellt und auf Basis dessen die Entscheidungen im ECOFIN getroffen worden. Schäuble verwies auf die einschlägigen Erklärungen in der Tischvorlage. Wie EZB, EU-Kommission und IWF im Einzelnen zu ihrer Feststellung kamen, wurde weder hier noch in einem anderen Fall geklärt. Schäuble erinnerte mich noch an die zurückliegende Finanz- und Bankenkrise, in deren Zuge die deutsche Wirtschaft um fünf Prozent eingebrochen war. Würde Irland ungeordnet zahlungsunfähig, drohe gar ein Minuswachstum von zehn Prozent – und dies war in den Augen des Finanzministers noch nicht einmal der *worst case.*

Diskussionen gab es im Ausschuss noch über das Schonen der Gläubiger. Im Zuge der Verstaatlichung der irischen Banken seien die Gläubiger praktisch schon enteignet worden. Auf Dauer könne es zwar nicht angehen, dass mit massivem Risiko auf Gewinn spekuliert werde, die Realisierung der Risiken aber am Ende am Steuerzahler hängen bleibe. Für diese Moral-Hazard-Problematik müsse eine Lösung gefunden werden – aber erst später. Schäuble spielte die Mitleidskarte aus. Im eigenen Land werde die Bundesregierung dafür kritisiert, zu leichtfertig das deutsche Portemonnaie für die Defizitsünder Europas zu öffnen. Gleichzeitig müsse sich Schäuble auch immer wieder Kritik anhören, die richtig weh-tue. So habe EZB-Präsident Trichet mehrfach angeprangert, dass die deut-sche Position die Finanzmärkte irritiere. In einem internen Gespräch ha-be Schäuble Trichet aber wissen lassen, dass die Bundesregierung sich nicht ständig von Krise zu Krise treiben lassen könne.

Damit Irland auf dem nächsten ECOFIN am 6. Dezember 2010 eine Fi-nanzhilfe über die EFSF gewährt werden konnte, musste sich die Bun-desregierung um Einvernehmen mit dem Haushaltsausschuss bemühen. Schäuble hatte darauf spekuliert, die Zustimmung des Haushaltsaus-schusses bereits am gleichen Tag zu erhalten, aber das allein genügte oh-nehin nicht. Denn das StabMechG deckte nur die EFSF ab. Beim EFSM handle es sich jedoch um einen Rechtsakt der EU. Somit konnte der Bun-destag die Angelegenheit gemäß dem Gesetz über die Zusammenarbeit von Bundesregierung und Deutschem Bundestag in Angelegenheiten der Europäischen Union (EUZBBG) jederzeit zur Behandlung im Plenum an sich ziehen. Eine Entscheidung des Ausschusses allein reiche nicht.

Zwei Tage später kam der Haushaltsausschuss wieder zusammen. Dies-mal vertrat Staatssekretär Werner Gatzer das BMF. Diskussionen gab es über das Verhältnis von EFSM und EFSF. Im StabMechG stand unmiss-verständlich, dass die EFSF erst zum Einsatz komme, wenn alle anderen Mittel – also auch der EFSM – ausgeschöpft waren. Die Bundesregierung wusste dies, konnte sich aber auf europäischer Ebene nicht durchsetzen. Das kostete den deutschen Steuerzahler allein im Falle Irlands schät-zungsweise 1,8 Milliarden Euro, da sich der EFSM gegenüber der EFSF zu viel besseren Konditionen refinanzieren konnte. Die Regierung berich-tete vom vehementen Widerstand anderer Länder, die nicht wollten, dass mit einem Streich zwei Drittel des EFSM für ein kleines Land wie Irland ausgeschöpft waren. Die Bundesregierung habe aber letztendlich durch-gesetzt, dass der EFSM-Anteil größer war als der der EFSF, so Gatzer.[100] Gesetzeswidrig war es trotzdem. Aber kein deutsches Gesetz könne die Abstimmungsmodalitäten auf europäischer Ebene ändern, sagte Gatzer. Auf die Idee, den anderen mit einem Veto des Hauptgarantiegebers zu drohen, kam die Bundesregierung offensichtlich nicht. Das Einverneh-men des Haushaltsausschusses erhielt die Bundesregierung letztendlich ohne größere Widerstände.

Am 2. Dezember 2010 passierte die Irland-Hilfe problemlos den Bundestag. Da die Abstimmung nicht namentlich, sondern per Handzeichen erfolgte, kann die Zahl der koalitionsinternen Abweichler nicht beziffert werden.[101]

Stein um Stein, und jetzt Portugal

Auch wenn die Bundesregierung nach Irland keine anderen Staaten in der Warteschleife sah, rief Portugal am 7. April 2011 um Hilfe. Noch am Tag zuvor hatte Staatssekretär Kampeter im Haushaltsausschuss sein Insiderwissen bewiesen. Es sei allein die Entscheidung der portugiesischen Regierung, ob diese einen Hilfsantrag stelle. Derzeit sehe es aber so aus, als ob Lissabon darauf verzichte. Dabei hatte sich ein Hilfsantrag Portugals abgezeichnet. Bereits am 9. Februar 2011 sah EFSF-Chef Klaus Regling das Land auf der Kippe, als er zu Gast im Haushaltsausschuss war.

Die wirtschaftlichen Probleme Portugals waren hausgemacht. Wie Griechenland hatte Portugal über Jahre hinweg über seine Verhältnisse gelebt. Vor der Euro-Einführung hatte Portugal mit Spanien und Italien zu einer Gruppe von Staaten gehört, bei denen sich die Renditen auf zehnjährige Staatsanleihen auf bis zu 14 Prozent – doppelt so viel wie Deutschland – beliefen. Mit der Einführung des Euro als Buchgeld 1999 konnte sich Lissabon fast zu gleichen Bedingungen verschulden wie Berlin. Portugals Bruttoinlandsprodukt wuchs zwischen 1995 und 2010 um 31,3 Prozent. Bei der Betrachtung der Leistungsbilanzsalden 2005 bis 2010 liegt Portugal mit einem Minus von 10,8 Prozent gemessen am BIP auf vorletzter Stelle. Schlechter war im gleichen Zeitraum nur Griechenland. Der Schuldenstand lag bei 93 Prozent. Dazu kam eine extrem hohe private Verschuldung. Obwohl die EZB massenweise portugiesische Staatsanleihen auf dem Sekundärmarkt aufgekauft hatte, zogen die Zinsspreads gewaltig an. 2011 kam Portugal wieder auf dem alten Zinsniveau an. Die Kurswerte der Staatsanleihen fielen ins Bodenlose, sie notierten Mitte 2011 nur noch bei 60 bis 70 Prozent ihres Ausgangswertes.[102]

Auf dem ECOFIN am 8./9. April versuchte Lissabon von seinen Partnern einen Überbrückungskredit ohne Auflagen zu erhalten, was dem Land aber verwehrt wurde. Auch wollte Lissabon den IWF nicht ins Land lassen. Schließlich wurde die Troika doch nach Portugal entsandt, um den Kreditbedarf festzulegen und ein Anpassungsprogramm zu vereinbaren. Portugal verpflichtete sich dazu, ein von der Troika am 10. Mai 2011 vorgelegtes Anpassungsprogramm umzusetzen. Zwei Drittel des Programms machten Kürzungen auf der Ausgabenseite aus. Es sollten zum Beispiel Stellen im öffentlichen Dienst abgebaut und Beamtengehälter gekürzt werden. Auf der Einnahmeseite versprach man sich Privatisierungserlöse in Höhe von 5,5 Milliarden Euro. Portugal erhielt im Gegenzug ein Hilfsprogramm in Höhe von 78 Milliarden Euro. 26 Milliarden Euro steuerte der IWF bei. Der europäische Anteil belief sich auf 52 Milliarden Euro, der gleichmäßig auf EFSF und EFSM verteilt wurde.

Das Problem bei all dem war, dass es in Portugal keine wirklich funktionsfähige Regierung gab. Der portugiesische Ministerpräsident José Sócrates hatte es am 23. März 2011 nicht geschafft, sein Reform- und Sparprogramm durchs Parlament zu bringen und trat daraufhin zurück. Die Opposition wollte den Ministerpräsidenten eigentlich schon viel früher stürzen. Da aber im Januar Präsidentschaftswahlen stattgefunden hatten, konnte Sócrates seinen Rücktritt erst nach dem 9. März einreichen, als der konservative Aníbal Cavaco Silva seine zweite Amtszeit als Staatspräsident antrat. Sócrates blieb kommissarisch im Amt und stellte sich auch wieder zur Wahl. Diese Konstellation führte dazu, dass die Troika nicht nur mit der Übergangsregierung unter Sócrates verhandeln musste, sondern sich auch von den beiden größten Oppositionsparteien Unterstützung im Falle eines Wahlsieges schriftlich zusichern ließ. Völkerrechtlich bindend waren solche Verlautbarungen nicht.

Schon im Falle Irlands hatte ich Schäuble gefragt, ob er die Kriegsmarine schicken wolle, wenn sich die neue Regierung nicht an ihre Zusagen aus Oppositionszeiten gebunden fühlen würde. Außerdem gab ich zu bedenken, dass Wahlen in demokratischen Systemen prinzipiell offen sind. Es war bei aller Genauigkeit der Demoskopen durchaus möglich, dass eine politische Kraft den Regierungschef stellen könnte, mit der die Troika gar nicht verhandelt hatte. Auf diese Bedenken konnten die Euro-Retter nicht eingehen, weil zwischen der Parlamentswahl am 5. Juni 2011 und dem 15. Juni 2011 portugiesische Staatsanleihen in Höhe von fünf

Milliarden Euro refinanziert werden mussten. Innerhalb dieser kurzen Zeit sollte den Portugiesen nicht zugemutet werden, das neu gewählte Parlament zu konstituieren und eine neue Regierung zu bilden. Vielleicht hätten die portugiesischen Parteien in Anbetracht der Lage besser vorab Gespräche untereinander geführt, als sich allein auf den europäischen Geldsegen zu verlassen. Auch hätte das Parlament in alter Zusammensetzung noch einmal Verantwortung übernehmen können. Portugals Probleme mit seinen Geschäftsordnungsfristen wurden nun zum Problem aller Euro-Mitgliedstaaten.

Die Parlamentswahlen führten wie in Irland auch in Portugal zu einem Regierungswechsel. Die Sozialisten wurden mit einer historischen Wahlschlappe vom portugiesischen Wähler abgestraft. Pedro Passos Coelho bildete mit seiner liberal-konservativen Partido Social Democrata (PSD) zusammen mit der Portugiesischen Volkspartei (CDS-PP) die neue Regierung. Die, die damals dem Reformprogramm die Zustimmung verweigert hatten, um die Regierung zu stürzen und Neuwahlen zu erzwingen, hielten jetzt in Amt und Würden die Hand auf. Mein Mitleid mit Sócrates hält sich aber in Grenzen. Ende November 2014 wurde er wegen des Verdachts auf Steuerhinterziehung, Korruption und Geldwäsche festgenommen.

Die Abgeordneten des Deutschen Bundestages sollten weiter brav im Rädchen laufen. Der Bundestag musste am 12. Mai 2011 dem Bailout zustimmen. Gerade vor dem Hintergrund, dass die Prognose für Griechenland so gewaltig in die Hose gegangen war, ärgerte mich der unangebrachte Optimismus, mit dem wir Abgeordneten geködert wurden. Portugals Schulden betrugen 93 Prozent des Bruttoinlandsproduktes. Anhand eines vermeintlich realistischen Basis-Szenarios rechnete die Troika vor, dass die staatliche Schuldenstandsquote 2013 mit 108,6 Prozent ihren Höchststand erreichen und danach rückläufig sein sollte. Im Jahr 2020 würde der Schuldenstand bei 99,0 Prozent, 2030 bei 87,4 Prozent und 2040 schließlich bei 74,6 Prozent liegen. Das waren immerhin noch knapp 15 Prozentpunkte mehr als die Maastricht-Kriterien vorsahen. Der 104-seitige Wälzer, in dem diese Information auf Seite 89 stand, wurde uns allerdings erst am Vortag der Abstimmung vonseiten des BMF übermittelt. Portugals Schuldenstand erreichte 2013 tatsächlich seinen Höchststand, lag aber mit 128,0 Prozent um nahezu 20 Prozentpunkte über der Prognose.

Der Entschließungsantrag der Koalitionsfraktionen wurde zwar mehrheitlich gebilligt; das Lager der Euro-Rebellen, wie uns die Presse mittlerweile getauft hatte, wuchs aber. Die Abstimmung wurde wieder nicht namentlich durchgeführt, weshalb man die Zahl der Gegenstimmen nicht genau beziffern kann. Das Plenarprotokoll vermerkt aber ein interessantes Detail. Dort ist ein Wortgefecht zwischen Abgeordneten von Union und SPD dokumentiert:

»Christian Lange [Backnang] [SPD]: Da haben einige dagegengestimmt von der CDU! – Gegenruf des Abg. Volker Kauder [CDU/CSU]: Bleib ganz ruhig! – Norbert Barthle [CDU/CSU]: Parlamentarische Grundrechte! Ich weiß gar nicht, was es da zu sagen gibt!«[103]

Bundestagspräsident Lammert beendete das Intermezzo mit dem Hinweis auf neun persönliche Erklärungen, in denen Abgeordnete aus den Reihen der Koalition ihre Ablehnung kundtaten.[104] Den Hinweis meiner Parteifreunde zu den parlamentarischen Grundrechten behielt ich im Hinterkopf.

Uns Gegnern der unbegrenzten Defizitabdeckung der Schuldenstaaten wurde immer wieder vorgehalten, es gebe keinen Plan B, keine Alternative. Dabei standen wir nicht allein auf weiter Flur, sondern hatten die große Mehrheit der Wissenschaft auf unserer Seite. Zusammen mit Frank Schäffler rief ich eine eigene Vortragsreihe ins Leben. Mithilfe von namhaften Wissenschaftlern wollten wir alternative Szenarien entwickeln und diskutieren. Die Veranstaltungen liefen immer gleich ab: Der Experte hielt zunächst einen Vortrag, anschließend wurde darüber diskutiert. Als ersten Gast luden wir am 7. Juni 2011 den Direktor des Centrums für Europäische Politik (cep), Lüder Gerken, ein. Das cep hatte mehrere Studien zum Thema vorgelegt, darunter war auch eine zu den Reformvorschlägen der Van-Rompuy-Task-Force, die sich durch fundierte Analysen und logische Schlussfolgerungen auszeichnete.[105] Aufgrund der großen Zahl von Zusagen mussten wir die Veranstaltung in einen größeren Raum verlegen.

Der obligatorischen Generalabrechnung Gerkens mit der wirtschaftlichen Entwicklung Griechenlands folgte ein Lehrstück volkswirtschaftlichen Scharfsinns. Selbst wenn man heute Athen alle Schulden erlassen würde, müsste es morgen wieder neue aufnehmen. Als Mahnung wurde uns das Beispiel des Bundeslandes Bremen aufgezeigt. Bremen hatte 1994 umgerechnet 8,5 Milliarden Euro Schulden. Zwischen 1994 und 2004 wurden dem Land 8,4 Milliarden Euro Entschuldungshilfe gewährt. Dies hatte nicht etwa dazu geführt, dass Bremen weitestgehend schuldenfrei war. Nein, der Schuldenstand betrug 2005 12,5 Milliarden Euro. Heute steht das Land Bremen mit mehr als 20 Milliarden Euro in der Kreide.

Mexiko (1994), Indonesien (1997), Thailand (1997), Korea (1997), Russland (1998), Brasilien (1999) und Argentinien (1995/2002) wurden als Beispiele von Staatsbankrotten angeführt und analysiert. Kein Land hatte es geschafft, die Krise ohne Abwertung der Landeswährung in den Griff zu bekommen. Auch wenn diese Länder allesamt nicht Mitglied in einer Währungsunion gewesen waren, war dies dennoch ein schmerzlicher Schritt. Für Länder wie Brasilien hatte die Dollar-Bindung einen hohen Stellenwert. Gerkens Ansage war klar: Griechenland musste raus aus dem Euro und mithilfe einer Abwertung der neu eingeführten Währung wieder an Wettbewerbsfähigkeit gewinnen.

Das cep öffnete uns auch die Augen darüber, dass wir Deutsche den Rettungsaltruismus in Europa exklusiv hatten: Während die französischen Finanzinstitute Forderungen gegenüber dem griechischen öffentlichen Sektor abgestoßen hatten, hielten die deutsche Banken weiterhin Forderungen in Höhe von 23 Milliarden US-Dollar in ihren Portfolios, wie sie es Schäuble im Mai 2010 versprochen hatten.[106] Für die deutschen Banken sollte sich das schon bald rächen.

Griechenland, die Zweite

Das Krisenkarussell drehte sich weiter. Nachdem Irland und Portugal unter den Rettungsschirm geschlüpft waren, kam Griechenland wieder an die Reihe. Auch das hatte sich leider abgezeichnet. Die Gerüchteküche brodelte schon länger. Das Land kam trotz gewährter Zinserleichterungen einfach nicht auf die Beine. Bereits auf einer Sondersitzung des Haushaltsausschusses am 25. Februar 2011 wurde das Scheitern der Euro-Rettungspolitik offensichtlich. Wir Haushälter sollten an diesem Freitagnachmittag der anstehenden Auszahlung der vierten Kredittranche in Höhe von 10,9 Milliarden Euro an Griechenland zustimmen. Am Tag zuvor hatten wir den ernüchternden Bericht der Troika zur Umsetzung des vereinbarten Reformprogramms erhalten. Das Programmziel wurde deutlich verfehlt. Angestrebt war für 2010 ein Defizit in Höhe von acht Prozent des Bruttoinlandsproduktes, tatsächlich prognostizierte die Troika aber 9,5 Prozent. Nach Anlaufen des Rettungsprogramms hatte die griechische Regierung ihren Reformeifer verloren. Im Bericht der Troika hieß es:

»Nach einigen wichtigen Reformen, die bereits vor Sommer 2010 verabschiedet wurden, [...] haben die Strukturreformbemühungen letzten Herbst an Schwung verloren und es kam im Vergleich zu den ursprünglichen politischen Zusagen zu Verzögerungen. [...] Die nächsten Schritte bei der Programmumsetzung erfordern mehr denn je entschlossenes Regierungshandeln, politische Abstimmung und gesellschaftlichen Konsens in Griechenland.«[107]

Einige Gesetze waren zwar Ende 2010 verabschiedet worden, an die Umsetzung ging man in Athen »jedoch weniger ehrgeizig als erwartet«.[108] Die Experten von EU-Kommission, EZB und IWF schlugen Alarm. Im Bericht hieß es:

»Es sind eine Reihe nennenswerter Hindernisse aufgetreten. Dazu gehören eine angespannte Finanzlage, Übertragungseffekte aus anderen peripheren Volkswirtschaften, anhaltende Mängel bei der Steuererhebung sowie einige Verzögerungen und Kapazitätsprobleme bei der Umsetzung komplexer und weitreichender Strukturreformen. Die Erreichung der Programmziele setzt eine wesentlich größere Entschlossenheit zur Umsetzung der vereinbarten Maßnahmen als in den letzten zwei Quartalen voraus.«[109]

Die Troika stellte letztendlich den Griechen ein positives Zeugnis aus, wies aber auf »beträchtliche Negativrisiken« hin.[110] Diese wurden aber von der Bundesregierung geflissentlich ignoriert. Das Finanzministerium drängte erfolgreich auf die Auszahlung der Tranche. Viel Widerstand gab es nicht. Wir hatten auch schon längst die Kontrolle verloren. In der Sondersitzung kritisierte ich massiv, dass vonseiten Griechenlands das Anpassungsprogramm anhaltend als deutsches Diktat bezeichnet wurde. Das war es nicht. Es wurde nicht oktroyiert, sondern war das Ergebnis von Verhandlungen zwischen der griechischen Regierung und der Troika. Die griechische Regierung erfüllte nachweisbar die Kreditauflagen nicht, rechtfertigen musste sich aber immer nur Deutschland, weil wir – zumindest auf dem Papier – auf die Einhaltung der Reformzusagen pochten. Es brachte rein gar nichts, dem Bauern das Saatgut auf den Hof zu karren, wenn dieser sich weigerte, sein Feld zu beackern. Ich wollte von Kampeter wissen, was denn die griechische Regierung zu den Vorwürfen sagte.

Der Finanzstaatssekretär bat dann darum, die Fragen unter dem Geheimhaltungsgrad VS-GEHEIM zu beantworten. Die Debatte um ein zweites Griechenland-Programm sei eine rein wissenschaftliche. Zwar werde auch auf den Finanzmärkten aus handfesten wirtschaftlichen Interessen in diese Richtung spekuliert, aus politischer Sicht hielt Kampeter eine Umschuldung aber nicht für notwendig. Von einem Haircut wären deutsche Finanzinstitute erheblich betroffen. Darunter befänden sich auch Banken, die vom Bund gestützt würden. Die Bundesregierung habe ein wirtschaftliches Interesse daran, dass Griechenland das Konsolidierungsprogramm erfolgreich abschließe. Mir teilte der Staatssekretär knapp mit, dass es sich bei dem laufenden Griechenland-Programm nicht um ein statistisches Projekt handle. Eine Punktlandung im klassischen Sinne könne es bei solch einem Anpassungsprogramm, das sich permanent durch dynamische Anpassungen und Nachsteuerungen verändere, gar nicht geben. Derzeit werde nicht über ein zweites Programm sondern über die Verlängerung der Programmlaufzeit aufgrund des hohen Refinanzierungsbedarfes in den Jahren nach dem festgeschriebenen Programmende im Jahr 2012 gesprochen. Bis zum nächsten Treffen des Europäischen Rates am 24./25. März 2011 würden hierzu entsprechende Entscheidungen getroffen werden.

Meiner Frage zum mangelnden Ehrgeiz der griechischen Regierung und dem Vorwurf der Reformverschleppung entgegnete Kampeter bissig, Deutschland habe es in vielen Jahren auch nicht geschafft, Ordnung in seine Bund-Länder-Finanzen zu bringen und eine nachhaltige Lösung für den Länderfinanzausgleich zu finden. Man könnte also der Bundesrepublik Deutschland und einzelnen Bundesländern auch mangelnden Ehrgeiz vorwerfen. Im Vergleich dazu seien die Vorhaben Griechenlands geradezu ambitioniert. Griechenland habe erkannt, dass sein Glück nicht in einem europäischen Länderfinanzausgleich liege, sondern nur in einer Wiederherstellung seiner Wettbewerbsfähigkeit. Ich solle mich mit meinen Äußerungen tunlichst zurückhalten und den schmerzhaften Anpassungsprozess respektieren. Mein Kollege Alex Funk sprang mir nun bei und zitierte Passagen aus dem Troikabericht. Kampeter musste hier den Rückzug antreten, positionierte sich aber gegen Ende der Sitzung noch einmal ganz klar zu den Spekulationen um einen Schuldenschnitt. Umschuldung und Staatspleite seien ein und dasselbe. Wenn man die ganze Ökonomie einmal weglassen würde, sei es auch eine emotionale Bewertung, ob man ein Mitgliedstaat der Eurozone einfach wie ein Schwellenland behandeln wollte. Jede Restrukturierung der griechischen Staatsschulden über eine Laufzeitverlängerung hinaus, bedeute unter dem Strich nichts anderes, als ein Scheitern des Programms vom Mai 2010, so Kampeter.

Griechenland und dessen Umschuldung blieben Thema. Auf der Sitzung des Haushaltsausschusses vom 6. April 2011 beteuerte Kampeter abermals, dass an den entsprechenden Gerüchten nichts dran sei. Der IWF habe dies auch seinerseits dementiert. Die Bundesregierung beteilige sich nicht an Spekulationen. Auch der griechische Parlamentspräsident habe anlässlich seines Deutschlandbesuches versichert, aus Sicht des griechischen Parlaments komme ein Haircut nicht in Betracht, da die negativen Auswirkungen auf die eigene Bonität zu groß seien.

Am 13. April 2011 kam Schäuble in den Haushaltsausschuss. Ein Schuldenschnitt sei gar nicht notwendig, da die Schuldentragfähigkeit Griechenlands mithilfe von Laufzeitverlängerung und Zinssenkung nachhaltig verbessert worden sei. Dennoch habe er auf dem informellen ECOFIN vom 8./9. April 2011 im ungarischen Gödöllo darauf gedrungen, vor der Auszahlung der fünften Kredittranche im Juni eine vertiefte Schuldentragfähigkeitsanalyse durchzuführen, so der Minister. Doch einen Monat später, am 11. Mai 2011, stellte es Schäuble im Haushaltsausschuss als fraglich dar, ob Griechenland in den Jahren 2012 und 2013 wieder an den Kapitalmarkt zurückkehren könne – und zwar unabhängig davon, ob Athen die Programmauflagen erfüllte oder nicht.

Die Troika legte am 8. Juni 2011 ihren Bericht mit der besagten Schuldentragfähigkeitsanalyse vor. Das Ergebnis war niederschmetternd. Eine Rückkehr Griechenlands an die Kapitalmärkte im Verlauf des Jahres 2012 war mehr als unrealistisch. Die Euro-Retter bekamen jetzt ein massives Problem, denn der IWF darf sich nur an Programmen beteiligen, wenn die Schuldentragfähigkeit für mindestens ein Jahr gegeben ist. Außerdem ließ der Währungsfonds durchblicken, dass die Obergrenze an Finanzmitteln, die man in ein einziges Land hineinpumpen könne, erreicht war. In der Sitzung der CDU/CSU-Bundestagsfraktion wurden erhebliche Zweifel an der vermeintlichen Griechenland-Rettung geäußert. Besonders ein mögliches Ausscheiden des IWF bereitete vielen Kollegen Sorge. Die Troika zog aber nicht die Notbremse, sondern gab Vollgas. Ein weiteres Hilfsprogramm sollte her.

Grund zum Optimismus gab es keinen. Nichts hatte die Gutgläubigkeit im Nachhinein gerechtfertigt. Im aktuellen Bericht der Troika hieß es:

»Nach einem kraftvollen Anfang im Sommer 2010 kam die Umsetzung der Reform in den letzten Quartalen zum Stillstand. Deutliche politische Risiken [...] sind im Rahmen der Programmumsetzung vorhanden. [...] Diverse wachstumsfördernde Strukturreformen wurden gesetzlich verankert und werden zurzeit umgesetzt. [...] Aufgrund von Einschränkungen in der

Verwaltungskapazität sah sich die Regierung Herausforderungen bei der Umsetzung ihrer Reformagenda gegenüber.«[III]

Die griechische Regierung hatte sich nach dem Beschluss von zwei auf dem Papier ambitionierten Sparpaketen wieder zur Ruhe gesetzt. Nachdem die Tinte unter dem Bailout trocken war, machten sich die griechischen Behörden daran, die Umsetzung der beschlossen Maßnahmen zu unterlaufen. Eines hatte sich seit dem Platzen der griechischen Schuldenbombe 2009/2010 wenigstens verbessert: Die statistische Erfassung der Finanz- und Wirtschaftslage. Das griechische Finanzministerium stellte mannigfaltige Statistiken auf seiner Homepage zur Verfügung – auch in englischer Sprache. Der griechische Staat nahm immer weniger an Steuern ein und gab gleichzeitig mehr aus. Das betraf nicht nur die Zinsausgaben. Für das Jahr 2010 lag der Saldo im laufenden Haushalt bei minus 6,180 Milliarden Euro; von Januar bis Mai 2011 schon bei minus 9,234 Milliarden. Dass Griechenland so die Kurve kriegen würde, war schon damals ausgeschlossen. Dazu hätte Griechenland über Jahre hinweg ein Wirtschaftswachstum von zehn Prozent benötigt.

Die Troika wollte die Reißleine nicht ziehen, denn die drei Institutionen hätten sich damit ins eigene Fleisch geschnitten. Alle Bürgen waren längst im Würgegriff des Schuldners: Die EU-Kommission verhandelte für die Staaten der Eurozone, die für 80 Milliarden Euro bürgten. Der IWF hatte 30 Milliarden Euro im Feuer. Und die EZB hatte im Rahmen ihres SMP-Programms griechische Staatsanleihen in einem Volumen von 33,9 Milliarden Euro auf dem Sekundärmarkt gekauft. Da die Damen und Herren allerdings nicht persönlich hafteten, redete man sich die Wirklichkeit schön. Es wurde zum Beispiel von hohen Privatisierungserlösen schwadroniert. Der Privatisierungsplan sah für die Jahre 2011, 2012 und 2013 Einnahmen in Höhe von fünf, zehn und sieben Milliarden Euro vor. Insgesamt sollten sich die Einnahmen auf 50 Milliarden Euro belaufen. Im Troika-Bericht war quartalsweise aufgeführt, welches staatliche Unternehmen wann und zu welchem Erlös privatisiert und was dabei eingenommen werden sollte. In ihrem Bericht vom April 2014 musste die Troika eingestehen, dass sich die Privatisierungserlöse 2011 auf 1,6 Milliarden Euro, 2012 auf null Milliarden Euro und 2013 auf gerade einmal eine Milliarde Euro beliefen. Für die Jahre 2014 bis 2020 prognostizierte die Troika im Frühjahr 2014 zwanzig Milliarden Euro.

Nicht nur hier wäre von Anfang an ein wenig mehr Realismus angebracht gewesen, was aber unweigerlich dazu geführt hätte, dass kein Geld mehr geflossen wäre. Also belog man lieber sich selbst und andere. Die Risiken wurden zwar in den Troikaberichten immer klar benannt, es konnte also keiner behaupten, er hätte es nicht wissen können. Die Troika konnte letztendlich auch ihre Hände in Unschuld waschen. Die Auszahlung der einzelnen Tranchen war immer eine politische Entscheidung, weit entfernt von jeglicher ökonomischer Realität.

Über die Empfehlung der Troika, für Griechenland ein neues Programm aufzulegen, sollte auf dem ECOFIN am 20. Juni 2011 diskutiert werden. Am 10. Juni gab Schäuble dazu kurzfristig eine Regierungserklärung ab, weil der Bundestag anschließend zwei Wochen Pause machte. Die Regierungserklärung trug den kabarettreifen Titel »Stabilität der Eurozone sichern – Reformkurs in Griechenland vorantreiben«. Mit einem dazugehörigen Entschließungsantrag gab der Bundestag der Regierung freie Hand.[112]

Über den Antrag wurde wieder nicht namentlich abgestimmt. Doch es rumorte. Im Plenarprotokoll sind zwar nur vier Nein-Stimmen und eine Enthaltung aus den Reihen der Koalition vermerkt.[113] Diese Zahl landete dann auch später in der Presse. In Wirklichkeit war die Zahl der Neinsager höher. Einige Kollegen hatten das Plenum verlassen, um nicht abstimmen zu müssen. 13 Koalitionsabgeordnete zeigten ihre Ablehnung schriftlich an. Peter Gauweiler, vier weitere Kollegen und ich gaben unser Nein zusammen zu Protokoll.[114] Eine bemerkenswerte Erklärung kam von meinem Landesgruppenkollegen Peter Tauber. Er rechnete in sieben Punkten mit der Bailout-Politik der Bundesregierung ab. Er zitierte Thomas Mayer, den damaligen Chefvolkswirt der Deutschen Bank, der den Umgang mit der griechischen Schuldenkrise mit einer unterlassenen Blinddarmoperation verglichen hatte. Nur Schmerzmittel – also neue Kredite – halfen nicht. Wer sich einer Operation verweigere, sterbe wahrscheinlich. Mein hessischer Kollege warf der Bundesregierung Konzeptlosigkeit vor. Konsequent formulierte Tauber im letzten Punkt:

»Der vorliegende Entschließungsantrag trägt den von mir vorgetragenen Punkten nicht Rechnung. Eine Zustimmung hierzu ist mir aus vorgenannten Gründen nicht möglich.«[115]

Die Bundesregierung rettete sich in die parlamentarische Sommerpause. Auf einem außerplanmäßigen Treffen der Staats- und Regierungschefs des Euro-Währungsgebietes wurde am 21. Juli 2011 dann ein zweites Griechenland-Rettungspaket in Höhe von 109 Milliarden Euro vereinbart. Diesmal sollte sich auch der Privatsektor mit etwa 37 Milliarden Euro »auf freiwilliger Basis« beteiligen.[116] Zusätzlich sollte die Laufzeit der EFSF-Kredite an Athen nicht länger 7,5 Jahre betragen, sondern auf 15 bis 30 Jahre verlängert werden. Die ersten zehn Jahre waren tilgungsfrei, wobei die EFSF Griechenland die Darlehen ohne Zinsaufschlag zur Verfügung stellen sollte. Im Sommer 2011 waren es 3,5 Prozent. Das waren für Griechenland traumhafte Kreditbedingungen.

Trotzdem stand Griechenland gefühlte hundert Mal vor der Pleite. Am 9. Juni 2011 hatte Schäuble im Haushaltsausschuss erklärt, Athen sei im Juli bankrott, wenn keine Tranchenauszahlung erfolge. Am 6. Juli kündigte Schäuble an, ein neues Programm werde wahrscheinlich im September benötigt. Im September gelang es Athen dann, sich Geld auf den Märkten zu beschaffen. Das waren zwar sehr kurzfristige Anleihen mit hoher Verzinsung, aber Griechenland gelang es anscheinend doch irgendwie. Am 7. September vermutete Schäuble, dass Griechenlands Zahlungsfähigkeit ab Oktober gefährdet sei. Am 30. November versicherte wiederum Kampeter, dass Athen Mitte Dezember 2011 pleite wäre, wenn nicht bis dahin die besagte Tranche ausgezahlt würde. Das Land hielt sich immer noch über sechswöchige Kurzläufer über Wasser.

In der Zwischenzeit hatte die griechische Regierung am 30. Oktober 2011 eine Volksabstimmung über die mit der Troika vereinbarten Sparprogramme und Strukturreformen angekündigt. Vermutlich war diese Idee in rakiseliger Runde am 28. Oktober, dem Ochi-Tag, geboren worden. An diesem Tag gedenken die Griechen ihrer Ablehnung eines Ultimatums Benito Mussolinis im Jahr 1940 im Vorfeld des Einmarsches italienischer Truppen in Nordgriechenland. Das Ochi [dt. Nein; Anm. d. Verf.] von 1940 gehört zum griechischen Nationalmythos. Dass die Idee, ein Referendum abzuhalten, Ende Oktober aufkam, war wohl kaum ein Zufall. Die Gleichsetzung militärischer Okkupation im Zweiten Weltkrieg mit den Kreditauflagen im Zuge der Euro-Krise war in Griechenland leider bereits gang und gäbe.

Schäuble berichtete im Haushaltsausschuss, er habe sofort, nachdem er vom Referendum erfahren habe, am Morgen des 1. November 2011 um sieben Uhr den Stopp der anstehenden Auszahlung der nächsten Finanztranche angewiesen. 15 Minuten später habe Schäuble seinen griechischen Kollegen Evangelos Venizelos angerufen, der ihm aber erklärte habe, von der Ankündigung am Vorabend ebenfalls überrascht worden zu sein. Schäuble wollte damit zeigen, dass er, anders als die KfW im September 2009, entschlossen handele. Die Diskussion über die KfW-Mitarbeiter, die am 14. September 2008 an Lehman Brothers noch 317 Millionen Euro nach der Bankrottwarnung um fünf Uhr morgens überwiesen hatten, hielt damals noch an. Die *BILD* hatte ihnen damals den wenig schmeichelhaften Titel *Dumm-Banker* verliehen. Das Referendum wurde schließlich auf Druck der Euro-Retter abgeblasen, weil ein Nein des griechischen Souveräns faktisch zu einem Austritt Athens aus der Eurozone geführt hätte. Stattdessen trat Papandreou zurück und machte den Weg für eine Übergangsregierung und für spätere Neuwahlen frei. Die Euro-Retter setzten ihre Hilfszahlungen fort.

Weil ökonomische Argumente offenbar nicht mehr verfingen, versuchte ich angesichts der Prädominanz von Juristen in der Ministerialbürokratie die »Verwaltungsvorschrift zur Bundeshaushaltsordnung« (VV-BHO) als Bailout-Killer in Stellung zu bringen. Ich machte darauf aufmerksam, dass gemäß VV-BHO weitere Kredite an Griechenland unzulässig seien. »Bürgschaften, Garantien oder sonstige Gewährleistungen dürfen nicht übernommen werden, wenn mit hoher Wahrscheinlichkeit mit der Inanspruchnahme des Bundes gerechnet werden muss«, so die verbindliche Regelung nach Ziffer 5 VV-BHO zu § 39. Aber weit gefehlt: Solange die Troika Athen eine positive Schuldentragfähigkeitsanalyse ausstelle, könne das Geld bedenkenlos fließen, argumentierte die Bundesregierung. Auch als Griechenland im Herbst 2011 kurz vor der Pleite gestanden hatte, sprach sich Schäuble gegen eine haushaltsmäßige Vorsorge in Form einer Verpflichtungsermächtigung aus. Einschätzungen von Ratingagenturen spielte das BMF herunter. Das Herabstufen Griechenlands im Frühjahr 2011 durch Fitch würde nur eine private Meinung widerspiegeln, wobei Ratingagenturen ihre Einstufungen ohnehin oft prozyklisch vornähmen. Dabei hatte das BMF der Bewertung der Ratingagenturen im Banken-bilanzrecht im Rahmen von Basel II und Basel III eine große Rolle zu-geschrieben. Die Bundesregierung bog sich ihre Wahrheit zurecht. Die Troika verweigerte die Auszahlung der nächsten Tranche, weil die Schul-dentragfähigkeit nicht gegeben war. Die Bundesregierung ging hinge-gen nicht von einem Zahlungsausfall aus, da sie Griechenland mit einem zweiten Rettungspaket bis auf Weiteres vom Markt nehmen wollte. Die Euro-Rettung begab sich in die Endlosschleife.

Rederecht erkämpft

Die Euro-Retter hatten ein schon länger bekanntes Problem, das aber mit jedem neuen Programmland akuter wurde: Womöglich war der Rettungsschirm zu klein. Bislang waren in der EFSF nur 48,5 Milliarden Euro für Irland und Portugal gebunden. Mit Beginn der Verhandlungen über ein zweites Griechenland-Rettungspaket ging das große Rechnen los. Wenn jetzt Griechenland unter den Rettungsschirm schlüpfte, wie sollte es dann um die Rettung von Spanien oder gar Italien stehen?

Die EFSF refinanzierte sich selbst über die Kapitalmärkte. Um die Zinsen und Refinanzierungskosten möglichst gering zu halten, brauchte es ein Spitzenrating. Dieses wurde der EFSF aber verweigert, weil sich am Rettungsschirm auch Staaten beteiligten, deren Kreditwürdigkeit deutlich niedriger war. Über das begehrte AAA verfügten nur Deutschland, Frankreich, die Niederlande, Österreich, Finnland und Luxemburg. Der Sinn der EFSF bestand aber gerade darin, dass sich die Fazilität zu guten Konditionen Geld auf den Finanzmärkten beschaffte und diese dann an die Programmstaaten weitergab. De facto standen nur 250 der 440 Milliarden Euro für Rettungtaten zur Verfügung. Für diese Summe standen die sechs AAA-Länder ein. Bereits beim Bailout Irlands war aufgefallen, dass sich der EFSM, hinter dem die Europäische Union als Ganzes stand, seinen Anteil zu deutlich besseren Konditionen beschaffen konnte als die EFSF.

Noch am 1. Oktober 2010 hatte EFSF-Chef Klaus Regling gegenüber dem Unterausschuss für Fragen der Europäischen Union im Bundestag gesagt, dass die Bewertung der EFSF durch die drei relevanten Ratingagenturen mit Erfolg abgeschlossen worden war. Die EFSF werde mit dem begehrten AAA eingestuft. Später hieß es jedoch, der Rettungsschirm könne seine komplette Feuerkraft nicht entfalten. Wie viel Geld genau zur Verfügung stand, konnte lange Zeit niemand beantworten. Mehrmals wurde es im Ausschuss thematisiert. Wir gingen zunächst davon aus, dass zum Erhalt von AAA neben einer Bareinlage eine 20-prozentige Übersicherung notwendig sei. Dann kam man auf ungefähr 360 Milliarden Euro. Es geisterte aber immer die Zahl 250 durch den Raum. Auch die Bundesregierung tappte zunächst im Dunkeln. Niemand war in der Lage, die tatsächliche Feuerkraft mathematisch herzuleiten. Etwas mehr Aufklärung erhielten wir erst von Regling persönlich, der am 9. Februar 2011 zu Gast im Haushaltsausschuss war. Letztendlich hätten sich die Ratingagenturen nach einem zähen Verhandlungsprozess doch nicht gänzlich vom EFSF-Modell überzeugen lassen. Zu der Übersicherung und der Barreserve hätte man noch eine zusätzliche Reserve bilden müssen, ein *loan-specific cash buffer*. Regling konnte die tatsächliche Kreditvergabekapazität auch nur auf ungefähr 250 Milliarden Euro beziffern. Diese Zahl sei aber auch dahingehend ungenau, dass steigende Zinsen auf dem Kapitalmarkt sich automatisch negativ auf die Kapazität der EFSF auswirkten.

Zur Aufstockung des Rettungsschirmes hätte es eine Alternative gegeben. Man hätte auf das AAA-Rating verzichten und höhere Zinsen in Kauf nehmen können. Gerade vor dem Hintergrund, dass die erste EFSF-Anleihe neunfach überzeichnet gewesen war, konnte man mit Zinsen rechnen, die immer noch deutlich unter dem Niveau liegen würden, den die Schuldenstaaten selbst auf dem Finanzmarkt aufbringen mussten.

Auf dem Treffen des Europäischen Rates am 24./25 März 2011 beschlossen die Staats- und Regierungschefs der Eurozone, dass die EFSF »ertüchtigt« und »flexibilisiert« werden sollte. Der Instrumentenkasten der EFSF sollte um vorsorgliche Kreditlinien, die Möglichkeit einer Bankenrekapitalisierung sowie Primär- und Sekundärmarktkäufe erweitert werden. Mit »Ertüchtigung« war eine Anhebung des bisherigen Garantierahmens von 440 Milliarden auf 779,8 Milliarden Euro gemeint. Der Garantierahmen sollte so weit erhöht werden, bis sich gemäß des EZB-Schlüssels die Bürgschaft der AAA-Länder auf 440 Milliarden Euro belief, sodass die EFSF ebenso das gewünschte Prädikat erhielt. Dadurch erhöhte sich allein für Deutschland das Risiko von 123 Milliarden auf 211 Milliarden Euro. Aus Rücksicht auf die finnische Regierung wurde jedoch vereinbart, mit der Umsetzung erst in der zweiten Jahreshälfte zu beginnen, da in Finnland am 17. April 2011 Parlamentswahlen stattfanden. In der parlamentarischen Sommerpause glühten dann die Drähte. In einem gemeinsamen Schreiben von Merkel und Sarkozy an Ratspräsident Van Rompuy vom 17. August 2011 hieß es:

>>Frankreich und Deutschland sind entschlossen, alle Beschlüsse der Staats- und Regierungschefs [...] vollständig und fristgerecht umzusetzen. Beide Länder heben hervor, wie wichtig es ist, bis Ende September die Zustimmung ihrer jeweiligen Parlamente zu allen einschlägigen Beschlüssen zu erhalten. Sie rufen alle Mitgliedstaaten des Euro-Währungsgebiets auf, angemessene Maßnahmen zu ergreifen, damit die neue EFSF Ende September voll einsatzbereit ist.<<[117]

Die Abgeordneten konnten sich offensichtlich auf etwas gefasst machen. Der eigentliche Adressat des deutsch-französischen Schreibens war nicht Van Rompuy, sondern der Deutsche Bundestag. Und so wurden wir am 23. August 2011 zu einer Sonderfraktionssitzung zusammengetrommelt. Im Vorfeld hatte ich etwa zwei Dutzend kritische Kollegen zu einer informellen Vorbesprechung eingeladen, um die Stimmungslage auszuloten. Der Unmut war groß.

Die CDU/CSU-Arbeitsgruppe Haushalt traf sich Anfang September 2011 zur üblichen Klausurtagung, mit der für uns Haushälter der parlamentarische Betrieb wieder losging. Das letzte Mal waren wir in gleicher Konstellation Anfang Juli zusammen gewesen. Bereits für den 8. September 2011 war die 1. Lesung des StabMech-Änderungsgesetzes (StabMechÄndG) im Parlament vorgesehen, um Ende des Monats das Gesetzgebungsverfahren abschließen zu können. Auch musste der Bundestag kurzfristig auf das Urteil des Bundesverfassungsgerichts vom 7. September 2011 reagieren und das StabMechG um einen Parlamentsvorbehalt ergänzen sowie die Beteiligungsrechte des Haushaltsausschusses konkretisieren. Bisher hatte das StabMechG nur Unterrichtungspflichten vorgesehen. Das Urteil war eine schwere Klatsche für die Bundesregierung und die sie tragenden Fraktionen. Das Urteil stand in Kontinuität zum Lissabon-Urteil aus dem Jahr 2009, in dem das höchste deutsche Gericht den Bundestag ermahnte, sich trotz des europäischen Einigungsprozesses nicht aus der Verantwortung zu stehlen. Auch bei vermeintlicher Gefahr im Verzug dürfe der Bundestag nicht seine Budgetverantwortung preisgeben, mahnte das Bundesverfassungsgericht bereits in den Leitsätzen seines Urteils:

>>Es dürfen keine dauerhaften völkervertragsrechtlichen Mechanismen begründet werden, die auf eine Haftungsübernahme für Willensentscheidungen anderer Staaten hinauslaufen, vor allem wenn sie mit schwer kalkulierbaren Folgewirkungen verbunden sind. Jede ausgabenwirksame solidarische Hilfsmaßnahme des Bundes größeren Umfangs im internationalen oder unionalen Bereich muss vom Bundestag im Einzelnen bewilligt werden.<<[118]

Als Vorbereitung auf die 1. Lesung des StabMechÄndG luden Schäffler und ich am 6. September 2011 Professor Max Otte zu unserer Euro-Vortragsreihe ein. Otte hatte Mitte August 2011 sein Büchlein *Stoppt das Euro-Desaster* veröffentlicht. Obwohl Otte allgemein als ein absoluter Finanzexperte galt und sich zugutehalten konnte, als einziger ernst zu nehmender Ökonom die Finanz- und Wirtschaftskrise vorausgesagt zu haben, wurde er nie zu öffentlichen Anhörungen eingeladen.

Otte vertrat einen ganz klaren Standpunkt: Die Krisenverursacher durften nicht weiter geschont werden. Die Aussicht auf Gewinn und das Risiko eines Verlustes mussten untrennbar miteinander verbunden bleiben, sonst wurden Gewinne privatisiert, Verluste aber sozialisiert. Die privaten Gläubiger hatten keinen Welpenschutz verdient. Otte plädierte für einen Schuldenschnitt in Höhe von 50 Prozent, um Druck aus dem Kessel zu nehmen. Sollten infolge des Schuldenschnittes einige systemrelevante Banken oder Finanzdienstleister ins Straucheln geraten, müssten diese zur Not gezielt gestützt werden. Nach Ottes Berechnungen könnte dies den deutschen Steuerzahler im Härtefall bis zu 20 Milliarden Euro kosten. Die Rechnung würde somit nicht nur deutlich geringer ausfallen, sondern zugleich der Einstieg in den Ausstieg vollzogen. Jeder andere Weg würde nur zum Aufbau weiterer Spannungen und den befürchteten Kettenreaktionen führen.

Otte gab uns klare Handlungsempfehlungen. Das Parlament müsse die Regierung zum Handeln drängen. Es sei Aufgabe des Finanzministeriums, Pläne für eine geordnete Staatsinsolvenz und Möglichkeiten eines Ausscheidens aus der Währungsunion zu erarbeiten. Nur solange die

Regierung ihre Arbeit nicht mache, könne die Drohgebärde aufrechterhalten werden, dass der Austritt eines Landes aus der Eurozone das Ende Europas einleite.

Otte bestärkte mich in meiner Absicht, meine Haltung nicht nur fraktionsintern, auf Podiumsdiskussionen oder in den Medien darzulegen, sondern auch im Plenum. Ich weiß noch, wie ich mit Schwung die Tür zu meinen Mitarbeitern aufriss und sagte: »Ich will reden, egal was die Fraktion sagt, kriegt mal raus, wie das geht.«

Die Redezeit im Deutschen Bundestag wird nach einem feststehenden Verfahren zugeteilt. Zunächst einigen sich die Fraktionen im Ältestenrat darauf, wie viel Zeit für eine Debatte im Plenum vorgesehen werden soll. Daraus errechnet sich nach den Mehrheitsverhältnissen im Parlament die Redezeit pro Fraktion. Die Unterverteilung innerhalb der Fraktionen erfolgt dann nach dem Prinzip »Ober sticht Unter«. Will ein zuständiges Regierungsmitglied sprechen, hat dieses Vorrang. Als Nächstes kann der Fraktionsvorsitzende oder der zuständige stellvertretende Fraktionsvorsitzende auf das Zeitkontingent zugreifen. Danach kommen die AG-Sprecher, dann deren Stellvertreter. Die Zeit, die dann für die Fraktion noch übrigbleibt, bekommt der zuständige Berichterstatter oder ein anderer aus dem zuständigen Fachausschuss, der seinen Wunsch innerhalb der Arbeitsgruppe anmeldet. Verkompliziert wird die Sache bei uns in der CDU/CSU noch dadurch, dass vonseiten der CSU-Landesgruppe und der bayerischen Staatskanzlei peinlich darauf geachtet wird, dass die CSU genügend Minuten abbekommt.

Die bisher erfahrungsgemäß für Abgeordnete mit abweichender Meinung unüberwindbare Hürde war also: Die eigene Fraktion musste den Abgeordneten auf die Rednerliste setzen. Auf der Klausurtagung der AG Haushalt war ich mit meinem Wunsch auf wenig Gegenliebe gestoßen. Rückenwind gab mir eine Aussage des Bundestagspräsidenten in der *Welt am Sonntag* vom 4. September 2011: »Da müssen auch die Zweifel und Besorgnisse zum Ausdruck kommen.«[119]

Wir hatten in dieser Zeit mit Sebastian Peters einen ausgezeichneten Jurastudenten von der Universität Heidelberg als Praktikanten in meinem

Bundestagsbüro. Er war natürlich im Team von Volkswirt, Politologin und Historiker der prädestinierte Kandidat für die Prüfung der Frage, wie ein Abgeordneter aufgrund seiner Rechtsstellung auch gegen seine Fraktion von seinem Recht auf freie Rede im Parlament Gebrauch machen kann. Dass er erst im zweiten Semester war, thematisierten wir nicht weiter, sondern baten ihn, sich an die Überprüfung zu machen. Als wir uns schon fragten, ob wir ihn mit der Aufgabe überfordert hatten, präsentierte er uns ein veritables juristisches Kurzgutachten mit Bezügen zu Bundesverfassungsgerichtsurteilen, das mich in meiner Grundhaltung bestärkte, auf junge, hungrige Leute zu setzen. Mit seinem Rechtsgutachten schrieb Sebastian Peters ein kleines Stück Parlamentsgeschichte (vgl. Anlage 2).

Nachdem ich mir von meiner Arbeitsgruppe trotz des Gutachtens erneut einen Korb geholt hatte, wandte ich mich, wie bereits im Vorfeld angekündigt, an unseren Ersten Parlamentarischen Geschäftsführer, Peter Altmaier: »Ich bin mir darüber im Klaren, dass meine Meinung von der Fraktionsmeinung zum Thema Euro-Rettung abweicht«, schrieb ich. »Dennoch sollten meines Erachtens auch jene Abgeordnete Gehör finden, die der Problematik kritisch oder ablehnend gegenüber stehen. Es geht hier nicht um ein nebensächliches Thema, bei dem ich mich als Einzelkämpfer gegen die Massen stelle; vielmehr vertrete ich nicht nur die Meinung des Großteils der Wähler, sondern auch die etlicher anderer Kollegen aus der Unionsfraktion.« Ich bat Altmaier darum, mir für die 1. Lesung am 8. September zehn Minuten Redezeit zu geben. Barthle und Lammert erhielten eine Kopie meiner E-Mail.

Altmaier suchte das persönliche Gespräch. Er zeigte durchaus Verständnis für mich, da er Ende der 90er-Jahre selbst einmal in einer ähnlichen Situation war. Altmaier gehörte in der letzten Regierungsperiode Helmut Kohls zu den Anführern einer Gruppe von Abgeordneten, die Veränderungen beim Ausländerrecht in Richtung doppelter Staatsbürgerschaft verfochten hatten. Meinem Redewunsch stehe er persönlich offen gegenüber, habe aber Zweifel, ob der Fraktionsvorsitzende das genauso sehe. Relativ schnell kam Altmaiers Rückmeldung. Kauder war vehement dagegen, mir aus dem Fraktionskontingent Redezeit zu gewähren. Ich kündigte an, mich an Lammert zu wenden.

Am 8. September hatte ich einen Auftritt im *Morgenmagazin*, wo ich noch einmal betonte, dass ich der Kanzlerin »keins auswischen« wolle, aber bei meinem Nein bleiben werde. Am gleichen Tag fand wenige Stunden später die 1. Lesung des EFSF-Gesetzes statt. Im Plenum sprach mich dann sogar Lammert an, warum ich mich nicht wie in meiner E-Mail an Altmaier angekündigt, bei ihm gemeldet hätte. Er hätte mich reden lassen. Ich schielte inzwischen aber mehr auf die entscheidende 2./3. Lesung und bat Lammert, mein Anliegen für diesen Termin im Hinterkopf zu behalten.

Die Zuschriften erreichten eine nicht mehr zu bewältigende Größenordnung. Es handelt sich bei den Menschen, die sich an mich wandten, um einen Querschnitt unserer Gesellschaft: Es fanden sich darunter Uni-Professoren, die mir Ihre Fachaufsätze zusandten. Mir schrieben Insider aus der Finanzmarktszene. Viele Bürger, die größtenteils das erste Mal mit einem Politiker in Kontakt traten, berichteten mir, dass sie die Welt nicht mehr verstünden. Junge Menschen, die sich um ihre Zukunft sorgten, wandten sich genauso an mich wie ältere, die das in Frage gestellt sahen, was sie ihr Leben lang für sich selbst, ihre Kinder und Enkelkinder aufgebaut hatten. Für viele CDU-Mitglieder entwickelte ich mich zu einem Hoffnungsträger. Einige schrieben mir, dass sie nur wegen mir und einigen wenigen anderen Abgeordneten Mitglied in der CDU blieben. In vielen Fällen teilten mir aber auch Parteimitglieder ihren Austritt mit. Die einschlägigen Schreiben leitete ich an unsere Parteizentrale weiter.

Jeder Politiker freut sich über Zustimmung. Ich hatte so viel – auch öffentlich kommunizierten – Zuspruch noch nie erlebt. Das gab mir Kraft und Zuversicht. Die Kehrseite war allerdings, dass es unmöglich war, alles adäquat – oder manchmal auch überhaupt – zu beantworten. Meine Mitarbeiter brauchte ich viel notwendiger an anderer Stelle. Denn von der AG, der Fraktion oder dem BMF war keine inhaltliche Unterstützung zu erwarten. Die Fraktionsmitarbeiter in den Arbeitsgruppen sind in der Regel Leihgaben der Ministerien und bleiben Beamte mit Rückkehroption. Da überlegt sich jeder ganz genau, wie weit er sich aus dem Fenster lehnt. Die Mitarbeiter in den Abgeordnetenbüros sind hingegen nicht Diener zweier Herren, sondern haben einen privatrechtlichen Arbeitsvertrag und stehen in einem viel engeren Loyalitätsverhältnis.

Im Jahr 2011 musste die Union bei fast allen Landtagswahlen teils herbe Verluste hinnehmen. Der FDP erging es noch viel schlimmer. Die Liberalen verschwanden aus einigen Landtagen und lagen bei Umfragen konstant unter der Fünf-Prozent-Hürde. Natürlich waren die Misserfolge zum Beispiel in Baden-Württemberg nicht allein auf die Euro-Rettungspolitik zurückzuführen. Die Euro-Krise führte aber gerade bei bürgerlichen Wählern zu einer Ernüchterung, während sich das linke Lager nach der Katastrophe von Fukushima im Aufwind befand.

Frank Schäffler initiierte in der FDP einen Mitgliederentscheid über die Euro-Rettung und hätte damit fast Erfolg gehabt.[120] Die Hürden für einen Mitgliederentscheid in der CDU waren allerdings sehr viel höher. Eine Mitgliederbefragung auf Bundesebene muss von einem Drittel der Landesverbände beantragt und dann im Bundesvorstand mit absoluter Mehrheit beschlossen werden. Meine Forderung eines CDU-Sonderparteitags zur Euro-Rettung wurde vom damaligen CDU-Generalsekretär Hermann Gröhe abgeschmettert.

Die CDU-Parteispitze versuchte die Basis mithilfe von sechs Regionalkonferenzen innerhalb von zwei Wochen wieder hinter sich zu scharen. Die erste Regionalkonferenz fand am 19. September 2011 vor etwa 1.300 CDU-Mitgliedern aus den Landesverbänden Hessen und Thüringen im osthessischen Alsfeld statt. Meine Teilnahme schien zunächst ausgeschlossen, da bis in den Nachmittag eine öffentliche Anhörung zum Stab-MechÄndG angesetzt war. Ich wollte mir jedoch nicht vorwerfen lassen, Mitgliederbefragung und Sonderparteitag einzufordern, dann aber als hessischer Abgeordneter nicht auf die eigene Regionalkonferenz zu kommen. Also setzte ich mich direkt nach der Anhörung in einen Mietwagen und machte mich auf den Weg ins 450 Kilometer entfernte Alsfeld. Ganz pünktlich schaffte ich es nicht mehr, die Kanzlerin hatte mit ihrer Rede bereits begonnen. Für mein Plädoyer gegen die Schuldenvergemeinschaftung erhielt ich von schätzungsweise einem Drittel der anwesenden Mitglieder Applaus, die anderen erstarrten in Ehrfurcht vor ihrer Parteivorsitzenden.

Unter dem Strich erfüllten die Regionalkonferenzen ihren Zweck: Sie sollten im Vorfeld des CDU-Bundesparteitages in Leipzig am 14./15. November 2011 den Druck aus dem Kessel nehmen. Die Mitglieder wurden dazu aufgerufen, vorher Verschläge online einzureichen. Die besten – vielleicht besser gesagt genehmsten – würden von der Antragskommission aufgegriffen werden. Dieser inszenierten und gelenkten Mitgliederbeteiligung setzte mein Kreisverband Rheingau-Taunus einen Änderungsantrag entgegen, den ich zusammen mit dem ehemaligen sächsischen Ministerpräsidenten Georg Milbradt erarbeitet hatte. In den Antrag »Starkes Europa – Gute Zukunft für Deutschland« wollten wir folgenden Passus einfügen:

> »Wir beenden diesen Weg, weil er zu einer unkalkulierbaren und gefährlichen Vergemeinschaftung der Staatsschulden führt. Ein Verfahren zur geordneten Insolvenz von Staaten muss zügig vereinbart werden. Deshalb verfolgen wir die Pläne zur Errichtung eines dauerhaften Europäischen Stabilitätsmechanismus (ESM) nicht weiter. Der ESM würde für die Länder der Eurozone zusätzliche legale Verschuldungsmöglichkeiten schaffen, die nach aller Erfahrung stets ausgeschöpft werden. Daher wird die EFSF planmäßig 2013 beendet. Bis dahin wollen wir sie nutzen, um allen mitwirkungswilligen Staaten den Einstieg in den EURO 2.0 zu ermöglichen.«[121]

Mit dem *Euro 2.0* (vgl. Anlage 3) spielte ich auf mein gleichnamiges Konzept für einen Euro-Neustart an, das ich damals zusammen mit einer Gruppe namhafter Ökonomen und Staatsrechtler erarbeitet hatte. Der Euro 2.0 sollte die Gemeinschaftswährung um bisher fehlende Elemente ergänzen: Schuldenbremsen, verbindliche Abbaupfade für zu hohe Staatsverschuldung, automatische Sanktionen, Hinterlegung nationaler Gold- und Währungsreserven bei der EZB, Sperrung von EU-Fonds, Stimmrechtsentzug und Möglichkeit eines Ausschlusses aus der Währungsunion. Außerdem forderte ich eine klare Trennung von Geld- und Fiskalpolitik, den Verzicht auf den Erwerb von Staatsanleihen durch die EZB zur Wahrung ihrer Unabhängigkeit. Die Euro-Mitgliedstaaten sollten ein klares Bekenntnis zu diesem erweiterten Euro-Regelwerk abgeben oder die Währungsunion verlassen.

Trotz flammender Reden erhielten unsere Änderungs-, Streichungs- und Ergänzungsvorschläge keine Mehrheit. Angesichts von 328 zugelassen Änderungsanträgen war es für die Delegierten auch schwierig, den Überblick zu behalten. In aller Regel finden nur solche Anträge die

Zustimmung des Parteitages, deren Annahme die Antragskommission im Voraus empfohlen hatte. Ein entsprechender Vermerk befindet sich dann in der rechten Spalte der Antragsbroschüre.

Das Interesse der Medien an mir wurde indes immer größer. Über einige Wochen hatte mich ein Reporter vom *Stern* in Berlin und im Wahlkreis begleitet. Am 22. September erschien die vierseitige Geschichte unter dem Titel »NEIN. Drei Viertel der Deutschen sind gegen den Euro-Rettungsschirm. Der CDU Bundestagsabgeordnete KLAUS-PETER WILLSCH auch. Damit bringt er seine Kanzlerin in große Not.« Das »Nein« wurde riesig auf einer Doppelseite dargestellt, wobei ein Foto von mir das »I« war. Insgesamt war es ein toller Artikel. Etwas zu schablonenhaft wurde allerdings der Gegensatz zwischen dem Politikbetrieb der Hauptstadt und der vermeintlichen Provinzialität meines Wahlkreises gezeichnet. Aber den Kern traf der *Stern* dennoch: »In der einen Welt, im Bundestag, hat er neunzig Prozent der Parteifreunde gegen sich. In der anderen, im Wahlkreis, neunzig Prozent hinter sich.«[122]

Dieser Rückhalt bei den Menschen in meiner Heimat brachte mir natürlich auch Neid ein. Die *Neue Nassauische Presse* kommentierte das folgendermaßen:

> »Wer unseren CDU-Bundestagsabgeordneten Klaus-Peter Willsch bislang für einen Hinterbänkler gehalten hat, der muss sein Urteil nun revidieren. So wie die heimischen Sozialdemokraten, die sich auf ihrem Parteitag am Wochenende noch darüber lustig machten, dass ein Mann wie Willsch als Haushaltsexperte bezeichnet werde. Dabei ist der Hohensteiner immerhin Obmann seiner Fraktion im Haushaltsausschuss des Bundestages, in dem die SPD Limburg-Weilburg ebenso wie im Landtag überhaupt nicht vertreten ist. Dies nur mal zur Erinnerung, liebe Genossen [...].«[123]

Meine Fraktionsspitze brachte der *Stern*-Artikel auf die Palme. In einem Gespräch zwischen Bosbach und Kauder zückte der Fraktionsvorsitzende die besagte *Stern*-Ausgabe, um im nächsten Moment zu fragen, ob Bosbach denn wirklich nicht einmal eine Talkshow auslassen könne.[124] Erfahrene Parlamentarier wurden mit dem Hinweis, »Du willst doch nicht so enden wie der Willsch« unter Druck gesetzt.

Dass man sich in der Fraktionsspitze uneinig war, wie man mit mir und anderen Abweichlern umgehen sollte, zeigte ein Streitgespräch in der *Wirtschaftswoche* (WiWo). An einem Freitagnachmittag im September 2011 stellte sich Altmaier mir und meinen Argumenten in Anwesenheit von Henning Krumrey, dem damaligen stellvertretenden Chefredakteur und Leiter des WiWo-Hauptstadtbüros. Zu Beginn wurden ein paar Fotos geschossen, auf denen Altmaier und ich eine Europafahne in der Hand hielten. Die WiWo hätte es gerne gesehen, dass wir jeweils an der Fahne zerrten, doch das war uns beiden zu billig. Im Interview hatte Altmaier mir argumentativ nicht viel entgegenzusetzen. Immerhin repräsentierte er die Fraktionsführung. Ich mag und mochte Altmaier immer. Er ist ein ausgeglichener und angenehmer Mensch. Mir war es damals schon fast peinlich, ihn inhaltlich derart bloßzustellen. Ich habe selten Journalisten so amüsiert kichern gesehen wie damals Krumrey. Nachdem Altmaier auch noch Italien als Wachstumslokomotive bezeichnete, konnte ich ihn endgültig Schachmatt setzen. Kein Mitglied der Eurozone verzeichnete seit 1995 geringere Wachstumsraten als Italien! Zwischen 1995 und 2010 wuchs das italienische Bruttoinlandsprodukt nur um 12,7 Prozent. Irland war im gleichen Zeitraum um 102,3 Prozent, Spanien um 50,0 Prozent, Griechenland um 49,7 Prozent und Portugal um 31,3 Prozent gewachsen. Im Schnitt stieg das BIP der EU-15 im Zeitraum um 29,2 Prozent, wobei Deutschland mit 20,3 Prozent deutlich unter dem Mittel lag. Altmaier brachte auch das alte Lehman-Brothers-Argument zur Sprache. Ich entgegnete:

»Der Vergleich mit Lehman ist völlig abwegig, denn außer ein paar Katastrophengurus hat niemand damit gerechnet. Lehman war ein paar Tage vorher noch AAA geratet. Im Falle Griechenlands gibt es an den Finanzmärkten ganz klare Erwartungen, dass die Politik sich nicht traut und die deshalb ihr schönes Geschäft weiter machen können. Sagen wir endlich: Das ist eine Insolvenz. Wenn man Insolvenz nicht offen so benennt, dann heißt das Konkursverschleppung.«[125]

Zum Schluss sagte Altmaier: »Ich gebe die Hoffnung nicht auf, dass wir am Ende nicht nur mit großer Mehrheit, sondern auch in völliger Geschlossenheit unsere Position vertreten – einschließlich des Kollegen Willsch.«[126] Obwohl das Gespräch munter verlief, konnte ich Altmaier diesen Wunsch nicht erfüllen. Dafür hatte die WiWo wohl ein bisschen Mitleid mit ihm. In der veröffentlichten Fassung wurde der Italienausrutscher ausgelassen.

Etwas Nachhilfe holte sich Altmaier am 28. September 2011 bei Professor Hans-Werner Sinn vom Münchner ifo-Institut, den Schäffler und ich zu unserer Vortragsreihe eingeladen hatten. Der Andrang war riesengroß. Unter den Anwesenden befand sich mit Michaela Noll ein weiteres einflussreiches Mitglied aus dem geschäftsführenden Fraktionsvorstand der CDU/CSU. Während des Vortrages führte Altmaier auf den seitlichen Sitzplätzen ein intensives Gespräch mit Wolfgang Bosbach. Unter den Zuhörern waren auch Georg Milbradt sowie der Vorsitzende der CDU-Landtagsfraktion in Thüringen, Mike Mohring. Christian Hirte, ein thüringischer Abgeordnetenkollege, hatte ihn mitgebracht.

Am 29. September 2011 sollte es dann endlich soweit sein: Lammert hielt Wort und gewährte mir für die 2./3. Lesung des StabMechÄndG fünf Minuten Redezeit. Der Bundestagspräsident hatte mir schon am Rande der vorausgegangenen Fraktionssitzung signalisiert, dass er mir meinen Wunsch erfüllen werde, wenn mich die Fraktion nicht reden lassen wollte. Schäffler ging dann kurze Zeit später den gleichen Weg.

Ich hatte mich im hinteren Bereich des Plenums niedergelassen und folgte innerlich aufgewühlt der Debatte. Ich durchdachte immer wieder, wie ich die knappen fünf Minuten nutzen sollte. Die mediale Aufmerksamkeit war mir ebenso gewiss wie die Blicke meiner Fraktionskollegen. Besonders gespannt war ich auf die Reaktion derjenigen, die selbst der ganzen Rettungspolitik kritisch gegenüberstanden, die aber Angst davor hatten, die Koalition ins Schlittern zu bringen, oder im Vorfeld von der Fraktionsführung und in der Landesgruppe bearbeitet worden waren. Ich hatte viele Zettel beschrieben und wieder zerrissen, Konzeptskizzen nach klassischen Rhetorikregeln entworfen und verworfen. Schließlich verließ ich mich auf das Matthäusevangelium, worin es heißt: »Wovon das Herz voll ist, davon spricht der Mund« (Matthäus 12,34).

Die Debatte eröffnete Volker Kauder, der sich erneut als treuer Diener seiner Herrin präsentierte. Darauf folgte Peer Steinbrück als erster

Oppositionsredner, der sich bemühte, nicht vorhandene Unterschiede zum Regierungshandeln darzustellen. Rainer Brüderle, der zu dieser Zeit bereits Notvorsitzender der FDP-Fraktion war, musste all die rhetorischen Leuchtkerzen, die er in den Monaten seit Mai 2010 abgebrannt hatte, wieder einsammeln, um zu begründen, warum die Lordsiegelbewahrer der Marktwirtschaft erneut einknickten.

Nachdem Gysi, Trittin, Schäuble und zwei weitere Abgeordnete der Opposition zu Wort kamen, tauchte nach Aufruf von Carsten Schneider mein Name auf den beiden Anzeigetafeln im Plenarsaal auf. Wir hatten diese beiden großen Displays damals noch nicht lange. Lammert hatte ihre Anbringung mit Blick auf die vielen Besucher forciert, die der Reichstag Jahr für Jahr anzieht. Im Gegensatz zu den Fernsehzuschauern hatten die Besucher auf den Tribünen bis dahin keine Namenseinblendung, die ihnen den Redner vorstellte. Jetzt wurden die Displays zur parlamentsinternen Belastungsprobe. Denn auf den Tafeln stand »CDU/CSU« hinter meinem Namen.

Lammert hatte offenbar nicht einmal den parlamentarischen Geschäftsführern mitgeteilt, dass ich von ihm Redezeit bekommen hatte. Es setzte nun eine rege Betriebsamkeit ein. Ich hörte Satzfetzen wie: »Wieso denn der?«, »Das ist doch in der Fraktion so nicht besprochen worden« und ähnliche erstaunte und empörte Bemerkungen. Einzelne begaben sich zu Altmaier, um Aufklärung zu bekommen. Die parlamentarischen Geschäftsführer steckten jetzt fraktionsübergreifend ihre Köpfe zusammen. Sie sahen ihre Macht in Gefahr. Lammert sah sich genötigt, die entstandene Unruhe mit »einigen wenigen geschäftsleitenden Bemerkungen« zu beenden:

»Des Weiteren will ich, wie von Einzelnen gewünscht, gerne darauf aufmerksam machen, dass im weiteren Verlauf der Debatte sowohl der Kollege Willsch als auch der Kollege Schäffler das Wort erhalten, sie aber nicht für die jeweiligen Fraktionen, denen sie angehören, reden. Sie machen von dem Rederecht Gebrauch, das sie als Mitglieder des Deutschen Bundestages selbstverständlich haben, mit und ohne Zugehörigkeit und Zuordnung zur jeweiligen Fraktion. Ich denke, es entspricht sowohl unserem Selbstverständnis als auch der völlig unmissverständlichen Verfassungslage, dass wir diesem Anspruch Rechnung tragen.«[127]

Für diese Worte bekam Lammert sogar Applaus, ausdrücklich auch aus den Reihen der Koalition, wie im Plenarprotokoll vermerkt ist. Und so nahm die Debatte zunächst ihren weiteren Lauf. Nach Schneider folgte der damalige Bundeswirtschaftsminister Philipp Rösler (FDP), der sich noch ein kleines Scharmützel mit der Opposition lieferte. Dann war ich dran.

Üblicherweise wird ein Redner bei Namensaufruf mit einem aufmunternden Vorab-Applaus seiner eigenen Fraktion zum Rednerpult begleitet. Dass Erwarten und Erleben zwei unterschiedliche Sachen sind, wurde mir deutlich, als ich dann trotz relativ gut besetztem Plenum wie gegen eine Wand sprach. Ich verspürte eine geradezu eiskalte, feindselige Atmosphäre. Die Fraktionsspitzen hatten vereinbart, mich einfach zu ignorieren.

Zunächst stellte ich klar, dass ich – leider – nicht für meine Fraktion sprach, und dankte dem Bundestagspräsidenten für die Gelegenheit dazu. Zur Dämpfung des zu befürchtenden Unmuts in den eigenen Reihen legte ich zunächst ein Bekenntnis zur christlich-liberalen Koalition und deren Erfolgen ab. Das fiel mir nicht schwer, da ich im Bundestag nach der Wahlniederlage 1998 zunächst sieben Jahre rot-grün und danach von 2005 bis 2009 die Große Koalition durchlitten hatte. Und mein Lob für die bürgerliche Koalition hatte durchaus seine Berechtigung. Nach einem steilen Absturz der Wirtschaftsleistung 2009 um ganze fünf Prozent verzeichnete Deutschland mit einem Plus von 3,6 Prozent bereits im Folgejahr eine solide Erholung, das Beschäftigungsniveau stieg kontinuierlich. Wir konnten zumindest nicht viel falsch gemacht haben und hatten damit trotz des gerade zu Beginn rauen Umgangstons innerhalb der Koalition das Glück des Tüchtigen.

Nach dieser Vorbemerkung trug ich drei Gedanken zur Euro-Rettungspolitik vor. Erstens war es ökonomisch falsch, zu hohe Verschuldung mit weiteren Schulden zu bekämpfen. Wer dazu den Zins heruntersubventionierte, schaltete das einzig wirksame Mittel gegen übermäßige Verschuldung aus. Zweitens hatten wir das Geld selbst nicht, das wir ins Schaufenster stellten, sondern liehen es uns von unseren Kindern und Enkeln. Und drittens hatten wir den Deutschen bei der Einführung der neuen Währung das Gegenteil von dem versprochen, was jetzt betrieben wurde.

Unzählige Male hatten wir versichert, dass jedes Land für seine Schulden allein haften würde, nun traten wir für die Verbindlichkeiten anderer Staaten ein. Zudem räumte ich mit dem Märchen auf, zu all dem gebe es keine Alternativen. Auch schürten die Maßnahmen Unfrieden in Europa. Die Menschen in den Schuldenstaaten demonstrierten nicht mehr gegen ihre eigene politische Führung, sondern gegen die deutsche Regierung.

Für meine lobenden Eingangsbemerkungen zu Schwarz-Gelb erhielt ich immerhin noch ein wenig Höflichkeitsapplaus aus den Reihen der Koalitionsfraktionen. Das wurde aber immer weniger, sodass die kundigen Stenografen des Bundestages dann die Beifallsbekundung Einzelner im Protokoll vermerkten, namentlich meinen Dresdener Kollegen Arnold Vaatz und Frank Schäffler. Auch die Opposition stellte sich tot. Keiner ging auf meine Argumente ein. Am Rednerpult stand ich als Vogelfreier. Warum tat ich mir das an? Ich glaubte damals noch an die Macht der Argumente. Ich brauchte mich nicht zu verstecken. Dennoch wollte ich mich nicht komplett gegen meine Kollegen stellen, weshalb ich am Ende sagte: »Mit Blick auf meine eigene Fraktion sage ich: Danke, dass ihr das ertragen habt.«[128]

Über das StabMechÄndG wurde namentlich abgestimmt. Seit Mai 2010 war nicht mehr mit Stimmkarte über die Euro-Rettungspolitik abgestimmt worden. Das Fieberthermometer stieg in den dunkelgelben Bereich. Zur Erlangung der Kanzlermehrheit benötigte die Bundesregierung 311 Stimmen aus den Reihen von CDU/CSU und FDP. Es reichte noch zu 315 Ja-Stimmen. Aus der Koalition stimmten dreizehn Kollegen mit Nein, zwei enthielten sich.[129] Mich reden zu lassen, sollte für Lammert noch ein Nachspiel haben.

Noch bevor die EFSF-Ertüchtigung beschlossene Sache war, sickerten schon erste Hinweise auf eine geplante Hebelung durch. Auf der Jahrestagung von IWF und Weltbank gingen Gerüchte um, dass der Rettungsschirm auf zwei bis drei Billionen Euro aufgebläht werden sollte. Insgesamt sollen dazu 25 verschiedene Optionen im Gespräch gewesen sein. Kampeter wies das im Haushaltsausschuss als Spekulation zurück. In der Sitzung vom 28. September 2011 knallte es vor allem zwischen dem Staatssekretär und Schneider. Der SPD-Haushälter hatte Kampeter immer wieder mit Fragen bedrängt, bis diesem der Kragen platzte. Schneider könne 75-mal das Gleiche fragen, sagte Kampeter, wenn es so weit sei, werde das BMF die notwendige Zustimmung des Parlaments einholen. Schneider wiederum klagte, dass er in den letzten einenhalb Stunden auf keine seiner Fragen eine richtige Antwort bekommen habe. Das schiene anscheinend das Ziel des Ganzen gewesen zu sein. Die Sitzung musste unterbrochen werden, damit sich die Gemüter wieder beruhigten. Danach meldete sich mein Unionskollege Volkmar Klein zu Wort, der Teil der deutschen Delegation gewesen war. Staatssekretär Asmussen habe in einem Briefing eine Refinanzierung der EFSF über die EZB ausgeschlossen, aber in wenigen Sätzen kurz dargelegt, was wissenschaftlich an Hebeln denkbar sein könnte. Etwas Konkretes sei nicht besprochen worden.

Exakt vier Wochen nachdem der Bundestag über die Ausweitung des EFSF-Rettungsschirmes entschieden hatte, beschlossen die Staats- und Regierungschefs der Eurozone am 26. Oktober 2011 »die Kapazität der EFSF auf Grundlage zweier Optionen zu optimieren«[130], also zu hebeln. Es wurde jetzt immer komplizierter. Kaum einer blickte noch durch, als Merkel dazu am gleichen Morgen vor dem Bundestag eine Regierungserklärung abgab und für Unterstützung warb. Bei der ersten Option handelte es sich um eine Versicherungslösung mit einem Absicherungsvolumen von 20 bis 30 Prozent. Der Kauf von Staatsanleihen sollte auf diese Weise für Investoren attraktiver werden. Die zweite Option sah die Beteiligung privater und öffentlicher Investoren in Form eines Co-Investmentfonds vor. Dieser Fonds sollte Staatsanleihen auf dem Primär- und Sekundärmarkt kaufen und auch Mittel für eine Bankenrekapitalisierung zur Verfügung stellen. Geplant war auch die Einrichtung eines oder mehrerer Nebenfonds, die einzelnen Ländern beziehungsweise Ländergruppen zugeordnet sein sollten. Weiter gab es im Vorfeld Gerüchte, dass die EFSF mithilfe der EZB gehebelt werden sollte. Hier wiegelte Merkel aber ab. Vielleicht stand eine solche Option auch gar nicht wirklich zur Debatte, wurde aber gestreut, um später Verhandlungserfolge vorweisen zu können.

Tagesaktuell stand uns am 26. Oktober 2011 in unserer Euro-Vortragsreihe Professor Harald Hau zur Verfügung, der noch vor Beginn der Plenarsitzung die Abgeordneten darüber aufklärte, worüber sie gleich abstimmen sollten. Hau war mir aufgrund seines ganzseitigen Gastbeitrages in der *FAZ*, »Die Alternative zum Rettungsschirm«[131], aufgefallen, den er im Vorfeld der EFSF-Ertüchtigung zusammen mit seinem Kollegen Bernd Lucke verfasst hatte. Die beiden Professoren schlugen vor, in Schieflage geratene Banken zwangsweise zu rekapitalisieren, anstatt Schuldenstaaten weitreichende Garantien auszustellen. Am 24. Oktober 2011 veröffentlichten Hau und Lucke einen weiteren Gastartikel mit dem Titel »Der riskante Griff nach dem Hebel«[132].

Hau hatte noch ein WDR-Kamerateam von der Sendung *Monitor* im Schlepptau, das unbedingt im Vortragsraum filmen wollte. Um aber jeden Vorwurf gleich im Keim zu ersticken, mir ginge es nicht um die Sache, sondern um die Zurschaustellung meiner Person, lehnte ich dies vehement ab. Das Fernsehteam versuchte dann, von der anderen Seite der Spree in den Raum hinein zu filmen. Hau führte in seinem Vortrag den Abgeordneten unmissverständlich vor Augen, auf welche risikoreiches Spiel sie sich mit dem Hebel einlassen würden.

Zwar beteuerte die Regierung immer wieder, die Haftungsobergrenze von immerhin nun 211 Milliarden Euro werde nicht überschritten. Das Haftungsrisiko stieg aber gewaltig an. Denn eine Staatsinsolvenz ist nicht gleichbedeutend mit einem hundertprozentigen Ausfall der Forderungen. Viele Staaten nehmen nach einem Bankrott den Schuldendienst wieder auf oder verschaffen sich mithilfe von Schuldenschnitt und Abwertung der Währung wieder Luft. Der Forderungsausfall bei einer Staatspleite beträgt erfahrungsgemäß 20 bis 30 Prozent. Und genau diese gefährliche Marge sollte versichert werden, sodass sich Investoren schadfrei halten konnten.

Wie sich das Risiko für den deutschen Steuerzahler erhöhte, zeigten Lucke und Hau mit einer vereinfachten Modellrechnung. Angenommen, es stehen insgesamt 500 Milliarden Euro Finanzmittel zur Verfügung, von denen Deutschland für 100 Milliarden Euro garantiert. Kommt es nun zu dem erwarteten Ausfall von 20 Prozent, verliert Deutschland mit Hebel auf einen Schlag 100 Milliarden, ohne Hebel nur 20 Milliarden Euro. Der Hebel verfünffachte das Risiko bei gleichbleibender Garantiesumme.

Die Hilflosigkeit des Parlaments drückte sich in einem gemeinsamen Entschließungsantrag von CDU/CSU, FDP sowie SPD und Grünen aus, der nur Plattitüden, aber nichts Konkretes zu den beiden Modellen enthielt. Die Bundesregierung sollte über die »Konkretisierung der Modelle« berichten und die Leitlinien rechtzeitig dem Parlament übermitteln.[133] Dem Entschließungsantrag stimmten 311 Abgeordnete der Regierungskoalition zu. Es gab 14 Gegenstimmen und eine Enthaltung.[134]

Im Windschatten der Hebeldiskussion wurden am 26. Oktober 2011 auch die Beteiligungsrechte des Bundestages geändert. Es wurde ein neunköpfiges Sondergremium geschaffen, das in besonders eilbedürftigen und vertraulichen Fällen in Stellvertretung für den Haushaltsausschuss Entscheidungen fällen sollte. Über Eilbedürftigkeit und Vertraulichkeit konnte die Bundesregierung nach Belieben entscheiden, wenn nach ihrer Einschätzung eine wie auch immer geartete Ansteckungsgefahr bestand.

Für mich war diese Frage nicht unerheblich, denn ich saß aus nachvollziehbaren Gründen nicht in diesem Gremium. Auch andere kritische Ausschussmitglieder der Koalition waren nicht vertreten. Dass ich als stellvertretender Sprecher nicht dabei war, obwohl der Union drei Plätze zustanden, war natürlich ein Affront. Lammert hatte erfolgreich darauf gedrängt, dass die Mitglieder zumindest vom Bundestag gewählt und nicht von den Fraktionen bestimmt wurden. In einem Interview mit dem politischen Debattenmagazin *Cicero* sagte Lammert:

> »Wenn die Fraktionen die Mitglieder berufen, könnten sie diese auch jederzeit wieder abberufen. Wäre dieses Gremium zum Beispiel zu Beginn dieser Legislaturperiode gebildet worden, [...] säße [...] vermutlich Klaus-Peter Willsch [im Sondergremium], denn der ist Obmann der CDU im Haushaltsausschuss. Und das könnte im Zweifelsfall weder der Regierung noch der Fraktionsführung gefallen, also könnte man ihn schlicht auswechseln. Und genau den Fall haben wir jetzt durch die Wahl ausgeschlossen.«[135]

Die Wahlvorschläge wurden aber immer noch von den Fraktionen gemacht. Um die Linientreue von Norbert Barthle, Bartholomäus Kalb und Michael Stübgen, die die CDU/CSU im Sondergremium vertraten, musste sich keiner Sorgen machen. Bei der FDP sah es mit Otto Fricke und

Michael Link nicht anders aus. Dazu kamen Lothar Binding und Carsten Schneider von der SPD sowie Dietmar Bartsch (Die Linke) und Priska Hinz (Grüne). Die illustre Runde hatte aber nicht lange Freude an ihrer neuen Tätigkeit fernab parlamentarischer Kontrolle. Die beiden SPD-Bundestagsabgeordneten Peter Danckert und Swen Schulz reichten in Karlsruhe Klage gegen das Sondergremium ein. Gleich am Tag nach der Wahl der neun Mitglieder erließ das Bundesverfassungsgericht eine einstweilige Anordnung, nach der an den Beteiligungsrechten so lange nichts geändert werden durfte, bis das Gericht endgültig über die Rechtmäßigkeit des Gremiums entschieden hatte.

Eine Sondersitzung des Haushaltsausschusses wurde einberufen, um über die Auswirkungen der Entscheidung des Bundesverfassungsgerichtes zu beraten. Die Sitzung vom 28. Oktober 2011 war gekennzeichnet von heftigsten Wortgefechten und zahlreichen Zwischenrufen. Kollege Danckert konnte kaum ein Wort sagen, ohne dass er von Zwischenrufen von Barthle und Fricke unterbrochen wurde. Ganz vorbei war es, als Danckert meinte, Fricke solle doch nicht beleidigt sein, weil das Bundesverfassungsgericht nicht dessen juristischer Auffassung gefolgt war. Sogar Kampeter musste zur Ruhe gemahnt werden.

Danckert legte dar, das Sondergremium bestehe in Wirklichkeit nicht aus neun, sondern de facto aus den fünf Mitgliedern der Koalition. Bei diesen handle es sich um enge Vertraute der Bundesregierung, die die in sie gesetzte Erwartungshaltung immer erfüllt hätten. Fricke kochte jetzt fast über. Danckert bedauerte die Stimmung zwar, betonte aber, dass es im Haushaltsausschuss im Gegensatz zu einem englischen Club ums Ganze ging.

Das Bundesverfassungsgericht erachtete das Sondergremium in seinem Urteil vom 28. Februar 2012 schließlich in weiten Teilen als nicht verfassungskonform.[136] Karlsruhe konnte und wollte es nicht hinnehmen, dass letztendlich fünf von 620 Bundestagsabgeordneten über zwei Drittel des Bundeshaushalts verfügten.

Doch auch dem Bundesverfassungsgericht gelang keine Entschleunigung. Der Termin, an dem die Leitlinien zur EFSF-Hebelung endgültig beschlossen werden sollten, stand schon fest, bevor uns überhaupt beschlussfähige Dokumente vorlagen. Die Sondersitzung sollte am 28. November 2011 stattfinden. Im Vorfeld wurde über eine Teilnahme Weidmanns diskutiert. Gegen eine Teilnahme des Bundesbankpräsidenten gab es – vordergründig zur Wahrung der Unabhängigkeit der Bundesbank – heftigen Gegenwind. Weidmann war bereits am 9. November 2011 zu Gast im Finanzausschuss gewesen und hatte dort den Hebel kritisch kommentiert.

Als Experte sollte uns hingegen EFSF-Chef Regling zur Verfügung stehen, der aber alles andere als frei von Eigeninteresse und schon gar nicht unabhängig war. Er war geschäftsführender Direktor einer Gesellschaft luxemburgischen Rechts und der Gesamtheit der Euroländer verpflichtet. Die einzige unabhängige Instanz in Sachen Währungsstabilität war in Deutschland die Bundesbank, auf deren Teilnahme ich erfolgreich gegen den Widerstand Barthles beharrte. Bereits im Vorfeld hatte ich Kontakt zu Weidmann und seinem Büro. Nach außen hätte nur schwer kommuniziert werden können, dass wir bei einer Sache, die wir selbst kaum oder gar nicht verstanden, den Sachverstand einer hoch angesehenen Institution wie der Bundesbank ablehnten. Weidmann ließ mir später für meinen »engagierten Einsatz« danken. »Viele Ihrer Punkte finden die Zustimmung der Bundesbank«, wurde mir mitgeteilt. [137] Weidmann selbst konnte an der Sitzung leider nicht teilnehmen, ließ sich aber durch Vorstandsmitglied Joachim Nagel hochrangig vertreten.

Die Leitlinien selbst kamen und kamen nicht. Es lagen nur einzelne Entwürfe vor. Die Sondersitzung sollte am Montag stattfinden. Am Freitagnachmittag lag immer noch nichts vor, obwohl die Regierung dringend unsere Zustimmung brauchte. Denn schon am Dienstag sollten die EFSF-Leitlinien von den Finanzministern der Eurozone beschlossen werden. [138] Die E-Mail aus dem Finanzministerium kam erst am Sonntag, um 12:26 Uhr. Beigefügt war ein Dokument mit insgesamt 77 Seiten; immerhin bereits mit einer deutschen Übersetzung.

Zur Durcharbeitung der Guidelines blieben keine 24 Stunden Zeit. Das war alleine nicht zu schaffen. Bereits im Vorfeld hatte ich Kontakt zu Bernd Lucke und Harald Hau aufgenommen und die beiden Professoren um Hilfe gebeten. Die beiden sicherten mir zu, sich am Wochenende – immerhin der 1. Advent – bereitzuhalten, um mit mir die Dokumente durchzuarbeiten. Beide Professoren gaben mir noch am Sonntag detaillierte Einschätzungen ab. Lucke empörte sich über den Umgang mit uns Parlamentariern. Es waren wohl Momente wie diese, die in ihm den Wunsch nach eigener politischer Gestaltung wachsen ließen:

> »Die Vorlagen sind teilweise unvollständig und weithin vage. Ich bin nicht imstande, die Konsequenzen der hier anstehenden Entscheidungen innerhalb des eingeräumten Zeitraums zu überblicken. Wenn die Mitglieder des Haushaltsausschusses dies können, dann ist es gut, andernfalls sollten sie die Achtung ihrer parlamentarischen Rechte einfordern. [...] Zu den Sekundärmarktinterventionen sind [...] Zulassungskriterien formuliert worden, die jeder Präzision entbehren. In dieser Form unterschreibt der Haushaltsausschuss einen Blankoscheck. Es ist nicht definiert, was eine ›tragfähige Staatsverschuldung‹, ›tragfähige Außenhandelsposition‹, ›Kapitalmarktzugang zu angemessenen Bedingungen‹, ›Abwesenheit von systemischen Risiken‹ etc. bedeuten und wer dies letztlich konstatiert. [...] Meine grundsätzliche Empfehlung an den Haushaltsausschuss lautet, die Unterlagen zwecks gründlicher Überarbeitung und Komplettierung an die Bundesregierung zurückzusenden. Es ist keine Gefahr im Verzug, die den hier aufgebauten Zeitdruck und die schlechte Qualität der Vorlagen rechtfertigen könnte.«[139]

Professor Hau analysierte die in den Guidelines vorgesehenen Sekundärmarktinterventionen der EFSF als »großangelegte Subventionierung von Bankaktionären«, die er strikt ablehnte.[140]

Eine große Arbeitserleichterung war, dass die Dokumente mittlerweile im Änderungsmodus zur Verfügung gestellt wurden. Die Bundesregierung hatte sich lange dagegen gesträubt, obwohl es die Bearbeitung erleichterte. In der EFSF-Leitlinie für Interventionen auf dem Sekundärmarkt wurde in einer Entwurfsfassung ein Ende der Sekundärmarktkäufe der EZB festgeschrieben. So hieß es: »Das SMP ermöglichte dem ESZB, alle börsengängigen Schuldentitel aufzukaufen[.]« Im Verlaufe der Verhandlungen wurde aus »ermöglichte« jedoch »ermöglicht«. Durch die Streichung eines Buchstabens wurde die Intention des ganzen Absatzes ins Gegenteil verkehrt.[141]

Für die Sondersitzung war ich bestens vorbereitet, was mir aber keinen Nutzen brachte. Einmal gab es unter den Kollegen große Heiterkeit, als eine konkrete Frage zu einem Nebenaspekt gestellt wurde. »Was, Du hast das alles gelesen?«, scherzte daraufhin ein Haushälter, ein anderer rief »Streber«.

Etwas Verfahrenskritik kam von der Opposition. Die Grünen hatten erst am Vortag ihren Parteitag abgehalten und versicherten glaubhaft, dass man sich erst am Morgen mit den Dokumenten auseinandersetzen konnte. Sie wollten wenigstens noch einen weiteren Tag Zeit, um sich mit ihrer Fraktion in der Sache zu beraten. Unterstützung kam erwartungsgemäß von der SPD. Doch einen Tag Bedenkzeit wollte und konnte die Regierung der Opposition nicht zugestehen, da am Dienstag die öffentliche Verhandlung zum Sondergremium vor dem Bundesverfassungsgericht anstand. Da war die komplette politische Leitung des Finanzministeriums in Karlsruhe gebunden und konnte sich nicht erneut dem Haushaltsausschuss stellen. Die Regierung setzte uns wieder einmal erfolgreich die Pistole auf die Brust. Die Sondersitzung endete nach drei Stunden mit der Zustimmung des Haushaltsausschuss. Welche Ironie! Die Regierung hatte das Parlament in Berlin im Würgegriff und betonte in Karlsruhe gleichzeitig, dass man den Abgeordneten genug Luft zu atmen lasse.

IWF – EIN RETTER ÄCHZT

Nachdem der Rettungsschirm ertüchtigt und gehebelt worden war, brauchte auch der IWF mehr Geld. Gerade einigen außereuropäischen Mitgliedstaaten schmeckte es nicht, dass der IWF den Großteil seiner Mittel auf Staaten verwandte, die auf den ersten Blick nicht viel mit seinen traditionellen Kunden zu tun hatten. Auf dem G20-Treffen am 3./4. November 2011 wurden die Europäer auf diesen Sachverhalt angesprochen. Auf dem Treffen des Europäischen Rates vom 8./9. Dezember 2011 vereinbarten die Staats- und Regierungschefs, dem Währungsfonds zusätzliche Mittel in Höhe von bis zu 200 Milliarden Euro zur Verfügung zu stellen. Damit sollte sichergestellt werden, dass dem IWF nicht auf einmal das Geld ausging. Aufgestockt werden sollte aber ausdrücklich nur das allgemeine IWF-Konto. Es war nicht geplant, ein Sonderkonto für die Finanzierung der Eurokrise einzurichten.

Der IWF ist dabei nicht frei von Eigeninteresse. Der Währungsfonds finanziert sich über die Zinsmarge. Er hat also ein natürliches Interesse, Kredite zu vergeben. Zwar kündigt der IWF auch Kreditvereinbarungen auf, wenn sich einzelne Länder nicht an die Auflagen halten. Es dauert aber meistens nicht lange, bis fernab der medialen Aufmerksamkeit ein neues Programm mit dem gleichen Land abgeschlossen wird.

Eigentlich dürfte sich der IWF gemäß seiner Statuten gar nicht an der Euro-Rettung beteiligen, da er an die europäischen Schuldenstaaten Kredite zum Zweck der Haushaltsfinanzierung vergibt. Entsprechend hieß es auch im Monatsbericht der Bundesbank vom März 2010:

»Indem sich sein Kapital im Wesentlichen aus den Währungsreserven seiner Mitgliedsländer beziehungsweise deren Zentralbanken zusammensetzt, hat das auch Konsequenzen für die Möglichkeiten des IWF, Kredite zu vergeben.

Denn mit den ihm zur Verfügung stehenden Währungsreserven darf er mandatsgerecht nur zur Überwindung kurzfristiger Zahlungsbilanzprobleme und folglich zur Deckung eines temporären Fremdwährungsbedarfs beitragen. Dagegen ist ein finanzieller Beitrag des IWF bei der Lösung von strukturellen Problemen, die keinen Fremdwährungsbedarf implizieren – etwa der direkten Finanzierung von Budgetdefiziten oder der Finanzierung einer Bankenrekapitalisierung – mit seinem monetären Mandat nicht zu vereinbaren.«[142]

Thematisiert habe ich diese Problematik nie. Denn je größer der IWF-Anteil an einem Programm ist, desto billiger wird die Rechnung für Deutschland. An einer EFSF-Tranche musste sich Deutschland mit 27,1 Prozent beteiligen. Beim IWF lag der deutsche Anteil bei verhältnismäßig verschmerzbaren 6,1 Prozent. Deutschland ist damit hinter den USA und Japan der drittgrößte Kapitalanteilseigner des IWF. Bisher waren sämtliche geschäftsführende Direktoren des Internationalen Währungsfonds Europäer. Besonders gerne entsandte Frankreich eigene Landsleute auf den IWF-Chefsessel in Washington. In den letzten 50 Jahren gab es acht verschiedene IWF-Direktoren, fünf davon waren Franzosen. Seit Juli 2011 führt die ehemalige französische Finanzministerin Christine Lagarde das Erbe ihres Vorgängers, des aufgrund einer Sexaffäre verhinderten Präsidentschaftskandidaten Strauss-Kahn, fort. Dass der IWF durchaus ein Sprungbrett für noch höhere Würden sein kann, zeigte die politische Karriere Horst Köhlers, der nach vier Jahren an der Spitze des IWF deutscher Bundespräsident wurde.

Gemäß IWF-Gesetz übernimmt in Deutschland die Bundesbank die aus der IWF-Mitgliedschaft resultierenden finanziellen Verpflichtungen. Bundesbankpräsident Weidmann erklärte sich in einem Schreiben vom 9. Dezember 2011 an Schäuble »grundsätzlich bereit, [...] auf der Grundlage einer fairen Lastenteilung eine zusätzliche bilaterale Kreditlinie an den IWF in Höhe von maximal 45 Milliarden Euro zur Verfügung zu stellen.«[143] Gleichwohl wies Weidmann mit Bestimmtheit darauf hin, dass dieser Betrag der dreifachen Höhe der bisherigen bilateralen Kreditlinie der Bundesbank an den IWF entsprach. Weidmann brachte erhebliche Bedenken zum Ausdruck:

»Das Risiko der IWF-Kredite nimmt dabei aufgrund des deutlich steigenden Volumens der Mittelvergabe und einer potenziell starken Konzentration auf einzelne Länder deutlich zu. Der in der Praxis dem IWF zugestandene bevorrechtigte Gläubigerstatus impliziert eine Überwälzung des mit IWF-Finanzhilfen verbundenen Kreditrisikos auf die übrigen verbleibenden Gläubiger. Im speziellen Fall Europa ist zu berücksichtigen, dass das Risiko anderer zwischenstaatlicher Hilfskredite dadurch spürbar ansteigen kann. Zudem könnte sich der Druck zu zusätzlichen Hilfsmaßnahmen erhöhen, wenn es daraufhin zu einem Preisdruck auf die ausstehenden Länderanleihen kommen sollte. Dieses Risiko ist besonders relevant für betroffene Euroländer, bei denen sich der Mittelbedarf auf den gesamten Bruttofinanzierungsbedarf in Inlandswährung und nicht auf einen Fremdwährungsbedarf (Zahlungsbilanzbedarf) bezieht. Die diesbezüglichen Risiken trägt auch hier der deutsche Steuerzahler.«[144]

Weidmann machte seine Zustimmung davon abhängig, »dass die Bundesregierung eine Befassung des Parlaments mit dem Ziel herbeiführt, dass der Deutsche Bundestag die Maßnahme nach Kenntnisnahme der dargelegten Erwägungen mitträgt.«[145] Diese Forderung war ein Novum. Einerseits fühlte sich Weidmann staatspolitisch offensichtlich dazu verpflichtet, den Beschluss, den die eigene Regierung auf dem Treffen des Europäischen Rates mit vereinbart hatte, nicht zu durchkreuzen. Andererseits hatte die Bundesbank derart starke Bedenken, dass sie in diesem Fall ihre Unabhängigkeit preisgab.

Der Fall landete wenige Tage später im Haushaltsausschuss. In der Obleuterunde hatten SPD und Grüne auf eine Teilnahme des Bundesbankpräsidenten gedrängt. Weidmann hatte zwar wichtige Termine, wäre aber gerne bereit gewesen, diese umzuschichten, wenn sich eine Mehrheit für seine Anwesenheit aussprach. Da es sich nicht um eine Anhörung handelte, konnte die Opposition keine Minderheitenrechte geltend machen. Stattdessen wurde vereinbart, dass ein Vertreter aus dem Bundeskanzleramt, der an den Beratungen auf dem Treffen des Europäischen Rates teilgenommen hatte, dem Ausschuss berichten sollte. Dieser Wunsch wurde jedoch vonseiten des damaligen Kanzleramtsministers Ronald Pofalla abgewiesen.

Am 14. Dezember 2011 saß uns im Haushaltsausschuss also erneut die BMF-Koryphäe Kampeter gegenüber, was zu Beginn der Sitzung zu einer größeren Diskussion führte. Barthle hatte wieder einmal für alles und jeden (aus der Bundesregierung) Verständnis: In den Fachausschüssen berichteten die fachlich zuständigen Ministerien und nicht das Kanzleramt. Dass die Bundesregierung hier keinen Präzedenzfall schaffen wollte, hielt Barthle für nachvollziehbar. Ich war anderer Meinung. Der Haushaltsausschuss musste Entscheidungen mit finanziellen Auswirkungen in astronomischer Größenordnung treffen. Jeder Gesprächspartner, der dabei zu einer verantwortungsvollen Entscheidungsfindung beitragen konnte, sollte dem Ausschuss auch zur Verfügung stehen. Die Opposition forderte eine Vertagung der IWF-Punkte. Nachdem CDU/CSU und FDP dies abgeschmettert hatten, legte Kampeter seine Sicht der Dinge dar.

Die anschließende Diskussion entbrannte aber nicht über Sinn und Unsinn, dem IWF die Rekordsumme von 45 Milliarden Euro für neue Rettungstaten zur Verfügung zu stellen, sondern darüber, dass die Bundesbank die Bundesregierung um eine Beteiligung des Bundestages bat. Kampeter ätzte, dass Weidmann mit der Beteiligung des Bundestages Bedingungen eingefordert hätte, die außerhalb der Zuständigkeiten des Parlaments lägen. In der Diskussion ging es nicht um das *Ob* sondern das *Wie* und ganz speziell darum, was die Bundesbank wohl mit dem Wort »mittragen« meinte. Allenfalls wollte man den Brief Weidmanns zur Kenntnis nehmen. Die Bundesbank musste die Kreditlinie, die sich letztendlich auf 41,5 Milliarden Euro belief, ohne den formalen Segen des Parlaments an den IWF überweisen.[46]

Das Problem mit den TARGET2-Salden

Das Jahr 2011 klang gerade aus, da erreichte uns Abgeordnete kurz vor Weihnachten ein Brandbrief von Professor Hans-Werner Sinn zum Thema »TARGET2-Saldo«. Sinn hatte bereits im Juni 2011 mit einem Aufsatz auf den »Rettungsschirm der EZB« hingewiesen.[147] Die Abkürzung TARGET steht für *Trans-European Automated Real-time Gross settlement Express Transfer system* und ist das Zahlungsverrechnungssystem des Europäischen Systems der Zentralbanken (ESZB), das aus der EZB und den nationalen Zentralbanken besteht und an dem etwa 4.500 Finanzinstitute beteiligt sind. 2007/2008 wurde es von seinem Nachfolger TARGET2 abgelöst. Über TARGET2 können grenzüberschreitende Zahlungen im Euro-Währungsgebiet abgewickelt werden.

Sinn hat auf seinen Vorträgen oft den Kauf eines deutschen Autos von einem südländischen Kunden als Beispiel verwendet. Vordergründig wird der Kaufbetrag vom dem einen aufs andere Konto überwiesen. Die Abläufe dahinter sind aber etwas komplexer. Die Geschäftsbank muss den Betrag an die nationale Notenbank und dann über die EZB an die Bundesbank weitergeben, die das Geld dann wiederum an die Bank des Automobilverkäufers auszahlt. Das alles passiert zwar in Echtzeit, sodass Kunde und Käufer davon nichts mitbekommen, führt aber dazu, dass teils immense Salden auflaufen. Formal schuldet die eine Notenbank der EZB Geld, während die andere im Besitz einer Forderung gegenüber der EZB ist.

Die Problematik wurde lange Zeit heruntergespielt. Das Entlastungsargument dabei war ebenso simpel wie naiv. Da sich die TARGET2-Salden im Eurosystem gegenseitig aufheben, sei das ganze unproblematisch. Forderungen der Gläubiger und Verpflichtungen der Schuldner heben sich aber immer gegenseitig auf: Das Geld war nicht weg, es war in Südeuropa.

Ende 2011 kratzten die Forderungen der Bundesbank gegenüber der EZB an der 500-Milliarden-Euro-Marke. Sinn schlug Alarm:

>Der Vorgang lässt sich nicht länger mit [...] billigen Sprüchen verharmlosen. Sollte der Euro zerbrechen, was keiner hofft, so stehen die 500 Milliarden möglicherweise als uneinbringlich im Raum. Jedenfalls gibt es für diesen Fall keine Regelung. [...] Die Entscheidungen, die zu den Target-Krediten geführt haben, wurden vom EZB-Rat getroffen. Dort haben Malta und Zypern [...] so viel zu sagen wie die Bundesrepublik Deutschland. Wenn man das nicht ändert, ist der Fall verloren.«[148]

Das Thema durfte nicht durch die Weihnachts- und Winterpause verschleppt werden. Ich bat Schäuble und Weidmann um Stellungnahme. Das Ministerbüro leitete meine E-Mail an Kampeter weiter, der als Parlamentarischer Staatssekretär dafür da war, Anfragen von Abgeordneten abzuräumen. Kurz vor Jahreswechsel erhielt mein Büro telefonisch die Zwischennachricht, dass das Ministerium auf die Schnelle nicht zu einer Stellungnahme in der Lage war. Mitte Januar würde ich eine Antwort erhalten. Ich schrieb Kampeter eine gepfefferte E-Mail, dass ich innerhalb einer Woche eine Antwort erwarte, allerdings nicht wieder eine nach dem Motto »Ach ja, der Sinn ...«. Kampeter ließ die von mir gesetzte Frist verstreichen. Ein Nachhaken meinerseits ergab, dass der Staatssekretär selbst im Skiurlaub weilte und zwischen den Jahren im BMF viele Mitarbeiter ihre Überstunden abbauten. Menschlich war das alles verständlich, doch politisch inakzeptabel. Ich hielt mein Büro in dieser Zeit zumindest stundenweise besetzt – und verfügte dabei nicht über fünf Staatssekretäre, neun Abteilungen, 26 Unterabteilungen und 150 Referate mit all ihren Abteilungs-, Unterabteilungs- und Referatsleitern, Referenten und Sachbearbeitern.

Die Stellungnahme aus dem Bundesministerium der Finanzen datierte schließlich auf den 12. Januar 2012. Man habe die Thematik gründlich geprüft. Bei den TARGET2-Salden handle es sich um ein Symptom des Misstrauens im Interbankenmarkt. Die EZB-Liquiditätsbereitstellung sichere dabei die monetäre Transmission und diene dem Bemühen des Eurosystems um eine Überwindung der Banken- und Schuldenkrise, so Kampeter:

»Selbst wenn ich die Diagnose, die Professor Sinn zu den Ursachen des Entstehungsprozesses und den makroökonomischen Auswirkungen dieser Forderungsbestände stellt, in einigen Punkten nachvollziehen kann, müssen wir beachten, dass die Unabhängigkeit der Zentralbank, auch in Fragen der Ausgestaltung des Zahlungsverkehrssystems, ein hohes Gut ist: Aus dem politischen Raum sollte keine aktive Einflussnahme auf die Geldpolitik der EZB angestrebt werden.«[149]

Auf Sinns Handlungsvorschläge ging das BMF nicht ein. Bundesbankpräsident Weidmann antwortete im Gegensatz zu Schäuble früher und persönlich. Weidmann sah in der öffentlichen Diskussion um die TARGET2-Salden einige Missverständnisse. Unbestritten sei aber, dass die Bankensysteme der einzelnen Euro-Mitgliedstaaten unterschiedlich stark unter Spannung standen:

»Aufgrund des zum Teil ausgetrockneten Interbankenmarktes kommt es im Euro-Raum nicht mehr zu einem Ausgleich des Liquiditätsbedarfs zwischen den Geschäftsbanken. [...] Der Bedarf an zusätzlicher Liquiditätsversorgung über das Eurosystem ist in der Krise besonders in den Peripherieländern aufgetreten. [...] Grundsätzlich ist die Geschäftätigkeit des Eurosystems und der Bundesbank mit Risiken verbunden. Diese resultieren aber nicht aus dem TARGET2-System oder den TARGET2-Salden, sondern sind vielmehr mit den Operationen verbunden, durch die letztlich die Zentralbankliquidität geschaffen wird. Über deren Ausgestaltung entscheidet der EZB-Rat im Rahmen seines geldpolitischen Mandats. [...] An einer Diskussion über ein Auseinanderfallen des Euro-Raumes beteilige ich mich nicht. Dies ist nicht vorgesehen und kann nicht die Basis einer gemeinsamen Geldpolitik sein. In einem solchen Fall bestünden die TARGET2-Forderungen bzw. Verbindlichkeiten der EZB gegenüber der entsprechenden NZB jedenfalls bis zu ihrem Ausgleich fort.«[150]

Sinns Vorschlag, das EZB-System analog zu den USA zu reformieren beziehungsweise den Zinssatz für nationale Zentralbanken mit positivem Saldo anzuheben, hielt der Bundesbankpräsident für nicht zielführend. Für die Deutsche Bundesbank waren die TARGET2-Salden zum damaligen Zeitpunkt nur ein vorübergehendes Problem. Sobald der Interbankenmarkt wieder funktionieren würde, sich also die Geschäftsbanken wieder untereinander Geld leihen würden, anstatt sie bei ihrer nationalen Zentralbank zu bunkern, müssten die Salden automatisch wieder zurückgehen.

Weidmanns Ausführungen leitete ich an Professor Sinn weiter, um den währungspolitischen Diskurs voranzutreiben. »Alles was er sagt, ist natürlich richtig, aber er sagt nicht alles, was er weiß«,[151] begann Sinn seine Stellungnahme zur Stellungnahme:

> »Die meisten Punkte treffen nicht den Sachverhalt oder wenden sich gegen Dinge, die unstreitig sind und niemand behauptet hat. [...] Ich verstehe natürlich, dass Herr Weidmann sich nicht an der Diskussion über das Auseinanderfallen des Euro beteiligt. Nur wird er sicherlich nicht in Abrede stellen, dass Deutschland durch die Target-Forderungen erpressbar wird. Wenn wir den Euro nicht retten, müssen wir unseren Forderungen hinterherlaufen. [...]
>
> Die Target-Problematik ist schwierig, und wir haben uns im Laufe des letzten Jahres mühsam an die Erkenntnis herangetastet. Ich würde mich freuen, wenn auch die Bundesbank zugeben würde, dass sie anfangs auf dem falschen Fuß erwischt wurde und gar nicht wusste, dass die Target-Salden sowohl klassische Zahlungsbilanzdefizite und -überschüsse als auch Kredite über das Zentralbanksystem messen.«[152]

Schon seit längerer Zeit hatte ich den Wunsch, Weidmann persönlich zu sprechen. Am 6. Februar 2012 kam es dazu. Er werde doch wohl noch seinen Wahlkreisabgeordneten besuchen dürfen, scherzte Weidmann in Anspielung auf seinen Wohnsitz in meinem Wahlkreis. In dem ausführlichen Meinungsaustausch stellten wir beide Übereinstimmungen fest. Gleichwohl nehme ich nicht für mich in Anspruch, seinen Kurswechsel bewirkt zu haben. Weidmann schrieb EZB-Präsident Mario Draghi einen Brandbrief, der in Auszügen seinen Weg in die *FAZ* fand.[153] Draghi war erst seit dem 1. November 2011 im Amt und hatte die Finanzmärkte seitdem mit Liquidität geradezu überschwemmt. Mitte Dezember wurde der Leitzins auf damals historisch niedrige 1,0 Prozent gesenkt. Ende Dezember 2011 und im Februar 2012 flutete die Zentralbank die Märkte mit zwei Dreijahrestendern in Höhe von 489 Milliarden beziehungsweise 529 Milliarden Euro. Die Märkte konnten sich ungewöhnlich langfristig zu attraktiven Konditionen mit frischem Zentralbankgeld versorgen, wobei die EZB die Anforderung an die zu hinterlegenden Pfänder immer weiter senkte. Der Mindestreservesatz wurde von zwei auf ein Prozent gesenkt.

Erst dadurch wurden die TARGET2-Salden aus Sicht der Bundesbank zum massiven Problem. Sie waren zwar nicht Ursache, aber Symptom einer tief greifenden Krise. Richtig gefährlich wurden die Salden überhaupt erst aufgrund der mangelnden Qualität der bei der EZB hinterlegten Sicherheiten.[154] Für Deutschland, die Niederlande, Finnland und Luxemburg standen im Februar 2012 knapp 835 Milliarden Euro an Target-Forderungen auf dem Spiel. Der Spitzenwert wurde im August 2012 erreicht, als sich allein die TARGET2-Forderungen der Bundesbank gegenüber der EZB auf mehr als 750 Milliarden Euro beliefen.

Der Brief Weidmanns an Draghi dokumentiert eine neue Eskalationsstufe im nachhaltig beschädigten Verhältnis zwischen Bundesbank und EZB. Innerhalb eines Jahres mussten die Rücktritte von Axel Weber und Jürgen Stark verschmerzt werden. Weber hatte im Februar 2011 seinen Abgang verkündet. Dies war besonders bitter, weil Weber als aussichtsreicher Kandidat für die Nachfolge Trichets als EZB-Präsident galt. Erst einige Jahre später äußerte sich Weber in einem Interview zu seinen damaligen Beweggründen:

>Es gibt nur einen Grund. Schon damals zeichnete sich ab, dass die Geldpolitik in Europa einen Weg einschlagen würde, der für mich nicht der richtige ist. So ist es dann ja auch gekommen, wenn Sie an die zahlreichen unkonventionellen Maßnahmen – etwa den Ankauf von Staatsanleihen – denken. [...] Die Entscheidungen in der EZB werden zunehmend per Mehrheitsbeschluss gefällt, die Konsensorientierung hat in der Finanzkrise stark gelitten. Wenn die Institution in eine bestimmte Richtung neigt, ist Ihr Einfluss auch als Präsident begrenzt. Dies hätte bedeutet: Ich hätte Beschlüsse nach außen vertreten müssen, obwohl ich sie nicht für richtig halte.<[155]

Kein halbes Jahr nach Webers Rücktritt schmiss EZB-Chefvolkswirt Jürgen Stark ebenfalls aus persönlichen Gründen hin. Erst viel später erklärte er in einem Interview die wahren Beweggründe:

»Der eigentliche Grund ist, daß die Politik einen grundsätzlich falschen Weg eingeschlagen hat. [...] Nämlich zu versuchen, die Krise mit Hilfe großer Finanzpakete zu lösen und daß die EZB über ihren Auftrag hinausgegangen ist. Stichworte Rettungsschirme und Anleihekäufe. [Das war der falsche Weg,] weil man damit das in Maastricht 1991 entworfene Konzept einer Wirtschafts- und Währungsunion als Stabilitätsunion auf den Kopf gestellt hat. Für die Zentralbank kommt hinzu, daß sie eine Strukturkrise, wie wir sie erleben, gar nicht lösen kann. Mit ihren Mitteln kann sie lediglich Zeit kaufen. [...] Es geht doch nicht um den Euro. Es geht um Staaten, die gerettet werden. Und wir haben es mit realwirtschaftlichen Problemen zu tun, die nicht mit immer mehr Liquidität gelöst werden können. Man bewirkt so allenfalls kurzfristige Linderung der Probleme, über längere Frist aber das Gegenteil: Es bauen sich neue Ungleichgewichtspotenziale auf.«[156]

Stark sah sich wie Weber innerhalb der EZB »in einer ausweglosen Minderheitenposition«. Von der Bundesregierung gab es noch nicht einmal passive Unterstützung. Zusätzlich habe Berlin »stabilitätspolitische Positionen [...] auch noch durch zweideutige Äußerungen unterminiert«.[157]

Mit Jörg Asmussen konnte die Bundesregierung zwar durchsetzen, dass wieder ein Deutscher ins EZB-Direktorium entsandt wurde; ein adäquater Ersatz war der Finanzstaatssekretär aber nicht. SPD-Mitglied Asmussen war ein treuer Paladin Schäubles, ein staatsgläubiger Währungsingenieur, der schon unter Hans Eichel und Peer Steinbrück sein Unwesen getrieben hatte. Die Isolation der Bundesbank im EZB-Rat nahm immer schlimmere Formen an. Asmussen wurde zu Weidmanns Gegenspieler. Auch der Presse entging die Entfremdung der ehemaligen Weggefährten nicht – beide waren akademische Schüler von Ex-Bundesbankpräsident Weber an der Universität Bonn, obwohl aus dem EZB-Rat nur selten etwas an die Öffentlichkeit drang. So schrieb die *Frankfurter Allgemeine Sonntagszeitung:* »Er ist Deutschlands Mann in der EZB. Jetzt hilft er, die Notenpresse anzuwerfen. Der Kanzlerin ist's recht. Die Bundesbank schreit auf.«[158] Das war gerade deshalb tragisch, weil im EZB-Rat, der sich aus den nationalen Notenbankenchefs sowie den sechs Direktoriumsmitgliedern zusammensetzt, jedes Mitglied genau eine Stimme hat. Konnten zuvor Zypern und Malta schon die beiden deutschen Stimmen von Weber und Stark ausgleichen, neutralisierten sich nun auch noch Weidmann und Asmussen selbst.

Weidmann, der vor seiner Berufung zum bislang jüngsten Bundesbankchef wirtschaftspolitischer Berater der Kanzlerin war, gelang es in beachtlicher Art und Weise, sein Profil zu schärfen. Er steht auch heute noch
sinnbildlich für die Unabhängigkeit einer der in Deutschland angese-
hensten Institutionen. Als besonders bemerkenswert empfand ich eine
Rede Weidmanns zum Thema »Papiergeld – Staatsfinanzierung – Inflation. Traf Goethe ein Kernproblem der Geldpolitik?«, in der Weidmann die
Geldpolitik der EZB mit der Geldschöpfungsszene im 1. Akt von Faust II
verglich. Der Kaiser klagt darin Mephisto seine Geldnöte, worauf dieser
den Monarchen zum Druck von Papiergeld überredet. Zwar ist der Kaiser dadurch zunächst seine Geldsorgen los, stürzt aber sein Reich dafür
mittelfristig ins inflationäre Chaos. Weidmanns Analogie war bestechend
einfach: Die Zentralbank hatte sich auf die Geldpolitik zu konzentrieren.
Von Wirtschafts- und Finanzpolitik sollte sie tunlichst die Finger lassen.
Dem Auditorium gab Weidmann noch auf den Weg: »Der beste Schutz
gegen die Versuchungen in der Geldpolitik ist eine aufgeklärte und stabi-
litätsorientierte Gesellschaft.«[159]

Weidmann drängte wiederholt aber erfolglos auf Begrenzung und Befristung der außergewöhnlichen EZB-Maßnahmen. »Es ist nicht Aufgabe der
Geldpolitik, marode Banken künstlich am Leben zu erhalten oder die Zahlungsfähigkeit von Staaten abzusichern. Entscheidungen über die Umver-
teilung größerer Solvenzrisiken von Banken oder Staaten zwischen den
Steuerzahlern der Mitgliedsländer dürfen nur gewählte Regierungen und
Parlamente treffen«, meinte Weidmann in einem *FAZ*-Beitrag.[160] Nur solange die Eurozone zusammengehalten wurde, verblieben die Risiken unter dem Teppich. Die Bundesbank erhöhte 2011/2012 massiv ihre Rückstellungen für allgemeine Wagnisse, Preis- und Währungspolitik um 4,141
Milliarden beziehungsweise 6,671 Milliarden Euro.

Griechenland und der
USB-Stick in der Schublade

Die Bundesbank tat gut daran, Risikovorsorge zu treffen. Denn aus Stroh Gold spinnen, das gibt es bekanntlich nur im Märchen. Anfang Dezember 2011 veröffentlichte die OECD eine erschütternde Studie über die Reformunfähigkeit Griechenlands. Auch wenn dort Reformen beschlossen wurden, konnten sie aufgrund mangelnder Zusammenarbeit zwischen den Ministerien nicht umgesetzt werden. Selbst wenn die griechische Regierung gewollt hätte, ihr fehlten alle Mittel, um die personell aufgeblähte Verwaltung auf Kurs zu bringen. Eine einzige Stelle konnte einen ganzen Apparat lahmlegen. Es herrschte dazu große Schlamperei, es fehlten Daten und Akten. Wenn etwas lief, dann nur über persönliche Beziehungen, nicht aber über rechtsförmliche Strukturen.[161]

Der etwas abstrakte OECD-Bericht könnte mit unendlich vielen Beispielen aus dem griechischen Alltag unterfüttert werden. So ist Griechenland nach wie vor das einzige EU-Mitglied ohne Katasterwesen. Auch wenn mittlerweile mit der Erstellung eines Katasters begonnen wurde, kommen dabei landestypische Probleme zum Vorschein. Nachdem zum Beispiel alle Bewohner Attikas Angaben zu ihrem Immobilienbesitz gemacht hatten, überstieg die Summe der Meldungen die Gesamtfläche dieser bevölkerungsreichsten Region Griechenlands um das Doppelte. Auf gut Glück wurde jeder rechtmäßige und unrechtmäßige Anspruch hinterlegt, in der Hoffnung, dass man auf Kosten des womöglich lange ausgewanderten oder verstorbenen Nachbarn seinen eigenen Besitz mehren konnte. Auch manch griechischer Nachbarschaftsstreit dürfte vor diesem Hintergrund noch einmal Fahrt aufgenommen haben.[162]

Ein anderer Dauerbrenner ist das Thema Renten. Seit der Jahrtausendwende hatte der Staat Renten in Höhe von acht Milliarden Euro an insgesamt 63.500 Tote beziehungsweise Fantasiepersonen überwiesen. Das Geld floss in die Taschen von Angehörigen und Sozialbetrügern. Trennen kann man das leider nicht genau.[163] In einem Fall bezog ein Mann fast 20 Jahre lang die Rente seiner verstorbenen Mutter und ergaunerte sich so insgesamt 209.000 Euro. Die griechische Regierung begann jetzt damit zu prüfen, ob die etwa 9.000 über hundertjährigen Rentenbezieher überhaupt noch lebten. Ich schlug vor, besser alle über 85 Jahre alten Hellenen einmal persönlich in Augenschein zu nehmen. Später kam heraus, dass jede zehnte Rente in Griechenland unrechtmäßig gezahlt wurde. Ein besonders absurdes Beispiel war dabei der Fall Zakynthos. Die westgriechische Insel erhielt den Beinamen »Insel der Blinden«, weil 700 von 35.000 Inselbewohnern eine monatliche Blindenrente in Höhe von mindestens 350 Euro bezogen. Beim Sehtest fielen aber nur 70 Griechen durch. Damit lag Zakynthos wieder im Landesschnitt. Auch in anderen Landesteilen wurde die Rentenkasse mit dem Blindentrick erleichtert. Auf der Ägäisinsel Chios erhielten 245 Menschen allein mithilfe eines Tests – ohne medikamentöse Behandlung oder Operation! – ihr Augenlicht zurück. Dabei grenzte es ohnehin schon an ein Wunder, dass viele blinde Griechen trotz ihrer Behinderung hauptberuflich als Taxifahrer oder Jäger tätig waren, was deren Fleiß eindrucksvoll dokumentierte. Auch gingen in manchen Fällen eigentlich arbeitsunfähige Schwerbehinderte einer Vollzeitbeschäftigung nach. In Griechenland wurde nicht nur von Inklusion geredet, sie wurde gelebt. Auch mutete man in Griechenland den Hinterbliebenen nicht zu, sich zwischen dem weiteren Bezug der Witwenrente und einem neuen Ehepartner entscheiden zu müssen. Beides war nebeneinander möglich, auch wenn dies das Land in manchen Fällen sechsstellige Beträge kostete.[164]

Über die Steuermoral der Griechen könnte man ein eigenes Buch schreiben. Bereits im Oktober 2010 hatte die damalige französische Finanzministerin Lagarde der griechischen Regierung einen Datenträger mit Namen von etwa 2.000 griechischen Steuersündern mit schätzungsweise 1,5 Milliarden Euro Schwarzgeld auf Schweizer Bankkonten übergeben. Lagardes Amtskollege Papakonstantinou ließ vor der Weiterleitung der

Liste an die griechische Steuerfahndung erst einmal ein paar Namen von Angehörigen tilgen. Das fiel aber erst auf, als Frankreich die Liste Jahre später ein zweites Mal nach Griechenland weiterleitete. Der USB-Stick galt zwischenzeitlich in Athen als nicht mehr auffindbar. Das einzige Exemplar des Sticks lag in der Schublade von Papakonstantious Nachfolger Evangelos Venizelos, der ihn dort »vergessen« hatte. Papakonstantinou musste sich später vor Gericht verantworten, stritt aber alles ab und schob alle Schuld auf seinen Nachfolger.[165]

Bei einer Steuerprüfung in insgesamt 1.410 Firmen im Juli 2012 wurden die Fahnder in 805 Fällen fündig. In vielen Fällen wurden zum Beispiel keine Quittungen ausgegeben, die berechnete Mehrwertsteuer floss gleichwohl, aber in die eigene Tasche.[166] Selbstständigkeit ist in Griechenland ohnehin sehr attraktiv, weil die Steuerhöhe mit dem Finanzbeamten festgelegt wird. Wenn Steuerschuldner und Finanzbeamter sich geeinigt haben, kann es sein, dass die Summe aus Rabatt für den ersten und *Fakelaki* für den zweiten den Fiskus leer ausgehen lässt.

Der Drang, die eigenen Taschen zu füllen, betrifft in Griechenland alle gesellschaftlichen Schichten, wie das Beispiel des ehemaligen Ministerpräsidenten Kostas Simitis zeigt. Dieser kratzte mit einem Jahresgehalt von 224.000 Euro und 500.000 Euro Barguthaben (größtenteils auf dem Konto seiner Frau) schon fast an der Armutsgrenze, erhielt aber noch 25.000 Euro Entschädigung für erlittene materielle und seelische Schäden infolge eines Brandanschlags auf sein Büro. Das sprach sich schnell herum, sodass 113 Abgeordnete des griechischen Parlaments eine rückwirkende Anhebung ihrer Diäten sowie einmalig die Zahlung von 10.000 Euro aufgrund erlittener seelischer Qualen forderten.[167]

Diese Alltagserfahrungen erklären die manische Fixierung der Griechen auf den Staatsdienst. Es verwundert nicht, dass die Innovationskraft der griechischen Wirtschaft gegen null geht. Diese Beispiele sollen veranschaulichen, warum es in Griechenland immer wieder zu Abweichungen auf der Einnahmen- und Ausgabenseite von den Prognosen der Troika kam. Experten der Ratingagentur von Standard & Poor's erklärten in interner Runde, dass vergleichbare Fälle zu Griechenland nur noch in der Dritten Welt zu finden wären, aber nicht in Europa.

Wir Abgeordnete sollten jedoch für weitere Griechenland-Hilfen Gewehr bei Fuß stehen. Waren im Juli 2011 noch Hilfen in Höhe von 109 Milliarden Euro im Gespräch gewesen, so ging es jetzt um ein Programmvolumen von bis zu 130 Milliarden Euro. Dazu kamen noch 24,4 Milliarden Euro aus dem ersten Rettungspaket, die in das neue Programm überführt werden sollten. Auch der Privatsektor sollte diesmal einen ernsthaften Beitrag leisten. Damit Athen die Hilfsgelder nicht veruntreuen konnte, sollte ein Sonderkonto für den Schuldendienst des Landes eingerichtet werden. Auch die Zinsen für das erste Griechenlandprogramm wurden nochmals – bereits zum dritten Mal – gesenkt. Die Schuldenstandsquote Griechenlands sollte so bis 2020 auf etwa 120 Prozent des BIP gedrückt werden.

Am 23. Februar 2012 beantragte das BMF die Zustimmung des Bundestages zum griechischen Hilfsantrag, den Athen förmlich am 8. Februar gestellt hatte. In § 5 Absatz 4 StabMechG hatte der Bundestag festgeschrieben, dass »die Bundesregierung dem Deutschen Bundestag binnen sieben Tagen nach Antragstellung eine Bewertung zu Inhalt und Umfang der zu gewährenden Hilfen sowie eine Abschätzung der finanziellen Folgen« vorlegen muss. Auf die Fristverstreichung im Haushaltsausschuss angesprochen, entgegnete Schäuble, der Antrag datiere zwar vom 8. Februar sei aber erst am 19. Februar eingegangen. Die Bundesregierung sei ihren Verpflichtungen also vollumfänglich nachgekommen. Im Vorfeld der Abstimmung wurden uns kurzfristig 726 Seiten Material zugeleitet. Ich hatte mich wieder von Lammert auf die Rednerliste setzen lassen. Applaus vermerkt das Protokoll nur von ein paar FDP-Abgeordneten. Dafür gab es jetzt zumindest ein paar hämische Zwischenrufe von der Opposition.

Dem Antrag der Bundesregierung »Finanzhilfen zugunsten der Hellenischen Republik« stimmten am 27. Februar 2012 nur noch 304 Mitglieder der Regierungskoalition zu. Erstmals wurde damit die Kanzlermehrheit verfehlt – und zwar deutlich. Aus den Reihen der Koalition stimmten 17 Kollegen mit Nein, drei enthielten sich.[168] Da SPD und Grüne dem zweiten Hilfspaket zustimmten, war der Weg für die Auszahlung weiterer Milliarden an Griechenland gleichwohl frei. Gerade das Abstimmungsverhalten der Sozialdemokraten konnte ich nicht nachvollziehen. Denn im Ausschuss war schon vor der Abstimmung gesagt worden, dass Griechenland auch 2014 nicht in der Lage sein werde, sich über die Finanzmärkte

Geld zu beschaffen. Schon damals machte der Terminus »Griechenland 3«
die Runde.

Schäuble ließ auch bereits durchblicken, dass wahrscheinlich noch nicht
das Ende der Fahnenstange erreicht war. »Es gibt keine Garantien, dass
der eingeschlagene Weg zum Erfolg führt. Es ist möglicherweise auch
nicht das letzte Mal, dass sich der Deutsche Bundestag mit Finanzhilfen
für Griechenland befassen muss«, schrieb der Minister an die Mitglieder
des Deutschen Bundestages.[169] Das war wenigstens ehrlich, hieß aber im
Klartext, dass wir uns auf eine dauerhafte Alimentierung Griechenlands
einstellen mussten.

Die Privatsektorbeteiligung bestand aus einem Schuldenschnitt in Höhe
von 53,5 Prozent, der in Form eines Anleihetausches durchgeführt wurde.
Für die restlichen 46,5 Prozent erhielten die Anleger EFSF-Anleihen in
einem Volumen von 15 Prozent sowie 31,5 Prozent neue griechische Staats-
papiere zum bisherigen Nominalwert. Die Zinscoupons für diese neuen
Anleihen wurden deutlich herabgesetzt. Das mag viele private Gläubiger
nicht gefreut haben, weil sie auf die Dummheit der Politiker spekuliert
hatten. Aber so schlecht war das Geschäft auch nicht, wenn man bedenkt,
dass griechische Staatsanleihen in den Wochen zuvor zu Kursen von 35
bis 50 Prozent des ursprünglichen Wertes zu bekommen waren. Griechische Finanzinstitute, die infolge der Privatsektorbeteiligung in Schieflage
gerieten, wurden mit EFSF-Geldern rekapitalisiert.

Für die Hedgefonds war das ganze ohnehin nicht dramatisch, weil der Internationale Verband der Derivatehändler ISDA (International Swaps and
Derivatives Association) die Umschuldung als Zahlungsausfall wertete
und jetzt die Kreditausfallversicherungen griffen. Insgesamt mussten die
Versicherer damit 2,5 Milliarden Euro auf den Tisch legen. Die Bundesregierung sang im Haushaltsausschuss ein Loblied auf die Ausfallversicherungen, deren Wirksamkeit sich nun gezeigt habe, obwohl sie noch zwei
Jahre zuvor im gleichen Fall ein Beben der Finanzmärkte vorausgesagt
hatte. Nach Darstellung unserer Fraktion blieb dies aus, weil man den gol-
denen Moment zur Auslösung der Kreditausfall-Swaps (CDS) gefunden
hätte. Das war Unsinn. Denn man konnte davon ausgehen, dass nach dem
ersten Bailout Griechenlands der Markt für Kreditausfallversicherungen

zum Stillstand kam. Da die Halter von Ausfallversicherungen also 2010 und 2012 dieselben waren, hätte man den Haircut auch früher folgenlos durchziehen können.

Ein sattes Minus machten infolge der Privatsektorbeteiligung die Abwicklungsanstalten des Bundes. Da der Finanzmarktstabilisierungsfonds SoFFin, an dessen Tropf zwei betroffene bundeseigene Bad Banks hängen, jedoch bis zu seiner Auflösung buchhalterisch vom übrigen Vermögen des Bundes getrennt bleibt, wurden die dort verbuchten Verluste (noch) nicht haushaltswirksam. Von 9,1 Milliarden Euro blieben bei der FMS-Wertmanagement, der Bad Bank zur Abwicklung der Hypo Real Estate (HRE), nach Schuldenschnitt und Abzinsung gerade einmal 2,2 Milliarden Euro Buchwert übrig. Die Erste Abwicklungsanstalt, die die Überbleibsel der WestLB verwaltet, konnte von ihren 1,09 Milliarden nur 377 Millionen Euro retten.

Der Schuldenstand Griechenlands sank von 355,8 Milliarden Euro 2011 auf 312 Milliarden Euro Ende 2012 bei deutlich erleichterten Kreditbedingungen. Nur noch 53 Milliarden Euro wurden jetzt von privaten Kreditgebern gehalten. Darunter befanden sich 30 Milliarden Euro getauschte Anleihen. Fünf Milliarden Euro wurden von Hold outs gehalten. Das waren Trittbrettfahrer, die sich nicht am freiwilligen Schuldenschnitt beteiligten, und nun dafür Gewinne einstrichen, dass andere auf ihre verzichteten. Hinzu kamen noch 18,5 Milliarden Euro kurzfristige Schatzanweisungen (T-Bills), mit denen sich Griechenland über Wasser hielt. Der Löwenanteil der griechischen Staatsschuld lag nun bei öffentlichen Gläubigern. 161 Milliarden entfielen auf die europäischen Kreditgeber. Der Rest verteilte sich auf den IWF (21,6 Milliarden), die EZB (31,9 Milliarden) und Bestände bei nationalen Zentralbanken des Eurosystems (ca. elf Milliarden). Die Gläubigerlandschaft hatte sich damit vollends geändert. Die vormals etwa 205 Milliarden Euro von privaten Gläubigern gehalten Staatsschulden Griechenlands wurden peu à peu vom Steuerzahler ausgelöst.

Die Gläubigerbeteiligung zeigte nebenbei auch einen längst vollzogenen Paradigmenwechsel auf. Mittlerweile schien klar zu sein, dass der Staat für die privaten Defizite aufkommen musste. Die eigentlichen Gläubiger mussten sich nur noch – wenn überhaupt – beteiligen; dabei gingen den

Steuerzahler die Kreditverträge zwischen Schuldner und Gläubiger überhaupt nichts an. Den privaten Gläubigern war also eine Beteiligung der Öffentlichkeit gelungen – und nicht umgekehrt. Infolge der Privatsektorbeteiligung wurden Anleihen in einem Volumen von etwa 138 Milliarden Euro getauscht. Griechenland war auf einen Schlag etwa 107 Milliarden Euro Schulden bei seinen privaten Gläubigern los.

Die finnische Regierung verlangte erfolgreich ein Pfand für weitere Hilfen. Ähnliche Forderung gab es auch aus Deutschland. Die damalige Bundesministerin für Arbeit und Soziales, Ursula von der Leyen, forderte öffentlich, dass Schuldenstaaten für Finanzhilfen ihre nationalen Goldreserven verpfänden sollten. Da von der Leyen selbst Regierungsmitglied war, musste die Bundesregierung darauf verweisen, dass die Ministerin ihre Aussage als stellvertretende CDU-Bundesvorsitzende getätigt habe. Die Diskussion wurde schnell im Keim erstickt.

Die Bundesregierung ließ sich lieber mit Erklärungen einzelner griechischer Parteien abspeisen, dass diese die mit der Übergangsregierung unter Loukas Papadimos getroffenen Vereinbarungen im Memorandum of Understanding auch nach der nächsten Wahl mittragen würden. Die aufstrebende Syriza-Partei mit ihrem Vorsitzenden Alexis Tsipras hatte sich geweigert, eine solche Versicherung abzugeben. Bei den Parlamentswahlen am 6. Mai 2012 kam trotz der Besonderheit im griechischen Wahlrecht, das der stärksten Partei 50 zusätzliche Sitze zuspricht, keine Regierungsmehrheit zustande. Papadimos trat daraufhin zurück. Griechenland wurde bis zu den nächsten Neuwahlen kurzzeitig von einer weiteren Übergangsregierung unter dem obersten Richter des Landes, Panagiotis Pikrammenos, regiert. Das führte zu großen Verunsicherungen, ob das Land am vereinbarten Kurs festhalten wollte. Im Haushaltsausschuss wurde darüber diskutiert, die fällige Tranche nur in Teilen auszuzahlen. Ganz stoppen wollten meine Kollegen die Zahlungen nicht, weil ein Teil des Geldes über Griechenland direkt an die EZB weiterfloss. Man würde sich damit ins eigene Fleisch schneiden, gab die Bundesregierung im Haushaltsausschuss kleinlaut zu.

Bei der Parlamentswahl am 17. Juni 2012 ging die Nea Dimokratia als Siegerin hervor. Neuer Ministerpräsident wurde Andonis Samaras, der eine

Koalition aus ND, PASOK und DIMAR anführte. Syriza verpasste mit einem Stimmenanteil von 26,9 Prozent nur knapp, stärkste Kraft zu werden. Im Parlament hatte sich auch die rechtsextremistische Chrysi Avgi (Goldene Morgenröte) etabliert. Die griechische Tragödie nahm an Fahrt auf.

Die Maulkorb-Affäre

Je größer die Gruppe der Abweichler innerhalb von Union und FDP wurde, desto mehr war die Regierung auf die Unterstützung der Opposition angewiesen. Überall ging das große Rechnen los. Was würde passieren, wenn sich SPD und/oder Grüne bei einer der nächsten Entscheidungen enthielten beziehungsweise mit Nein stimmten? Gerade für die innerstaatliche Umsetzung des ESM gab es in Deutschland eine verhältnismäßig hohe Hürde. Sowohl im Bundestag als auch in Bundesrat waren dafür Zweidrittelmehrheiten notwendig. 2012 gehörten dem Deutschen Bundestag 620 Mitglieder an. Um eine Zweidrittelmehrheit zu erreichen, brauchte es die Zustimmung von 414 Abgeordneten. Die Regierungskoalition hatte 330 Mitglieder. Die Regierung war also darauf angewiesen, dass mindestens 84 Abgeordnete aus den Reihen der Opposition zustimmten. Je mehr Abweichler es gab, desto mehr Oppositionsabgeordnete mussten mobilisiert werden. Die 75 Mitglieder der Linksfraktion konnte die Regierung dabei von vorneherein abschreiben. Es würde also auf das Abstimmungsverhalten von SPD und Grünen ankommen. Bereits bei der Parlamentsdebatte zur EFSF-Ertüchtigung hatte die SPD gedroht:

> »Jede Abstimmung in diesem Parlament wird zu einem Lackmustest für diese Regierung. Über kurz oder lang werden Sie daran zerbrechen. Heute werden Sie vielleicht noch einmal die Mehrheit bekommen. Aber das wird nicht auf Dauer so sein.«[170]

Es stand immer die latente Drohung im Raum, dass die Opposition eine Euro-Abstimmung dazu benutzen könnte, um die bürgerliche Koalition in eine Regierungskrise zu stürzen. Es war genau diese Angst, die viele Kollegen von CDU/CSU und FDP davor zurückschrecken ließ, gegen die Rettungsmaßnahmen zu stimmen. Je mehr es rumorte, desto stärker wurde der koalitionsinterne Druck auf potenzielle Abweichler. Die Führung blies zum Gegenangriff und versuchte, ihre Euro-Rebellen mundtot zu machen.

Ende März 2012 gab ich dem *Handelsblatt* ein Interview, das mir einigen Ärger einbrachte. Obwohl der ESM ursprünglich einmal den temporären Rettungsschirm ablösen sollte, war nun geplant, dass die EFSF zunächst parallel zum ESM weiterlaufen sollte. Das Haftungsvolumen wurde auf diese Weise durch die kalte Küche noch einmal drastisch nach oben geschraubt. Das *Handelsblatt* wollte von mir wissen, wie ich vor diesem Hintergrund die Stimmungslage innerhalb der Fraktion einschätzte.

> »Mit Transparenz hat das wenig zu tun. Das wird zu kritischen Nachfragen bei meinen Kollegen führen. Die Regierung beschwichtigt. Aber viele kommen beim Thema ohnehin nicht mehr mit und hoffen, dass mit der ESM-Errichtung alles vorbei ist. [...] Die Regierung hat mehrmals versprochen, dass der deutsche Anteil am ESM die 190 Milliarden auf keinen Fall übersteigen wird. [...] Wenn das jetzt nicht mehr gelten soll, wird das vielen Kollegen nicht gefallen. [...] Wir sind ja alle auch in unseren Wahlkreisen unterwegs. Da findet sich kein Wähler, der die Schuldenunion befürwortet.«[171]

In dem Interview ließ ich durchblicken, dass ich bei Kollegen dafür warb, den ESM abzulehnen. Das sah auch mein Mitstreiter Manfred Kolbe so, der von der Fraktionsführung eine schriftliche Erklärung forderte, die die Entscheidung für alle Mitglieder der Fraktion nachvollziehbar mache. »Alles andere würde dem zunehmenden Eindruck Vorschub leisten, dass wir von der Bundesregierung nur noch als ›Präsenzvieh‹ betrachtet werden«, schloss Kolbe seinen Brief an unseren Fraktionsvorsitzenden Volker Kauder.[172] Die Bundesregierung brachte mit ihren Entscheidungen auf europäischer Ebene die Fraktionsführung im Bundestag zunehmend in Bedrängnis. Einen Tag nach meinem Interview im *Handelsblatt* hatte ich eine E-Mail von Norbert Barthle in meinem Posteingang. Kauder, Altmaier und Meister erhielten die E-Mail in Kopie. Die vier hatten offensichtlich zusammengesessen und vereinbart, mir die dunkelgelbe Karte zu zeigen.

Barthle erinnerte mich an die Arbeitsordnung unserer Fraktion, nach der sich nur die Sprecher und zuständigen Berichterstatter – im konkreten Fall war dies Barthle in Personalunion – öffentlich zu Fachthemen äußern dürften. Mein Verhalten würde gegen lang tradierte Regeln und eine Art Ehrenkodex unter Haushältern verstoßen. In Zukunft solle ich die Aufgabenverteilung innerhalb der Arbeitsgruppe respektieren und mich zum Thema Euro nicht mehr äußern.

Die Fraktionsführung hatte panische Angst, dass in der Öffentlichkeit der Eindruck entstand, meine Meinung sei die der Arbeitsgruppe Haushalt der CDU/CSU-Bundestagsfraktion. In unserer Arbeitsordnung heißt es zwar:

> »Die von der Fraktionsversammlung gewählten Vorsitzenden der Arbeitsgruppen leiten die Arbeitsgruppen; sie sind die verantwortlichen Sprecher der Fraktion für den Aufgabenbereich der Arbeitsgruppe und für die Arbeit der Fraktionsmitglieder in ihrem Ausschuss verantwortlich. Will ein anderes Fraktionsmitglied in diesem Sachgebiet eine Erklärung für die Fraktion abgeben, so ist vorher die Zustimmung des verantwortlichen Sprechers einzuholen.«[173]

Natürlich gibt es eine starke Arbeitsteilung. Nicht jeder kann sich mit allem beschäftigen, aber es ging hier um ein Thema, das bis ins letzte Dorf von Relevanz war. Die Fraktionsführung wollte mir einen Maulkorb verpassen. Ich ließ mir mit meiner Antwort etwas Zeit, um keinen unbedachten Schnellschuss abzufeuern:

> »Lieber Norbert,
>
> da Du – obwohl Dein Büro keine fünf Meter von meinem entfernt ist – den schriftlichen Weg zur Kommunikation gewählt hast, will ich Dir auch schriftlich antworten. Ohne mutmaßen zu wollen, kann ich nicht ausschließen, dass Du diesen ›Vorgang‹ belegbar haben möchtest, vor allem mit Blick auf die Kopieempfänger [Kauder, Altmaier und Meister; Anm. d. Verf.].
>
> Seit den ersten Diskussionen in der Fraktion im März 2010 habe ich meinen eigenen Standpunkt engagiert vorgetragen. Zugleich habe ich deutlich gemacht, dass ich in dieser Frage nicht der Fraktionsmehrheit folgen kann[.] [...]
>
> Nie habe ich bei meinen Äußerungen zum Themenbereich ›Eurorettung‹ den Eindruck erweckt, für die Fraktion zu sprechen. Anfangs habe ich auch meine

von der Fraktionsmehrheit abweichende Meinung kaum öffentlich mitgeteilt. Im Gegenteil war es so, dass angesichts der dogmatischen Konformität von CDU/CSU über FDP und SPD bis hin zu den Grünen die Medien aktiv nach Vertretern der in der interessierten Öffentlichkeit und der Wissenschaft mit großer Mehrheit vertretenen parlamentarischen Minderheitsmeinung gesucht haben.

In diesem Klima kam es auch zu dem Doppelinterview mit unserem 1. PGF Peter Altmaier und mir in der *Wirtschaftswoche* am 9. September 2011. Wenn dies ein Bruch der Arbeitsordnung gewesen wäre, hätte unser 1. PGF als für die Einhaltung unseres Regelwerkes Verantwortlicher sich gewiss nicht dazu bereitgefunden.

Ich habe bereits allerlei Unfug der Koalition mitgetragen, weil ich um die Bedeutung des Mehrheitsprinzips für den parlamentarischen Alltag weiß. In dieser Frage verbietet mir aber mein Gewissen, mich schweigend einzureihen, wofür ich um Verständnis bitte.

MfG und allen guten Wünschen zum Osterfest.

Dein KP«[174]

Eine Antwort auf diese E-Mail kam nicht mehr. Wenig später sprach ich Barthle noch einmal auf die E-Mail an. Da er aber eher ein konfliktscheuer Typ ist, wollte er das Thema nicht mit mir diskutieren.

Nach der Maulkorb-E-Mail kam die Maulkorb-Affäre. Wir Abweichler sollten nicht nur in den Medien den Mund halten, sondern auch nicht von unserem parlamentarischen Rederecht Gebrauch machen dürfen. Nachdem Bundestagspräsident Lammert Schäffler und mir gegen den Willen der Fraktionen Redezeit gewährt hatte, versuchten die Fraktionschefs, wieder Herren des Verfahrens zu werden. Noch während der EFSF-Debatte hatte Barthle die Entscheidung des Parlamentspräsidenten als »Ausweis einer besonderen demokratischen Kultur«, auf den »dieses Parlament auch stolz sein« könnte, vordergründig verteidigt.[175] Doch danach geriet Lammert von allen Seiten unter Beschuss. Volker Beck, der Parlamentarische Geschäftsführer der Grünen, der sich sonst sehr tolerant gibt und auch in fremden Ländern seine körperliche Unversehrtheit aufs Spiel setzt, um für Minderheitenrechte und Meinungsfreiheit einzutreten, sah das anders. Beck hatte ganz besonders viel Schaum vorm Mund. SPD-Haushälter Johannes Kahrs warf Lammert »Gutsherrenart« vor, während Kauder öffentlich über seinen Parteifreund staunte.[176] »Wenn alle reden, die eine von der Fraktion abweichende Meinung haben, bricht das System zusammen«, befürchtete der CDU/CSU-Bundestagsfraktionsvorsitzende.[177]

Der Vorgang landete beim Ältestenrat. Da traf es sich gut, dass dieser planmäßig jeden Donnerstag in der Sitzungswoche um 14 Uhr tagte. Meine Rede lag da noch keine drei Stunden zurück. Die 29 Mitglieder bilden ein fraktionsübergreifendes Gremium, das den Bundestagspräsidenten und seine Stellvertretern bei deren Arbeit unterstützen, prozedurale Fragen vorab klären sowie aufkommende Streitigkeiten schlichten soll. Kernaufgabe des Ältestenrates ist die Festlegung von Sitzungswochen und deren Tagesordnung. Aus diesem Grund sind die Parlamentarischen Geschäftsführer standardmäßig dort vertreten. Denn diese verabreden immer die Reihenfolge der Tagesordnung und die Dauer der einzelnen Debatten.

Gemäß der »Berliner Stunde« stand jeder Fraktion eine genau festgelegte Redezeit zur Verfügung. In der 17. Wahlperiode gab es 23 Minuten für die Union, 14 für die SPD und neun für die FDP. Grüne und Linke hatten jeweils sieben Minuten. Es lag also auf der Hand, dass sich die Parlamentarischen Geschäftsführer in ihrer Kernkompetenz durch Lammerts Vorgehen bedroht sahen. Wenn einzelnen Abgeordneten nun – über Kurzinterventionen oder Erklärungen zur Abstimmung hinaus – Redezeit gewährt würde, dann sprengte das das tradierte Fraktionsgefüge, argumentierten sie. Lammert verwies aber hartnäckig auf einen einschlägigen Kommentar zur Geschäftsordnung:

> »Für fraktionsangehörige Abgeordnete, die eine von der Fraktionslinie abweichende Meinung vortragen wollen (›Abweichler‹), gilt das für fraktionslose Abgeordnete Ausgeführte weitgehend entsprechend. Unabhängig davon, ob sie von ihrer Fraktion als Redner gemeldet werden oder sich selbst in der Aussprache zu Wort melden, muss der Präsident Ihnen mit Rücksicht auf ihr verfassungsrechtlich garantiertes Rederecht das Wort erteilen.«[178]

Diesen Einwand wollte der Ältestenrat jedoch nicht gelten lassen, für jede Meinung würde es schließlich einen juristischen Kommentar geben. Ein in die gleiche Kerbe schlagendes Urteil des Bundesverfassungsgerichts vom 14. Juli 1959 liege zu lange zurück und sei daher nicht mehr einschlägig. Auch Lammerts Hinweis, wie sehr ihn der geballte Gegenwind aus allen Fraktionen irritierte, obwohl es doch eigentlich dem Selbstverständnis des Parlaments entsprechen müsste, in einer so zentralen und in der Öffentlichkeit derart diskutierten Debatte auch andere Meinungen anzuhören, fand kein Gehör. Vielmehr erregten sich die anwesenden Abgeordneten darüber, dass Schäffler und ich von Lammert in Form von Redezeit sogar eine Belohnung für unser Dissidententum erhalten hätten. Nur mein Kollege Nobert Geis (CSU) unterstützte Lammerts Position.

Lammert blieb standhaft. In einer ähnlichen Situation würde er wieder so entscheiden. Der Ältestenrat stellte dann fest, dass eine Regelungslücke bestand, die geschlossen werden sollte. Das war eine Aufgabe für den Ausschuss für Wahlprüfung, Immunität und Geschäftsordnung. Bis dahin sollte der Parlamentspräsident nur von den Fraktionen benannte Abgeordnete auf die Rednerliste setzen. Volker Beck war das nicht genug. Lammert solle seinen Fehler eingestehen und erklären, dass dies ein einmaliger Ausrutscher gewesen sei. Lammert wies diese unbotmäßige Forderung ausdrücklich zurück.

Der Vorsitzende des Geschäftsordnungsausschusses, Thomas Strobl, stellte sich hinter den Bundestagspräsidenten. Mir Rederecht zu gewähren, sei »angebracht und sogar notwendig« gewesen, wurde Strobl in der Bundestagseigenen Wochenzeitung *Das Parlament* zitiert.[179] Wenn sich schon Strobl so äußerte, dann schien es wirklich keinen juristischen Spielraum zu geben. Denn Strobl hatte als Schäubles Schwiegersohn mit Sicherheit kein Interesse daran, dass Schäffler oder ich die Politik seines Schwiegervaters im Plenum unter Beschuss nahmen. Lammerts Demokratieverständnis kannte keine Rede ohne Widerrede, das Grundgesetz nur frei gewählte Abgeordnete, aber keine Fraktionen. Der Bundestagspräsident war zumindest juristisch rehabilitiert, politisch war die Angelegenheit noch nicht ausgestanden.

Die Beratungen im Geschäftsordnungsausschuss waren schwierig. Die einfachste Möglichkeit wäre gewesen, Abweichler aus dem Fraktionskontingent Redezeit zu geben. Doch das wollten gerade die kleinen Fraktionen nicht. Es gab eine Reihe grundsätzlicher Fragen. So war zum Beispiel der Zeitpunkt von Bedeutung. Die Abweichler mussten vor der Abstimmung im Plenum vortragen dürfen. Auch wurde die Möglichkeit einer Gruppenbildung diskutiert. Ein Abweichler sollte für alle anderen sprechen. Aber hier sah der Ausschuss bereits Umsetzungsschwierigkeiten in der Praxis.

Am 22. März 2012 beschloss der Geschäftsordnungsausschuss mit den Stimmen von CDU/CSU, FDP und SPD, die Geschäftsordnung des Deutschen Bundestags um einen Satz zu ergänzen: »Abweichend von dieser Vereinbarung kann der Präsident im Benehmen mit den Fraktionen weiteren Rednern [...] das Wort für in der Regel drei Minuten erteilen.«[180] Lammert stellte sich auf die Hinterbeine, die Änderung der Geschäftsordnung sei weder »notwendig noch [...] angemessen.«[181] Dazu sollte sie gemäß einer internen Vereinbarung auch noch ohne Debatte beschlossen werden, um keine mediale Diskussion aufkochen zu lassen. Doch das ging gewaltig in die Hose. Der Vorgang wurde an die Presse durchgestochen. Einige sahen Lammert selbst am Werk, als die *Süddeutsche Zeitung* am 30. März 2012 titelte: »Maulkorb für Abweichler«.

Ganz ehrlich war die Diskussion nicht. Denn bisher konnten Abgeordnete ohne den Segen der Fraktion de facto gar nicht reden, jetzt sollte es immerhin drei Minuten geben. Es kochte wohl über, weil nicht ganz klar war, ob die drei Minuten Redezeit vor oder nach der Abstimmung gewährt werden sollten. Zu diesem Missverständnis kam es, weil der Ausschuss in einem Rutsch auch die Möglichkeit, nach einer Abstimmung mündliche Erklärungen abzugeben, stark einschränkte. Das zielte auf die Linken ab, die dieses Instrument ausgiebig nutzten. Die Abweichler, um die es in der »Maulkorb-Debatte« ging, sollten aber »gemäß den Grundsätzen des § 28 Abs. 1 der Geschäftsordnung« – also im Rahmen der Debatte – Redezeit bekommen. Ich glaube, der ganze Rummel wäre nicht so entbrannt, wenn man fünf Minuten in die Geschäftsordnung geschrieben hätte. Drei Minuten sind schon sehr wenig. Das war eine klar beabsichtigte symbolische Herabsetzung. Im

Deutschlandfunk beklagte ich den Umgang der Fraktionsführung mit den Abgeordneten:

>Die Fraktionsgeschäftsführer, die betrachten das Parlament so als Gegenstand ihrer eigenen Inszenierung, wo sie selbst Intendant sein wollen. Aber das ist nicht das Bild des Abgeordneten, das das Grundgesetz hinterlegt hat. [...] Wir sind ja nicht in Weißrussland oder in Kuba. [...] Ich habe mich gefragt, wie das denn weitergeht, ob als Nächstes das Publizierungsverbot und dann der Hausarrest kommen soll, oder was?«[182]

Das war natürlich stark übertrieben dargestellt. Ich setzte für mein abweichendes Abstimmungsverhalten zwar meine politische Karriere, nicht aber mein Leben oder die körperliche und seelische Unversehrtheit meiner Familie aufs Spiel. Die *FAZ* legte mir später sogar einen Nordkorea-Vergleich in den Mund, den ich aber nie gezogen hatte.[183] Auch wenn ich gegenüber dem Deutschlandfunk angab, nicht gemobbt zu werden, so machten Interviews wie dieses mich in den Führungskreisen der Fraktion nicht gerade beliebter. Am nächsten Tag wurde Altmaier im Deutschlandfunk gefragt, wie es sich anfühle mit Fidel Castro und Alexander Lukaschenko verglichen zu werden.[184]

Die Geschäftsführer wollten sich medial nicht weiter grillen lassen. Das große Rückzugsmanöver setzte ein. »Die Entscheidung in dieser Angelegenheit ist bislang nicht gefallen und wird kurzfristig auch nicht erfolgen«, ließen Altmaier und sein Kollege Jörg van Essen (FDP) die Öffentlichkeit wissen.[185] »Wir hätten von uns aus stärker die öffentliche Debatte suchen müssen, um klarzumachen, was eigentlich intendiert war«, gab sich Altmaier im Deutschlandfunk kleinlaut.[186] »Diese Vorschläge sind nicht ausgereift und werden so nicht kommen«, sagte sein Pendant von der SPD, Thomas Oppermann.[187]

Am 16. April 2012 tagte das CDU-Präsidium. Mein hessischer Landesvorsitzender Volker Bouffier forderte dort genauso wie Norbert Röttgen, der damals CDU-Spitzenkandidat für die anstehende Landtagswahl in Nordrhein-Westfalen war, ein Ende der Maulkorbpläne. Ins selbe Horn stieß der Vorsitzende der Jungen Union, Philipp Mißfelder: »Ich bin kategorisch gegen diesen Vorschlag«, sagte er gegenüber der *Welt* und mahnte zu »mehr Gelassenheit mit abweichenden Meinungen und mit dem Redewunsch einzelner Abgeordneter«.[188] Merkel höchstpersönlich ordnete schließlich das Einstampfen der Maulkorb-Pläne an.[189] Als der Wind stark genug blies, flatterte auch Seehofers Fähnchen erwartungsgemäß im Wind: »Es ist geradezu absurd, wenn im Bundestag jetzt versucht wird, das Rederecht von Abgeordneten mit abweichender Meinung zu beschneiden. Das ist eine Entmündigung des Parlaments. Ich würde mir das als Abgeordneter nicht gefallen lassen«, sagte der bayerische Ministerpräsident in einem *BILD*-Interview.[190]

Das Ende der Maulkorb-Affäre lässt sich ziemlich genau auf Mittwoch, 18. April 2012, 16:09 Uhr terminieren, als van Essen verkündete: »In dieser Legislaturperiode wird es keine Änderung der Geschäftsordnung des Deutschen Bundestages zum Rederecht der Abgeordneten geben. Angekündigte interfraktionelle Beratungen in der nächsten Woche werden deshalb mit uns nicht stattfinden.«[191] Die Affäre hatte noch ein skurriles Nachspiel. Im Referat für Öffentlichkeitsarbeit im Deutschen Bundestag können Abgeordnete Informationsmaterialien, kleine Souvenirs und Medien zur Weitergabe an Besuchergruppen und interessierte Bürger bestellen. Irgendwann konnte man dort auch das Büchlein *»Oder gilt das nur in Demokratien?«*[192], eine kleine Geschichte der Maulkorb-Affäre in Form von Bürgerbriefen und E-Mails an den Bundestagspräsidenten, ordern. Vielleicht war dies ein verspäteter Seitenhieb von Lammert an seine Kritiker.

DAS RINGEN UM DIE PRIVATSEKTORBETEILIGUNG

Das Euro-Krisenjahr 2012 steuerte mit den Abstimmungen über den Europäischen Stabilitätsmechanismus und Fiskalvertrag auf seinen politischen Höhepunkt zu. Die ESM-Verhandlungen zogen sich lange hin. Bereits auf den beiden Gipfeltreffen der Staats- und Regierungschefs der Eurozone war Ende 2010 beschlossen worden, einen ständigen Krisenmechanismus zur Wahrung der Finanzstabilität des Euro-Währungsgebietes insgesamt einzurichten, der den zeitlich befristeten Rettungsschirm ab Juni 2013 ablösen sollte. Bereits bestehende Programme sollten noch unter dem EFSF-Regime abgeschlossen werden. Im EFSM waren zwar noch 12,5 Milliarden Euro übrig, doch Großbritannien hatte bereits 2011 angekündigt, dass es sein Veto gegen die Vergabe weiterer Kredite aus diesem EU-Topf einlegen würde.

Zwar hatte Merkel in ihrer Regierungserklärung am 27. Oktober 2010 im Deutschen Bundestag versprochen, dass die EFSF nicht der »Referenzfall für die Zukunft« sein werde,[193] doch der ESM baute nicht nur auf dem temporären Rettungsschirm auf, sondern sollte auch »nach den Regeln der derzeitigen EFSF funktionieren«.[194] Zwischen EFSF und ESM bestanden nur institutionelle Unterschiede. Mit dem ESM sollte eine völkerrechtliche Institution geschaffen werden, die EFSF war eine privatrechtliche Zweckgesellschaft.

Auf dem Treffen des Europäischen Rates vom 24./25. März 2011 wurden weitere Details vereinbart: Der ESM sollte mit insgesamt 700 Milliarden Euro ausgestattet werden. Dieser Betrag splittete sich in eine Bareinlage in Höhe von 80 Milliarden Euro und weitere 620 Milliarden Euro abrufbares Kapital in Form von Garantien auf. Dadurch sollte ein effektives Darlehensvolumen mit einem AAA-Rating in Höhe von 500 Milliarden Euro erreicht werden. Der deutsche Haftungsanteil betrug absolut

190 Milliarden Euro; 21,7 Milliarden Euro davon mussten bar eingezahlt werden.

Am 6. April 2011 wurde der Bundesrechnungshof vonseiten des Haushaltsausschusses um einen Bericht gebeten, inwiefern sich eine ESM-Mitgliedschaft auf den Bundeshaushalt auswirkte und sich mit dem Budgetrecht vereinbaren ließ: Die Gewährung einer Finanzhilfe und deren Bedingungen, die Darlehenskapazität sowie eine mögliche Änderung des ESM-Instrumentariums sollten im gegenseitigen Einvernehmen beschlossen werden. Alle anderen Beschlüsse sollten mit einer qualifizierten Mehrheit, die bei 80 Prozent der Stimmen erreicht war, getroffen werden. Deutschland hatte mit seinem Stimmenanteil von knapp über 27 Prozent also eine Sperrminorität. Voraussetzung war allerdings immer, dass der deutsche Vertreter im Gouverneursrat (Finanzminister) beziehungsweise im Direktorium (Finanzstaatssekretär) überhaupt anwesend war. Im Internet kursierten zu diesem Aspekt die wildesten Szenarien. Es wurde die Befürchtung gestreut, dass man den deutschen Vertreter quasi auf der Toilette einsperren könnte, um dann einvernehmlich den ESM zu plündern.

Der Bundesrechnungshof wies uns aber auf eine ganz andere Schwachstelle des ESM-Vertrages hin. Die Entscheidung über eine Nachschusspflicht sollte mit einfacher Mehrheit getroffen werden können, wenn ein ESM-Mitgliedstaat im Fall der Fälle seinen Beitrag nicht oder nicht pünktlich leisten konnte oder wollte. Hier kamen zwei Fälle in Betracht: Sollte die Bareinlage ausreichen, um die Gläubiger zu befriedigen, konnte mit einfacher Mehrheit die Wiederauffüllung der Einlage gemäß Kapitalschlüssel beschlossen werden. Der zweite Fall war noch extremer: Wenn die Bareinlage nicht ausreichte, sollte automatisch – also komplett ohne vorherige Abstimmung – Kapital nachgeschossen werden. Und diese Blanko-Einzugsermächtigung sollte der Bundestag unterschreiben. Der Bericht des Bundesrechnungshofes löste heftige Diskussionen im Ausschuss aus. Schäuble warf Schneider vor, gezielt Fehlinterpretationen in der Öffentlichkeit zu streuen. Man solle erst einmal die entsprechenden Gesetzentwürfe zum ESM abwarten. Innerhalb des parlamentarischen Beratungsverfahrens könne man sich dann auch dem Thema Parlamentsbeteiligung widmen, so Schäuble.

Nur wenn der Bundestag jetzt die Initiative ergriff, konnte er sich noch inhaltlich einbringen. Ich regte mehrmals an, die Auszahlung der Tranchen prozentual nach Fortschritt bei der Umsetzung der vereinbarten Maßnahmen zu staffeln. Nach Ansicht der Bundesregierung könnte mein Vorschlag dazu führen, dass ein Land zu 100 Prozent unter Wasser gerate, wenn man beispielsweise 20 Prozent einer Tranche nicht ausgezahlt hätte, weil nur 80 Prozent der Auflagen erfüllt waren. Unter dem Strich sei das Ergebnis dann dasselbe, als wenn gar kein Geld geflossen wäre. So konnte aber jedes Land davon ausgehen, dass die Tranchen früher oder später ausgezahlt wurden. Stärkere Fehlanreize kann man gar nicht setzen. Der Bundestag versuchte in einigen Fällen, der Bundesregierung konkrete Arbeitsaufträge mit zu den ESM-Verhandlungen zu geben. In einem Entschließungsantrag stellte das Parlament sieben Forderungen auf.[195] So sollten zum Beispiel ESM-Hilfen gekürzt oder gestrichen werden, wenn Auflagen nicht erfüllt würden. Die Länder sollten ihre Bankensektoren durch Eigenkapitalstärkung und nationale Restrukturierungsregeln festigen. Das sollte verhindern, dass zu früh nach ESM-Geldern zur Bankenrekapitalisierung geschielt wurde. Auf dem ECOFIN wurde kaum etwas davon beschlossen.

Die Bundesregierung wollte den Einfluss des Parlaments oder des Bundesrechnungshofes auf die laufenden Verhandlungen unter allen Umständen möglichst gering halten. Dass über den ESM womöglich mit Zweidrittelmehrheit entschieden werden sollte, war Schäuble ein Dorn im Auge. In einem einschlägigen Gutachten hatten die Wissenschaftliche Dienste des Deutschen Bundestages zudem erhebliche europa- und verfassungsrechtliche Bedenken gegen den ESM erhoben:

> »Aufgrund des unbestimmten, offenen Wortlauts des Art. 136 Abs. 3 AEUV ist die Reichweite der Ermächtigung zur Einrichtung eines Stabilitätsmechanismus kaum vorhersehbar. Legt man dem ESM die Struktur der EFSF zugrunde, würde Art. 136 Abs. 3 AEUV zu einem Mechanismus führen, unter welchem bei einer Inanspruchnahme aus der Bürgschaft massiv in den Staatshaushalt eingegriffen werden kann, ohne dass das Parlament Einfluss auf die Zahlungsverpflichtung nehmen kann.«[196]

Das Gutachten hatte irgendwie seinen Weg in die Presse gefunden, was Schäuble, der am gleichen Tag im Haushaltsausschuss war, die Zornesröte ins Gesicht trieb. Das Handelsblatt hatte die ganze Geschichte richtig groß aufgezogen und auf Seite 1 getitelt:

»Ein Gutachten des Deutschen Bundestags warnt die Fraktionen, einen Euro-Rettungsschirm einzurichten: Deutschland würde ›unwiderrufliche Garantien‹ für andere Staaten abgeben. Der Rechnungshof sieht das deutsche Budgetrecht in Gefahr.«[197]

Schäuble sprach intern von einem Missbrauch der Ausarbeitung der Bundestagsjuristen. Den Versuch einer Zeitung, die Verhandlungen der Bundesregierung mithilfe eines zehn Wochen alten Gutachtens in ein schlechtes Licht zu rücken, könne er nicht nachvollziehen. Außerdem habe die Bundesregierung im Haushaltsausschuss bereits hinreichend deutlich gemacht, dass für das Ratifizierungsgesetz keine Zweidrittelmehrheit notwendig sei.

Einige Zeit später luden Schäffler und ich mit Professor Hanno Kube einen Staats- und Europarechtler zu einem Vortrag in den Bundestag ein, um mit ihm die europa- und verfassungsrechtliche Beurteilung des ESM zu diskutieren. Kube argumentierte wie die Bundestagsjuristen. Mit einer Zustimmung zum ESM übertrage der Bundestag Hoheitsrechte an den ESM-Gouverneursrat. Das Grundgesetz müsse daher geändert werden, wofür in Bundestag und Bundesrat jeweils Zweidrittelmehrheiten notwendig waren. Das Verhalten der Bundesregierung brandmarkte der Juraprofessor als »Überfall auf das Parlament«.[198]

Vorlagen und Zwischenstände wurden in der Regel verspätet und nicht übersetzt an den Haushaltsausschuss weitergeleitet. Schäuble gab einmal sogar offen zu, dass dies ganz bewusst erfolge. Einmal hätte er dem Bundestag einen Entwurfstext übermittelt, um dann am nächsten Tag »völlig wirre Spekulationen« darüber in den Medien zu finden. Das habe ihn zurückhaltend gemacht. In vielen Fällen stellte die Bundesregierung Unterlagen in der Geheimschutzstelle des Bundestages ein. In sitzungsfreien Wochen war es den Abgeordneten de facto nicht möglich, die Dokumente in Augenschein zu nehmen. Zugang zu den Materialien hatten zudem auf Wunsch des BMF nur die geheimschutzüberprüften Mitarbeiter der Fraktionen, nicht aber die der Abgeordneten.

Zumindest dies konnte ich später mithilfe des Bundestagspräsidenten ändern.[199]

Einige von uns besorgten sich die Unterlagen und Verhandlungsstände über das österreichische Parlament, das von der eigenen Regierung viel schneller und umfassender unterrichtet wurde. In vielen Fällen bekamen wir kurzfristig englischsprachige Tischvorlagen, was meist Sitzungsunterbrechungen nach sich zog. Ein kritisches Reflektieren war so nicht möglich. Dazu waren Rücksprache und Recherche notwendig. Einmal platzte sogar Barthle der Kragen. Weil das BMF es nicht innerhalb von zwei Tagen geschafft hatte, Unterlagen auf Deutsch übersetzen zu lassen, warf er Kampeter an den Kopf, er könne dem Ministerium ein paar gute Übersetzer empfehlen. Es mag teilweise kleinlich erscheinen, dass wir auf die Vorlage deutscher Dokumente bestanden. Aber zum einen dürfen fremdsprachige Dokumente gar keine Entscheidungsgrundlage darstellen und zum anderen gab es auch Abgeordnete, die nur wenig Englisch sprachen. Unabhängig davon wurde in manchen Fällen heftig über die Auslegung einzelner Worte in der eigenen Sprache gerungen. Wer konnte da schon für sich in Anspruch nehmen, die Bedeutungsschwere einiger Fachtermini auf Englisch zu begreifen?

Es gab aber auch immense organisatorische Probleme innerhalb des Haushaltsausschusses. So knallte es zum Beispiel in der Sitzung am 13. April 2011, weil die Kollegen aus dem Finanzausschuss einige Unterlagen viel früher erhalten hatten als wir Haushälter. Das BMF konnte dann aber nachweisen, dass den Ausschusssekretariaten die Unterlagen zeitgleich mit derselben E-Mail übermittelt wurden. Auch unser Sekretariat war völlig überlastet. Die Opposition konnte das aber nicht ausschlachten, weil die Ausschussvorsitzende die SPD-Abgeordnete Petra Merkel war. Die Stimmung war in dieser Zeit häufig sehr gereizt. Die inhaltliche Auseinandersetzung blieb dabei in vielen Sitzungen auf der Strecke. Ich warb bei Lammert erfolglos um die Erhöhung der Mitarbeiterpauschale für Haushälter.

Der ESM beinhaltete kein Insolvenzverfahren für Staaten. Er sollte Staatsinsolvenzen um jeden Preis verhindern und nicht – wie von Merkel einst angekündigt – regeln. »Kredite mit Auflagen des ESM gehören [...] in die

Rubrik Insolvenzverschleppung«,[200] mahnte Professor Kai Konrad, von 2011 bis 2014 Vorsitzender des Wissenschaftlichen Beirats beim BMF, als die ersten Konturen des neuen Rettungsschirms bekannt wurden.

Sein »wissenschaftliches Gewissen« könnte sich das BMF auch sparen, denn Gehör schenkte es ihm nicht. Nachdem die ersten Verhandlungsrunden zum ESM im März 2011 gelaufen waren, verfassten die Mitglieder des Wissenschaftlichen Beirats einen Brandbrief an Schäuble. Darin hieß es:

> »Diese Vereinbarungen sind Besorgnis erregend. [...] Mit dem ESM wird eine Institution geschaffen, die zwar kurzfristig eine Stabilisierung der Finanzmärkte bewirkt, gleichzeitig aber die Fehlsteuerung in der Finanzpolitik und auf den Kapitalmärkten verfestigt. Finanzhilfen fließen in Länder mit maroden Staatsfinanzen. Diese Hilfen werden von den Steuerzahlern in den Ländern mit solideren Staatsfinanzen getragen. Das nimmt der Politik Anreize, Verschuldungs- und Finanzkrisen vorzubeugen, sowohl in den Ländern, die Hilfen empfangen, als auch in den Ländern, die Hilfen leisten. Daran ändern die an die Hilfen gebundenen Konditionen für die Nehmerländer wenig. Zudem behalten private Investoren ein falsches Risikoverhalten bei. Das begünstigt beispielsweise die vielfach beklagte Sozialisierung der Verluste bei Privatisierung der Gewinne.«[201]

Wenn die Bundesregierung auch bei der Etablierung eines staatlichen Insolvenzverfahrens mit ihren »Berliner-Club«-Plänen vollständig scheiterte, so konnte sie immerhin zunächst eine Privatsektorbeteiligung und die Erarbeitung von Collective Action Clauses erreichen. Deutschland habe zusammen mit den Niederlanden, Finnland und ein paar anderen Ländern eine Gläubigerbeteiligung auf Einzelfallbasis durchsetzen können. Das sei aber weiter der schwierigste und umstrittenste Punkt, berichtete die Bundesregierung bereits im Dezember 2010 im Haushaltsausschuss. Auf den Treffen der Staats- und Regierungschefs der Eurozone am 11. März 2011 wurde folgende Vereinbarung getroffen:

> »Wenn ein begünstigter Staat Finanzhilfe erhält, wird je nach Einzelfall eine Beteiligung des Privatsektors in angemessener und verhältnismäßiger Form erwartet. Art und Ausmaß dieser Beteiligung werden von Fall zu Fall festgelegt und hängen vom Ergebnis einer Schuldentragfähigkeitsanalyse im

Einklang mit der IWF-Praxis und von den potenziellen Auswirkungen auf die Finanzstabilität des Euro-Währungsgebiets ab.«[202]

In der IWF-Praxis gilt eine Verschuldung als tragbar, wenn ein Programmland in der Lage ist, seine Schulden »ohne eine unrealistisch hohe Korrektur seiner Einnahmen und Ausgaben zu bedienen.«[203] Im Haushaltsausschuss wurden dann auch schon die ersten Schlupflöcher offengelegt. Wenn die Schuldentragfähigkeit noch grundsätzlich gegeben war, sollte der Privatsektor nur auf freiwilliger Basis zur Kasse gebeten werden. Bei negativer Schuldentragfähigkeitsanalyse sollte die Beteiligung automatisch erfolgen, sagte Kampeter am 6. April. Das ermöglichte viel Interpretations- und Verhandlungsspielraum. Die Bundesregierung werde aber keinen ESM-Vertrag unterschreiben, der hinter das bereits Beschlossene zurückfiel. Die europäischen Partner wüssten dies genau. Auch unterschiedliche Vertragsentwürfe, die teils verschiedene Verhandlungsstände widerspiegelten, würden daran nichts ändern. »Die Bundesregierung steht zu dem, was sie gesagt hat, was beschlossen worden ist und wird davon nicht abrücken«, versprach Schäuble im Haushaltsausschuss am 11. Mai 2011.

Aber je länger die Verhandlungen andauerten, desto weicher wurden die einschlägigen Formulierungen. Kampeter erklärte am 25. Mai im Haushaltsausschuss ausweichend, dass es verhandlungstaktisch nicht ratsam sei, die Veränderungen im Detail zu erläutern. Und Schäuble selbst zeigte zunehmend Verständnis für die Position der anderen. Im ECOFIN habe man vereinbart, bei der Privatsektorbeteiligung nicht gegen den Willen der EZB zu handeln oder gar öffentlich mit ihr darüber zu streiten. Die Bundesregierung habe von Anfang an versucht, die Beteiligung der Privaten voranzutreiben; die ganze Diskussion habe aber auf einmal eine völlig neue Dynamik bekommen, klagte Schäuble am 9. Juni. Gemäß Art. 12 Abs. 2 des ESM-Vertragsentwurfs vom Juni 2011 sollte – auch bei negativer Schuldentragfähigkeitsanalyse – nur noch die Pflicht bestehen, mit den privaten Gläubigern »bona fide aktive Verhandlungen aufzunehmen, die darauf abzielen, sie unmittelbar in die Wiederherstellung einer tragbaren Verschuldung einzubeziehen.« Die automatische Gläubigerbeteiligung war herausverhandelt worden. Aber auch diese Formulierung blieb umstritten.

Ende Oktober 2011 äußerte das BMF die Befürchtung, dass viele Staaten bereits vereinbarte Punkte neu verhandeln wollten. Die Bundesregierung wolle jedoch nicht die Schlachten der Vergangenheit noch einmal schlagen. Bis Jahresende sollte die Privatsektorbeteiligung in trockene Tücher gebracht werden. Am 9. November 2011 beklagte sich Schäuble im Ausschuss über einige Mitgliedstaaten, die punktuelle Veränderungen am ESM-Vertragsentwurf dazu missbrauchten, um alte Forderungen wieder auf den Tisch zu legen. Schäuble habe persönlich klargestellt, dass es für die Bundesregierung kein Abweichen von getroffenen Vereinbarungen gebe.

Am 30. November kündigte Kampeter im Haushaltsausschuss an, dass die Bundesregierung auf dem Ratsgipfel am 9. Dezember 2011 das Thema Privatsektorbeteiligung in ihrem Sinne klären würde, wenn nicht sogar schon im Vorfeld. Bei Barthle rief das Genugtuung hervor: Auch wenn andere dies immer versuchten, an der deutschen Position werde nicht gerüttelt, sagte unser haushaltspolitischer Sprecher.

Der Europäische Rat beschloss, den bisherigen ESM-Vertragsentwurf und den dazugehörigen Zeitplan komplett zu überarbeiten. Weil der Verlust des französischen Spitzenratings drohte, sollte der ESM bereits im Juli 2012 seine Arbeit aufnehmen. Auf eine Nachfrage zu der Privatsektorbeteiligung entgegnete Kampeter am 14. Dezember 2011 im Haushaltsausschuss, dass man zum Inhalt des ESM-Vertrages keine näheren Angaben machen könne. Die Überarbeitungen hätten gerade erst begonnen. Die Beteiligung der Privatgläubiger sei aber intensiv erörtert worden. Die Märkte hätten auf die ganze Diskussion mit einem Käuferstreik reagiert. Auch eine EFSF-Anleihe sei deswegen schlecht gelaufen. Schäuble habe diesen Zusammenhang auch klar benannt. Der Schuldenschnitt in Griechenland sei ein einmaliges Ereignis und nicht auf andere Staaten übertragbar.

Kampeter hatte damit einen unglaublichen Kurswechsel der Bundesregierung eher beiläufig offenbart. Schäuble war nicht nur von der deutschen Kernforderung abgerückt, sondern hatte sich auch noch die Gegenposition zu eigen gemacht. Diese katastrophale Nachricht ging aber vollkommen unter, weil in der gleichen Sitzung die Aufstockung der IWF-Mittel durch die Bundesbank diskutiert worden war. Dann waren erst einmal einige Wochen Weihnachtspause, während der im Finanzministerium Überstunden abgebaut und in Brüssel vollendete Tatsachen geschaffen wurden.

Im neuen Jahr wurde der Ton rauer. Als ich beim Thema Privatsektorbeteiligung hartnäckig nachfragte, hielt Kampeter mir brüsk entgegen, dass die Meinung eines Klaus-Peter Willsch europaweit nicht konsensfähig wäre. Es dürfte nicht das falsche Signal gesendet werden, dass Staatsschuldentitel ausfallen könnten. Nur in absoluten Extremsituationen dürfe in die Eigentumsverhältnisse der Investoren eingegriffen werden. Alles andere provoziere nur einen Käuferstreik, sagte Kampeter am 25. Januar 2012 im Haushaltsausschuss. Auch sollte der ESM die Hilfsgelder fast zum Nulltarif an die Schuldenstaaten weitergeben. Die einschlägige Anlage zur ESM-Zinspolitik fehlte im neuen Vertragsentwurf komplett.

Am 30. März 2012 beschlossen die Finanzminister der Eurozone, das Gesamthaftungsvolumen von ESM und EFSF auf 700 Milliarden Euro auszuweiten. Bisher hatte die Bundesregierung immer versichert, dass das Gesamthaftungsvolumen beider Rettungsschirme bei additiv 500 Milliarden Euro liege. Die begonnen Programme sollten noch unter dem temporären Rettungsschirm abgewickelt werden, bis dahin sollte jedoch das ESM-Haftungsvolumen entsprechend beschränkt bleiben. Nun sah die Rechnung auf einmal so aus: laufendes EFSF-Programm (200 Milliarden Euro) + ESM-Garantierahmen (500 Milliarden Euro) = 700 Milliarden Euro. Und es bestand die mehr als theoretische Gefahr, dass bis zum Inkrafttreten des ESM nach Irland, Portugal und Griechenland noch weitere Schuldenstaaten Hilfsanträge bei der EFSF stellen würden. Der deutsche Haftungsanteil betrug jetzt – inklusive erstes Griechenlandpaket und EFSM – 310,3 Milliarden Euro. Diese Zahl lag uns Haushältern schwarz auf weiß am Ende einer Rechnung des Bundesrechnungshofes vor, wobei die Risiken in der Bilanz der EZB und die Aufstockung der IWF-Mittel gar nicht berücksichtigt worden waren.

DER FISKALVERTRAG

Parallel zu der Neuverhandlung des ESM fiel auf dem Ratsgipfel vom 9. Dezember 2011 auch der Startschuss für einen »Vertrag über Stabilität, Koordinierung und Steuerung in der Wirtschafts- und Währungsunion«. Dabei handelte es sich um einen völkerrechtlichen Vertrag zur Stärkung der Haushaltsdisziplin. Die Unterzeichnerstaaten verpflichteten sich, innerhalb eines Jahres nach Inkrafttreten des Vertrages nationale Schuldenbremsen zu etablieren. Die Bundesregierung drang darauf, dass dies analog zu Deutschland in Form einer Verankerung in der Verfassung zu erfolgen habe. Der Formulierung »Verfassungsrecht oder vergleichbares Recht« wurde aber in späteren Verhandlungsrunden das schöne Wort »vorzugsweise« vorangestellt.

Einige Mitgliedstaaten, deren Verfassung nur infolge einer Volksabstimmung geändert werden konnte, schreckten vor diesem Schritt zurück, weil ein solches Plebiszit einer Abstimmung über die Euro-Rettungspolitik gleichkäme. Solche Bedenken wurden ausdrücklich von Irland und Finnland geäußert. Die Bundesregierung klagte im Haushaltsausschuss darüber, dass so aus der gewünschten Verbindlichkeit ein »Wunschkonzert« werde. Mit unklaren Bekenntnissen könne man nicht das Vertrauen von Investoren in Asien oder der Pensionsfonds in Amerika gewinnen, befürchtete der neue Finanzstaatssekretär Thomas Steffen, der dem in das Direktorium der EZB gewechselten Asmussen nachgefolgt war.

Die Schuldenbremsen sollten nun in »verbindlicher und dauerhafter Art«, »vorzugsweise mit Verfassungsrang« Eingang in die nationale Gesetzgebung finden, hieß es als Kompromiss in Art. 3 Abs. 2 des Fiskalvertrages. Das jährliche strukturelle Defizit, also der Teil des jährlichen Defizits, der nicht auf konjunkturelle Schwankungen oder befristete beziehungsweise Einmaleffekte zurückzuführen ist, durfte 0,5 Prozent des

BIP nicht überschreiten. Ausnahmen waren nur vorgesehen, wenn der Schuldenstand eines Landes deutlich unter 60 Prozent lag. Um Abweichungen vom Zielwert sofort entgegensteuern zu können, sollte auf Nationalstaatsebene ein Korrekturmechanismus eingeführt werden.

Im Fiskalvertrag war auch ein Klageverfahren vor dem Europäischen Gerichtshof zur Durchsetzung der Schuldenbremse vorgesehen. Die Bundesregierung hatte vorgeschlagen, der Kommission das Klagerecht bei Vertragsverletzungen einzuräumen, damit sich die Mitgliedstaaten nicht gegenseitig verklagen mussten. Heraus kam ein schlechter Kompromiss. Wenn die Kommission Verstöße feststellte, war das Präsidentschafts-Trio des Europäischen Rates innerhalb von drei Monaten zur Klageerhebung vor dem EuGH verpflichtet. Da eine Ratspräsidentschaft nur sechs Monate dauert, sollte auf diese Weise verhindert werden, dass eine Klage einer Diskontinuität zum Opfer fällt. Neben der aktuellen Ratspräsidentschaft gehören dem Trio noch die beiden Staaten an, die davor und danach die Präsidentschaft inne hatten beziehungsweise haben. Wenn auch das Klageverfahren bei dem säumigen Staat nichts bewirken würde, sollte eine saftige Geldstrafe in Höhe von 0,1 Prozent des BIP verhängt werden. So müssten zum Beispiel Deutschland und Frankreich rund 28 Milliarden beziehungsweise 21 Milliarden Euro Strafe zahlen.

Um politischen Kuhhändeln einen Riegel vorzuschieben, sah der Fiskalvertrag auch eine Änderung beim Abstimmungsmodus im Europäischen Rat vor. Wenn die EU-Kommission ein Defizitverfahren einleitete, waren die anderen Mitgliedstaaten verpflichtet, die Kommission zu unterstützen, wenn sich nicht eine qualifizierte Mehrheit dagegen aussprach. Staaten, die sich in einem Defizitverfahren befanden, mussten sich Anpassungsprogramme auferlegen, die von Rat und Kommission genehmigt und überwacht werden sollten.

ESM und Fiskalvertrag sollten zu einer Verknüpfung von Solidarität und Solidität führen. Die Bundesregierung wollte anfangs in beiden Verträgen festschreiben, dass Finanzhilfen aus dem ESM nicht befürwortet werden könnten, wenn das betreffende Land den Fiskalvertrag nicht ratifiziert oder umgesetzt habe. Letzteres war nicht unwahrscheinlich, wenn man den Umgang mit dem Stabilitäts- und Wachstumspakt zum Maßstab nahm. Es gab aber zwischen ESM und Fiskalvertrag kein klares Junktim. Schon früh hatte es hierzu Streit zwischen Deutschland und Frankreich gegeben. Paris ermahnte die deutsche Regierung, es mit ihren Forderungen nicht zu übertreiben. Nur in der Präambel des ESM-Vertrages gab es letztendlich einen Hinweis. Die Schuldenstaaten wollten sich alle Türen offenhalten.

Diesen Fiskalvertrag hätte es nicht gebraucht, da mit Sixpack – und später Twopack – gerade mehrere Rechtsakte der EU zur wirtschafts- und haushaltspolitischen Überwachung auf den Weg gebracht worden waren. Der Fiskalvertrag war sogar ein Rückschritt, da sich Großbritannien und Tschechien weigerten, den Vertrag zu unterzeichnen. Er diente nur dazu, die Verwässerungen im ESM-Vertrag zu kaschieren.

Der Fiskalvertrag enthielt – wie bereits der Stabilitäts- und Wachstumspakt – zahlreiche Schlupflöcher. Von Nicolaus Heinen, einem Analysten der Deutschen Bank, erhielt ich den Tipp, mir die sogenannte Ein-Zwanzigstel-Regel einmal näher anzuschauen. Diese Regel besagt, dass jeder Staat den Anteil der Schulden, der die erlaubte Obergrenze von 60 Prozent übersteigt, jährlich um ein Zwanzigstel abbauen muss. Von Vertretern der Bundesregierung wurde im Haushaltsausschuss immer der Eindruck erweckt, diese Regelung gelte sofort mit Inkrafttreten des Fiskalvertrages. Für Deutschland ergebe sich daraus eine jährliche Rückführung um ein Prozent. Wir Haushälter bräuchten uns darum aber keine Sorgen machen, da in der Schuldenbremse bereits ein Abbaupfad angelegt sei, betonte die Bundesregierung.

Die im betreffenden Artikel 4 des Fiskalvertrages aufgeführte EU-Verordnung 1177/2011 sieht aber vor, dass die Ein-Zwanzigstel-Regel nicht für jene Länder gilt, die sich im November 2011 in einem Defizitverfahren befanden. Das waren Anfang 2012 14 Mitgliedstaaten der Eurozone. Nur Luxemburg, Finnland und Estland waren gemäß der neuen Regel zum Schuldenabbau verpflichtet, hielten die Bestimmungen aber bereits ein. Die Schuldenstände dieser drei Staaten waren zum damaligen Zeitpunkt mit 19,5 Prozent, 49,1 Prozent beziehungsweise 5,8 Prozent teilweise meilenweit von der relevanten Obergrenze entfernt. Ich bat den Wissenschaftlichen Dienst um ein Gutachten. Meine Vermutung wurde bestätigt:

»Beim derzeit vorliegenden, noch nicht abschließend verhandelten Vertragsentwurf sprechen [...] gute Gründe für die Annahme, dass der Verweis in Art. 4 des Vertragsentwurfs auf den gesamten Art. 2 der (neugefassten) Verordnung (EG) 1467/97 so zu verstehen ist, dass auch auf die in Art. 2 Abs. 1a UAbs. 3 der Verordnung (EG) 1467/97 enthaltenen Ausnahmen verwiesen wird. Dies würde bedeuten, dass für diejenigen 14 Staaten des Euro-Währungsgebiets, die einem Defizitverfahren unterliegen, die Ein-Zwanzigstel-Regelung erst nach Ablauf des Übergangszeitraums Anwendung finden würde.«[204]

Ein *Handelsblatt*-Bericht vom 23. Januar 2012 über das Gutachten schlug hohe Wellen.[205] Am Tag der Veröffentlichung stand mein Telefon nicht mehr still. Jeder wollte das Gutachten. Auch das Bundesfinanzministerium. Der weitere Verlauf war ein ganz trauriger Akt parlamentarischen Versagens. Im Haushaltsausschuss stritt Kampeter am 8. Februar 2012 den Wahrheitsgehalt des Gutachtens ab. Das Gutachten spiegele die Meinung einer Mitarbeiterin des Wissenschaftlichen Dienstes des Deutschen Bundestages wider. Das Bundesministerium der Finanzen sei anderer Meinung, sagte der Staatssekretär. Infolge meiner Enthüllung hatte ein Abgeordneter der Linken eine schriftliche Frage an die Bundesregierung gestellt. Darauf musste Kampeter wahrheitsgemäß antworten: »Die Schuldenabbauregelung [...] gilt nicht sofort.«[206] Die Antwort war auf den 7. Februar 2012 datiert, wurde aber erst später als Bundestagsdrucksache veröffentlicht. Gerne hätte ich Kampeter damals damit im Ausschuss konfrontiert. So ging die Sache unter, weil meine Kollegen nicht mir, sondern der Bundesregierung Glauben schenkten.

Wenigstens zahlte sich das Ganze für die Mitarbeiterin des Wissenschaftlichen Dienstes aus. Von ihrer Kompetenz war man im Ministerium offensichtlich überzeugt, sodass sie einige Zeit später ins Ministerium abgeworben wurde. Die Mahner wurden weniger. Einer der wenigen mit unverklärtem Blick blieb Bundesbankpräsident Weidmann. Bei einer Rede beim Jahresempfang der Bundesbank-Hauptverwaltung in Düsseldorf sagte er:

»Die Vorgaben für die nationalen Fiskalregeln lassen noch erhebliche Spielräume, und auf europäischer Ebene wird nicht kontrolliert, inwieweit sie dann auch tatsächlich eingehalten werden. [...] Ob hier tatsächlich ein grundlegendes Umdenken stattgefunden hat, wird man abwarten müssen. [...] All dies lässt zumindest leise Zweifel aufkommen.«[207]

Auch im Haushaltsausschuss hatte uns Weidmann eindringlich gewarnt: Die Schere zwischen Haftung (aller Mitgliedstaaten) und Kontrolle (des Empfängerlandes) ginge immer weiter auseinander. Intern wurde vom haushaltspolitischen Sprecher der SPD offen ausgesprochen, dass man sich den Fiskalvertrag getrost sparen könnte. Es handle sich hier um eine Scheindebatte. Im Kern ginge es doch nur darum, dass Union und FDP für den ESM ohne diesen Pappkameraden »Fiskalpakt« keine eigene Mehrheit bekämen. De facto sei der Fiskalpakt ein absoluter Papiertiger, über den hochpolitisch diskutiert werde. Die realen Auswirkungen gingen gegen Null.

Nach außen brüstete sich die Fraktionsführung, Deutschland habe den europäischen Partnern entscheidende Positionen abringen können, der Bundesregierung sei gar ein großer Coup gelungen. Barthle sprach intern sogar von einer »Meisterleistung«. Wenn dies so gewesen wäre, hätte es den ESM gar nicht gebraucht. Denn der temporäre Rettungsschirm EFSF lief noch bis Mitte 2013, also zum damaligen Zeitpunkt noch mehr als ein Jahr. Wenn alle Staaten die im Fiskalvertrag intendierten Regeln – ohne das Hineinverhandeln von Schlupflöchern – eingehalten hätten, wäre das viel beschworene Vertrauen der Märkte von alleine zurückgekommen. Das Gegenteil war der Fall. Frankreich verlor sein Spitzenrating; die EFSF wurde in der Folge ebenfalls herabgestuft.

Die Märkte vertrauten lieber auf die Zahlungsbereitschaft des deutschen Steuerzahlers und seiner Volksvertreter als auf die leeren Worte der Schuldenstaaten. So verwunderte es nicht, als Barthle in einem Fraktionsrundschreiben zur »neuen Stabilitätsarchitektur für Europa« zugab: »Und auch in Zukunft ist es nicht ausgeschlossen, dass akut in Schwierigkeiten geratene Euro-Länder von ihren Partnern unterstützt werden müssen. Der ESM bietet diese temporäre Krisenhilfe unter strikten Auflagen.«[208] Spanien und Zypern standen schon ante portas. Der ESM war mitnichten die Vogelscheuche, die das Ernten der Fiskalpakt-Aussaat sicherstellen sollte. Der ESM fütterte die Krähen.

Bei den Verhandlungen hätte die Bundesregierung mehr herausholen müssen als einen quasi-automatischen Klagemechanismus, der bis heute nicht aktiviert wurde, obwohl die Schuldenorgien weitergehen. Man kann nicht erwarten, sich in allen Punkten vollumfänglich durchzusetzen. Aber von einer »unverkennbare[n] Handschrift unserer Bundesregierung« zu sprechen wie Meister und Barthle in einem Rundschreiben an die Fraktion,[209] gehört in die Kategorie Geschichtsklitterung und war vielleicht für die Kommunikation nach außen schön. Untereinander hätte man einen offeneren Ton ansprechen sollen, ja müssen!

Der Fiskalvertrag diente als Narkotikum, um den Abgeordneten die Zustimmung zum ESM-Gesetzespaket ohne größere Gewissensnöte zu ermöglichen. Obwohl er erst viel später, am 1. Januar 2013, in Kraft treten sollte, war eine gebündelte Abstimmung über ESM und Fiskalpakt am 25. Mai 2012 vorgesehen. Daraus wurde aber erst mal nichts, weil die SPD einen taktischen Rückzieher machte. Als die Vorlage der Europäischen Kommission zum automatischen Korrekturmechanismus Anfang Mai 2012 vorlag, stellte sich heraus, dass Deutschland selbst die Bestimmungen des Fiskalvertrages doch noch nicht erfüllte. Denn die im Grundgesetz verankerte Schuldenbremse sah vor, dass der Bund ab 2016 nur noch Schulden in Höhe von 0,35 Prozent des BIP aufnehmen durfte. Für die Bundesländer galt ab 2020 gar ein Schuldenverbot. Mit dem Fiskalvertrag rückte jetzt aber das gesamtstaatliche Defizit in den Fokus, welches auch die Verbindlichkeiten von Kommunen und Sozialversicherungen umfasste. Das traf die Bundesregierung unerwartet und schreckte die Bundesländer auf, denen die Schulden der Kommunen zugerechnet werden. Einige Länder befürchteten, zukünftig Gewinne erwirtschaften zu müssen, um die Defizite ihrer Kommunen auszugleichen. Die SPD forderte, entweder die Abstimmungen über ESM und Fiskalvertrag voneinander zu entkoppeln oder beides zu verschieben, um mehr Beratungszeit zu haben. Als neuen Termin für beide Abstimmungen wurde der 29. Juni 2012 gewählt.

Am 29. März 2012 wurden die verschiedenen ESM-Gesetze in 1. Lesung in den Bundestag eingebracht. Insgesamt ging es beim ESM um vier Gesetzgebungsverfahren, von denen das ESM-Finanzierungsgesetz (ESM-FinG) das bedeutendste war. Dort wurden die innerstaatliche Umsetzung und die Beteiligungsrechte des Parlaments geregelt. Das ESM-FinG wurde von der Bundesregierung unvollständig eingebracht. Im Paragrafen, der die Parlamentsbeteiligung regeln sollte, fand sich nur ein Platzhalter. Die Intention der Bundesregierung war klar: Das Parlament sollte seine Beteiligungsrechte selbst festlegen. Sollte es wieder zu Klagen vor dem Verfassungsgericht kommen, konnte die Regierung jede Schuld von sich weisen.

Von verschiedenen Staatsrechtlern bekam ich dieselbe Einschätzung: Das ESM-FinG wurde aufgrund des Platzhalters nicht verfassungskonform eingebracht. Ich wollte diesen Formfehler dazu nutzen, um Zeit zu gewinnen. Meine Rechercheergebnisse und die Kontaktdaten der Staatsrechtler gab ich an die *Süddeutsche Zeitung* weiter. Der Artikel »Ärger mit dem Lückentext«[210] erschien leider etwas zu kurzfristig. Auch war kein Kollege bereit, sich wegen eines Formfehlers mit der Fraktionsführung oder dem Bundestagspräsidium anzulegen.

Schäffler und ich fuhren noch einmal alles auf, um möglichst viele Kollegen auf unsere Seite zu bringen. Am 21. Mai stand uns der im Jahr 2011 zurückgetretene ehemalige EZB-Chefvolkswirt Jürgen Stark als Gesprächspartner in unserer Euro-Vortragsreihe zur Verfügung. Kaum ein Platz war noch frei, als Stark uns schilderte, wie die politische Einflussnahme auf die Mitglieder des EZB-Rates funktionierte. Er habe sich im EZB-Direktorium als Mahner isoliert gefühlt. Weidmann habe als EZB-Ratsmitglied immerhin noch die Bundesbank hinter sich gehabt. Diesen Druck und Gewissenskonflikt habe er nicht länger aushalten können. Den ESM lehnte Stark ab. Auf die konkrete Frage, ob er denn die Empfehlung ausspreche, bei der Abstimmung mit Nein zu stimmen, gab Stark zur Antwort: »War A sagt, muss nicht B sagen. Wer aber B sagt, muss C sagen.«[211] Einige führungstreue Abgeordnete jubelten auf. Dabei offenbarte sich in Starks Aussage die Ausweglosigkeit, in die sich der Bundestag manövriert hatte.

Monatelang analysierten und bewerteten wir bei ESM und Fiskalpakt jeden einzelnen Paragrafen. Für eine Ausschusssitzung hatte ich mir ganze 43 Fragen und Anregungen notiert, was bei meinem Tischnachbarn Barthle zu einem Stoßseufzer führte, nachdem dieser einen kurzen Blick auf meine Vorbereitung geworfen hatte. Mit Detailfragen konnte man zwar gut die Regierung quälen, aber substanziell erreichte man nichts. Denn wir wurden immer nur im Nachhinein informiert, was verhandelt worden war, und nicht im Vorfeld. So konnten wir bis zuletzt weder einen Punkt noch ein Komma ändern. Vielmehr mussten wir beobachten, wie eine deutsche Verhandlungsposition nach der anderen fiel.

Gauweiler legte nach Abschluss der ESM-Verhandlungen noch einmal den Finger ganz tief in die Wunde. In einem sechsseitigen Schreiben vom 5. Juni 2012 wies der ehemalige bayerische Staatsminister nach, dass der ESM im Widerspruch zur am 17. März 2011 im Bundestag beschlossenen Einvernehmensherstellung stand. Dort hatte das Parlament gefordert, dass »in etwaigen künftigen Krisenfällen die betroffenen Staaten zunächst selbst alle notwendigen Maßnahmen ergreifen und die Gläubiger [...] in allen Phasen beteiligt werden«, und die Bundesregierung beauftragt, »Restrukturierungsregeln für Staaten der Eurozone unter Einbeziehung der Gläubiger« auszuarbeiten.[212] Beides war nachweislich nicht geschehen. Außerdem erwartete der Bundestag »aus verfassungsrechtlichen, europarechtlichen und ökonomischen Gründen, dass gemeinsam finanzierte oder garantierte Schuldenankaufprogramme ausgeschlossen werden.«[213] Der ESM sollte aber sehr wohl Staatsanleihen von Schuldenstaaten auf dem Sekundärmarkt kaufen dürfen. Auch fand sich die angekündigte Streichung von Finanzmitteln für die Nichteinhaltung von Auflagen seitens der Empfängerländer im ESM-Vertrag nirgends wieder. In insgesamt sieben Punkte wies Gauweiler den Kollegen der CDU/CSU-Bundestagsfraktion nach, dass der Parlamentsbeschluss nichts wert gewesen war. Das traf die Fraktionsführung ins Mark. Obwohl man »[im] Sinne einer konstruktiven Diskussionskultur [...] eigentlich immer das persönliche und direkte Gespräch suchen und [sich] nicht über Schreiben austauschen« sollte, wurde Barthle beauftragt, Gauweiler in einem offenen Brief zu antworten, da die »vorgebrachten Argumente in weiten Teilen zu ›schief‹« gewesen seien.[214] Barthle verteidigte alle Maßnahmen der Bundesregierung als schweren Abwehrkampf gegen einige andere Mitgliedstaaten. Jedem Punkt Gauweilers stellte Barthle vermeintliche Tatsachen entgegen.

Vorgänge wie diese und heftigste Diskussion in den Fraktionsgremien führten zu einer starken Verunsicherung. Kollegen, die in volkswirtschaftlichen Fragen nicht sehr bewandert waren, trauten sich schon gar nicht mehr, überhaupt eine Frage zu stellen. Auch im Haushaltsausschuss, wo man sich Sitzungswoche für Sitzungswoche mit dem Thema auseinandersetzte, wies Schäuble schon einmal einen Abgeordneten zurecht, wenn dieser Rück- oder Verständnisfragen hatte. Man solle besser zuhören, hieß es dann vom Minister.

Der Bundestag stand unter einem gewaltigen Zeitdruck. Denn der vorgesehene Zeitplan mit dem Ecktermin 1. Juli 2012 als Start des ESM wurde für unveränderbar erklärt. Dabei blieb es auch, als wir am 21. Juni 2012 kurzfristig vor der anstehenden 2./3. Lesung des ESM-Gesetzespaketes die zugehörigen Durchführungsbestimmungen übermittelt bekamen. Es handelte sich dabei um 15 fachlich komplizierte, englischsprachige Dokumente in einem Umfang von insgesamt 92 Seiten. Es war schlichtweg nicht möglich, die Durchführungsbestimmungen bis zur Abstimmung durchzuarbeiten. Nach ihrer Datierung lagen die Dokumente teilweise bereits wochenlang vor. Nur aufgrund des Urteils des Bundesverfassungsgerichts vom 19. Juni 2012 wurden uns die Unterlagen überhaupt übersandt. Karlsruhe hatte festgestellt, dass die Bundesregierung gegen ihre Unterrichtungspflichten verstieß. Das Gericht bezog sich dabei auf Artikel 23 Absatz 2 Satz 2 des Grundgesetzes, wonach die Regierung das Parlament »in Angelegenheiten der Europäischen Union umfassend und zum frühestmöglichen Zeitpunkt unterrichten« muss.[215] Das war im Fall der Durchführungsbestimmungen nachweisbar nicht geschehen. Es blieb keine Zeit zum Austausch mit externen Experten, der ohnehin heikel gewesen wäre, da die Dokumente als geheim eingestuft waren. Von einer Kontrolle der Bundesregierung durch das Parlament konnte keine Rede sein. Das BMF legte zwar innerhalb weniger Tage eine Zusammenfassung sowie eine deutsche Arbeitsübersetzung nach, aber bis zur Abstimmung waren es nur noch vier Tage.

Für einige Aspekte brauchte es jedoch keine Übersetzung. Wer die beigefügte Salary Scale, die nicht umsonst mit *Vertraulich* gekennzeichnet war, in Augenschein nahm, wusste, dass der ESM nicht nur für die Schuldenstaaten ein Selbstbedienungsladen war. Für den Geschäftsführenden Direktor Klaus Regling war ein Jahresgrundgehalt in Höhe von 324.000 Euro vorgesehen. Damit verdient er deutlich mehr als die Bundeskanzlerin.

Die gleiche Summe wie der Chef konnten – bei Genehmigung durch den ESM-Vergütungsausschuss – alle Mitglieder des Direktoriums erhalten. Dieser Gehaltswahnsinn zog sich bis in die untersten Verwaltungsränge durch. Selbst Hilfskräfte und sogar Praktikanten konnten auf ein Jahresgehalt von 72.000 Euro kommen. Mindestens aber sollte ihre Tätigkeit mit 22.000 Euro Jahresgehalt vergütet werden.[216]

Beim ESM herrschen Beschäftigungsbedingungen, von denen der gemeine Arbeitnehmer nur träumen kann. Es gibt Auslands- und Familienzulagen, Erstattung der Ersteinrichtungs- und Reisekosten. Die Regelarbeitszeit beträgt 40 Stunden in der Woche, Überstunden können abgefeiert oder ausgezahlt werden. Auch an die medizinische Versorgung der Mitarbeiter wird gedacht. So gibt es zum Beispiel einmal pro Jahr einen kostenlosen Besuch beim Augenarzt. Wenn dem Mitarbeiter dort eine Brille verschrieben wird, damit dieser bei der Euro-Rettung den Durchblick behält, erstattet der ESM bis zu 100 Prozent der Kosten. Damit man mit dem ESM gut alt werden kann, gibt es einen hauseigenen Altersvorsorgeplan.[217]

Ich wandte mich an Lammert und warb dafür, aufgrund der nicht absehbaren Tragweite der übersandten Dokumente die ESM-Abstimmung wieder von der Tagesordnung zu nehmen. Lammert verwies auf die Zuständigkeit des Ältestenrates, der die Tagesordnung festgelegt habe. Außerdem könne sich der Haushaltsausschuss formal erst dann mit den Durchführungsbestimmungen befassen, wenn die dem ESM zugrundeliegenden Gesetze in Kraft getreten seien. Durch die angekündigten Klagen gegen den ESM vor dem Verfassungsgericht gebe es sogar zusätzliche Bearbeitungszeit. Immerhin gestand Lammert zu, die Dokumente an externe Sachverständige weiterzuleiten:

> »Dass die Dokumente seitens der Bundesregierung als ›vertraulich‹ bezeichnet wurden, steht einer Verteilung an alle Mitglieder des Bundestages eben so wenig im Weg wie der Hinzuziehung von externem Sachverstand, da keine förmliche Einstufung nach der Geheimschutzordnung erfolgte.«[218]

Der Abstimmung über ESM und Fiskalpakt stand nichts mehr im Wege. Da für beides in Bundestag und Bundesrat eine Zweidrittelmehrheit notwendig war, musste die Bundesregierung auch mit den Ländern

verhandeln. Die zu Beginn der Legislaturperiode deutliche Regierungsmehrheit in beiden Häusern gab es nicht mehr. Aber nicht für die Zustimmung zum ESM, sondern für das Ja der Bundesländer zum Fiskalpakt musste die Bundesregierung harte Überzeugungsarbeit leisten. Mit
den Bundesländern wurden am Sonntag vor der den Abstimmungen in
Bundestag und Bundesrat Vereinbarungen getroffen, die die Intention
des Fiskalpakts ins Gegenteil kehrten. Die Verhandlungen waren brisant,
weil die Partei- und Fraktionsvorsitzenden von SPD und Grünen ihre
Zustimmung zum Fiskalpakt im Bundestag von einer vorherigen Einigung zwischen dem Bund und den Ländern abhängig gemacht hatten.
Bei den Bund-Länder-Verhandlungen ging es folglich zu wie auf einem
Basar.[219] Der Münchner Oberbürgermeister Christian Ude sprach von einem Weihnachten für die Kommunen mitten im Sommer: »Wir haben
fast über Nacht bekommen, was wir viele Jahre vergeblich gefordert hatten.«[220] Für die Zustimmung zum Fiskalpakt gab es im Gegenzug einmalig 580,5 Millionen Euro für den Kita-Ausbau. Zusätzlich sollten jährlich
75 Millionen Euro aus den Mehrwertsteuereinnahmen des Bundes an die
Länder zum Unterhalt der 30.000 neu zu schaffenden Betreuungsein-
richtungen fließen. Außerdem sagte der Bund den Ländern für die Jahre
2014 bis 2020 Entflechtungsmittel in Milliardenhöhe zu, die unter anderem in die kommunale Infrastruktur fließen sollten. Die Zustimmung
der Länder zu mehr Sparsamkeit wurde vom Bund mit der Zusage neuer
Ausgaben erkauft. All dies geschah ohne vorherige die Zustimmung oder
Beteiligung des Bundestages.[221]

DIE ALLIANZ GEGEN DEN ESM

Bis zuletzt versuchte ich, den ESM doch noch irgendwie zu verhindern. Zwar vermutete sogar der Ältestenrat, dass es eine informelle Fraktion von Euro-Rebellen gab, doch dem war nicht so. Irgendwann gab es zwar einen harten Kern von Bundestagsabgeordneten, die die Euro-Rettungspolitik ablehnten, es war aber eher ein loser, heterogener Haufen. Das Schaffen von Strukturen war mir lange zu riskant. In der FDP scharten sich sehr viele um Frank Schäffler, der in seiner Partei immer wieder Achtungserfolge erzielte.

Vor Abstimmungen trommelte ich regelmäßig kritische Kollegen zusammen, um ein gemeinsames Vorgehen auszuloten. Da Entscheidungen aber meistens kurzfristig anstanden und ich als Obmann der Union im federführenden Ausschuss in ein dichtes Geflecht von regelmäßigen Terminen und Sondersitzungen eingebunden war, misslang in der Regel eine Koordinierung.

Im Vorfeld der ESM-Entscheidung lud ich einige Kollegen ins Abgeordnetenrestaurant im Reichstag ein, um – zunächst unionsintern – das weitere Vorgehen zu besprechen. Der Vorsitzende des Parlamentskreises Mittelstand (PKM), Christian von Stetten, beklagte, dass zwar viele Abgeordnete den ESM ablehnten, es aber keine klar formulierte Alternative zum Kurs der Bundesregierung gebe. Gerade ökonomisch nicht sehr versierte Parlamentarier scheuten die Diskussion und stimmten deshalb lieber mit der Mehrheit. Um solche Kollegen für die eigene Sache zu gewinnen, brauchte es etwas, auf das diese sich berufen konnten.

Es gab zwar viele Papiere, wie beispielsweise meinen Euro 2.0, aber kein breit abgestimmtes Positionspapier. Ein solches sollte jetzt erarbeitet und von möglichst vielen Kollegen unterzeichnet werden. Die Federführung übernahmen Thomas Silberhorn und ich. Silberhorn war damals Vorsitzender des CSU-Arbeitskreises Europa, wovon wir uns eine große Wirkung auf die Kollegen aus Bayern erhofften. Im nächsten Schritt zog ich Frank Schäffler ins Vertrauen, um die liberalen Abweichler einzubinden.

Um unseren Rückhalt in der Bevölkerung zu unterstreichen, taten wir uns mit dem Verband DIE FAMILIENUNTERNEHMER - ASU, dem Bund der Steuerzahler und dem Bündnis Bürgerwille zusammen. Die Familienunternehmer waren der angenehme Gegenentwurf zu den auf Quartalsbilanzen fixierten Managern. Der Steuerzahlerbund hatte bereits 2011 eine Protestaktion gegen die EFSF-Ertüchtigung durchgeführt, bei der 20.000 Unterschriften zusammenkamen, die mir als Mitglied des Haushaltsausschusses vor dem Reichstag übergeben wurden.

Das von Bernd Lucke initiierte überparteiliche Bündnis Bürgerwille hatte sich noch mehr vorgenommen: Lucke und seine Mitstreiter hatten einen Grundkonsens formuliert, den man in Form einer virtuellen Unterschrift unterstützen konnte. Ich gehörte neben anderen Politikern, Journalisten, Künstlern, Professoren sowie Unternehmern zu den Erstunterzeichnern. Ich warb kräftig um Unterstützung dieser Bürgerbewegung, die Mitglieder aus allen Teilen der Gesellschaft einte und sich nicht von einer Partei politisch instrumentalisieren lassen wollte. Zudem hatte ich die berechtigte Hoffnung, dass das Bündnis Bürgerwille kein Sammelbecken von Spinnern und Extremisten war. Die Sprecher waren honorige, vorzeigbare Leute. Lucke war damals Professor für Volkswirtschaftslehre an der Universität Hamburg mit einer zeitweiligen Gastprofessur in Indianapolis. Er war zudem Initiator und Geschäftsführer des Plenums der Ökonomen, einer virtuellen Vollversammlung von mehr als 300 Volkswirtschaftsprofessoren, die sich bereits im Februar 2011 mit überwältigender Mehrheit gegen eine Verstetigung der Euro-Rettung ausgesprochen hatte.

Zusammen schmiedeten wir die »Allianz gegen den ESM«. Wir trafen uns regelmäßig in den Räumlichkeiten des Steuerzahlerbundes, an dessen Pforte die scheinbar unaufhaltsam laufende Schuldenuhr zu mehr Sparsamkeit und Generationengerechtigkeit mahnte. Lucke wurde mithilfe von Skype aus den USA zugeschaltet. Die Arbeiten an unserem Positionspapier verliefen intensiv und kontrovers. Ich führte in dieser Zeit viele vertrauliche Gespräche und warb für die Unterzeichnung unserer »Zehn Punkte zur Bewältigung der Euro-Krise« (vgl. Anlage 4). Je mehr Abgeordnete mitmachten, desto größer war die Innen- und Außenwirkung. Das war leichter gesagt, als getan. Viele zierten sich. Argumente und Ausflüchte, nicht zu unterschreiben, gab es viele. Am Ende waren wir schließlich zu zehnt.[222] Von der CSU war keiner dabei, weil sich niemand traute, in der bayerischen Landesgruppe die Rolle des Eisbrechers zu übernehmen.

Am 23. Mai 2012 stellten wir als Allianz gegen den ESM unser Zehn-Punkte-Papier im Haus der Bundespressekonferenz der Öffentlichkeit vor. Eine unserer Kernforderung war ein Europäischer Umschuldungsmechanismus (EUM). Der EUM war im Gegensatz zum ESM nicht als Transfermechanismus konzipiert, sondern sollte in einem Schiedsverfahren als neutrale Instanz einen Interessensausgleich zwischen Schuldnern und Gläubigern herstellen.

Der Medienwiderhall auf unseren Auftritt war groß. Die Reaktion der CDU/CSU-Fraktionsführung ließ nicht lange auf sich warten. Wenige Tage nach unserer Pressekonferenz bekam jedes Fraktionsmitglied ein Schreiben von Fraktions-Vize Michael Meister mit dem Titel »Wir benötigen eine Allianz für den Euro – alles andere führt in die Irre!« ins Postfach. Vermutlich hatte uns die Fraktionsführung bewusst in »Allianz gegen den Euro« umgetauft, um uns vor den anderen Kollegen zu desavouieren. Unser Konzept sei nicht tragfähig und »nicht bis zum Ende gedacht.« Punkt für Punkt ging Meister auf jede unserer Forderungen ein. Besonders unser EUM-Alternativkonzept zum ESM erregte Widerspruch:

> »Seit 1983 kam es zu 404 Umschuldungsabkommen mit 85 Ländern wie Irak, Afghanistan, Nigeria und Kamerun. Es würde zu fatalen politischen Ansehensverlusten an den Finanzmärkten führen, wenn Europa mit einer solchen Institution das Signal setzen würde, ähnliche Probleme wie die Ärmsten der Armen zu haben. Es bringt wenig, einen europäischen Partner auf diese Weise an den Pranger zu stellen[.]«[223]

In einem Antwortschreiben verwies ich auf den Berliner Club. Das Konzept der Bundesregierung hatte wesentliche Anregungen zum EUM geliefert. Vermutlich kannte Meister die einschlägigen Überlegungen der Bundesregierung aus dem Jahr 2010 nicht. Gleichwohl forderte ich, das Konzept endlich der Öffentlichkeit zu präsentieren. Zudem wies ich darauf hin, dass seit 1983 auch Umschuldungsabkommen mit Russland, Polen oder Lettland geschlossen worden waren.

Die ESM/Fiskalpakt-Debatte konnte am 29. Juni erst abends beginnen, da Merkel tagsüber noch auf dem Ratsgipfel in Brüssel war. Das Parlament traute der Regierung nicht mehr vollends über den Weg. Zu oft konterkarierten Ratsbeschlüsse die des Bundestages. Dieses Mal sollte das ausgeschlossen werden. Wir Abgeordnete waren gebrannte Kinder.

Die Bundesregierung ließ sich auf dem Gipfeltreffen auf einen Pakt für Wachstum und Beschäftigung ein. Die Mittelmeerstaaten bestanden darauf, den Fiskalpakt um eine 120 Milliarden Euro teure Wachstumskomponente zu ergänzen. Das Eigenkapital der Europäischen Investitionsbank (EIB) sollte um zehn Milliarden Euro aufgestockt werden, sodass die EIB mithilfe von Hebeleffekten bis zu 180 Milliarden Euro für zusätzliche Investitionen »in allen Ländern der Europäischen Union, auch den wirtschaftlich schwächsten« bereitstellen konnte. Ad hoc wurden 4,5 Milliarden Euro für »Pilotprojekte bei zentralen Verkehrs-, Energie- und Breitbandstrukturvorhaben« mobilisiert. Auch sollten nicht abgerufene EU-Mittel in Höhe von 55 bis 60 Milliarden Euro umgeschichtet werden.[224] Nachfragen von mir, wie denn bei der EU Finanzmittel in dieser Höhe quasi ungenutzt herumliegen könnten, konnte die Bundesregierung nicht beantworten. Ich schlug vor, besser darauf zu drängen, den deutschen Anteil wieder in den Bundeshaushalt zurückzuüberweisen, als ihn in sinnfreie Infrastrukturprojekte in den Schuldenstaaten zu versenken.

Noch viel folgenschwerer war aber der Beschluss der Staats- und Regierungschefs, dass eine direkte Bankenrekapitalisierung aus dem ESM erfolgen könne, sobald eine gemeinsame Bankenaufsicht eingerichtet war. Wieder hatte die Bundesregierung eine Kehrtwende vollzogen. Bisher war nur eine indirekte Bankenrekapitalisierung vorgesehen, das heißt, der jeweilige Staat musste die Hilfsgelder an die betroffenen Finanzinstitute weiterleiten. Da eine bankrotte Bank schnell mal aus dem Handelsregister gestrichen werden kann, sollte auf diese Weise sichergestellt werden, dass nicht der Schuldner verschwand. Noch zwei Tage zuvor hatte Staatssekretär Steffen auf Nachfrage von mir im Haushaltsausschuss gesagt, dass sich die Bundesregierung immer dagegen verwahrt habe, angeschlagenen Banken aus EFSF oder ESM direkt Kapital zur Verfügung zu stellen. Dieser Meinung sei die Bundesregierung immer noch. Damit sich deren Haltung nicht doch noch kurzfristig änderte, schrieben wir die Ablehnung der direkten Bankenrekapitalisierung in einem Änderungsantrag zum ESM-Finanzierungsgesetz fest.[225] Dieses Detail war einigen vielleicht nicht mehr geläufig, weil wir in der besagten, fast elfstündigen Sitzung allein zum Thema Euro 35 Tagesordnungspunkte und 131 dazugehörige Drucksachen abzuarbeiten hatten. Aber unabhängig davon hatte Meister erst wenige Wochen zuvor öffentlichkeitswirksam in einer Pressemitteilung mit dem Titel »Wir lehnen eine Aufweichung des ESM kategorisch ab« getönt:

> »Direkte Leistungen aus dem ESM an Banken sind nach langen Verhandlungen auf Druck der Bundesregierung zu Recht ausgeschlossen worden. [...] Änderungen, die zur Aufweichung des ESM führen würden, gefährdeten das Euro-Stabilisierungsprojekt in Gänze. Es ist daher unverantwortlich, wenn in Kenntnisnahme dieser bekannten und unveränderten Position der CDU/CSU-Bundestagsfraktion an Aufweichungen gebastelt wird.«[226]

Bis zur Etablierung einer Bankenaufsicht war es damals zwar noch ein langer Weg, aber der erste und gleichzeitig wichtigste Schritt war gemacht. Der Vertragstext, über den wir in wenigen Stunden final abstimmen sollten, war jetzt schon überholt. Die Fraktionsführung setzte das derart unter Druck, dass sie noch am gleichen Tag mit einem Rundschreiben reagierte, in dem es hieß:

> »Die Gipfelergebnisse liegen ganz auf der bisherigen Linie der erfolgreichen Verhandlungen der Bundesregierung in den vergangenen Monaten und Jahren[.] [...] Vorwürfe der ›Kehrtwende‹ oder ›Überschreiten roter Linien‹ der Opposition gehören in das Reich des Märchens oder sind Wunschgedanken einzelner Regierungschefs anderer Euro-Staaten.«[227]

Ich hielt wieder eine Rede. Diesmal gewährte mir aber die Fraktion Redezeit aus dem eigenen Kontingent. Ich geißelte die »Lösegeldliste« der

Bundesländer, was mir einen Zwischenruf des damaligen niedersächsischen Ministerpräsidenten David McAllister einbrachte. Auch die Opposition bekam ihr Fett weg für das Spiel über Bande für einen Wachstumspakt mit den potenziellen Empfängerländern. Ich forderte abermals ein Ende der Bailout-Politik und ein »Zurück auf Los!« wie wir es mit der Allianz gegen den ESM gefordert hatten.[228] Diesmal gab es neben Zwischenrufen sogar Applaus.

Frank Schäffler und ich brachten zusammen mit zehn weiteren Kollegen einen Änderungsantrag ein, der den deutschen Parlamentsvorbehalt völkerrechtlich absichern sollte. Unser Vorschlag war, den zweiten Artikel des ESM-FinG um einen Absatz mit folgendem Wortlaut zu ergänzen:

> »Die Stimmabgabe und Stimmenthaltung des deutschen Vertreters im Gouverneursrat und im Direktorium sind für die Bundesrepublik erst dann rechtlich verbindlich, sobald der Deutsche Bundestag nach Maßgabe des Gesetzes zur finanziellen Beteiligung am Europäischen Stabilitätsmechanismus beteiligt worden ist. Die Bundesregierung wird diesen Vorbehalt bei der Ratifizierung anbringen.«[229]

Der Antrag fand leider keine Unterstützung und verkümmerte zu einer parlamentarischen Randnotiz. Der 29. Juni 2012 war einer der aufreibendsten Tage meiner Zeit als Abgeordneter. Wir ließen ihn in meinem Büro zusammen mit anderen Abweichlern und einigen Mitarbeitern bei Bier und Pizza ausklingen und warteten gespannt auf die Abstimmungsergebnisse, die erst gegen Mitternacht eintrafen. Die Regierung verfehlte die Kanzlermehrheit deutlich. Die notwendige Zweidrittelmehrheit wurde trotzdem erreicht. 493 Mitglieder des Deutschen Bundestags stimmten für den ESM. Dagegen waren 106 Abgeordnete. Fast ein Viertel der Nein-Stimmen kamen aus den Reihen der Koalition: 16 von CDU/CSU und zehn von der FDP.[230]

Beim Fiskalvertrag reichte es klar für die Kanzlermehrheit. Von der Union stimmten nur drei gegen ihn. Aus den Reihen der FDP waren es vier. Dazu kam je eine Enthaltung. Bei dieser Abstimmung hatten vielmehr SPD und Grüne mit fraktionsinternen Abweichlern zu kämpfen. 32 Abgeordnete kündigten ihrer Fraktionsführung in puncto Fiskalvertrag die

Gefolgschaft auf. Bei der SPD waren auch drei Haushälter dabei.[231] Die Quote der Neinsager war bei Mitgliedern des Haushaltsausschusses am größten. Je näher man dran war, umso augenfälliger war die Diskrepanz zwischen Anspruch und Wirklichkeit.

Obwohl ESM und Fiskalvertrag am gleichen Abend um 23:56 Uhr ohne Widerstände den Bundesrat passierten, stand den Euro-Rettern noch eine große Hürde im Weg: das Bundesverfassungsgericht. Karlsruhe war mittlerweile derart gefürchtet, dass über den ESM mit Zweidrittelmehrheit abgestimmt worden war, obwohl die Bundesregierung bis zuletzt dazu keine verfassungsmäßige Notwendigkeit sah. Gleichwohl verstanden die Euro-Retter darin ein gutes Signal an das Bundesverfassungsgericht.

Das Bundesverfassungsgericht kündigte an, am 10. Juli 2012 über die gestellten Eilanträge zu ESM und Fiskalpakt zu beraten. Bis die »Unsicherheit über den deutschen Beitrag zur Euro-Stabilisierung aufhört«,[232] sollten wir in unseren Wahlkreisen kräftig die Werbetrommel rühren. Fraktions-Vize Meister schrieb in einem Rundbrief an die Fraktionsmitglieder:

> »Wenn man in Ruhe analysiert, was wirklich entschieden wurde, zeigt sich: Die Kanzlerin steht zu ihren Zusagen. Sie kämpft für unsere Interessen, auch gegen manch hartem [sic!] Widerstand anderer europäischer Staaten. Wir sollten nicht der Opposition auf den Leim gehen, die alles tut, um die Erfolge unserer Kanzlerin Dr. Angela Merkel madig zu machen und auch nicht jeder Berichterstattung der Medien als endgültige Wahrheit betrachten. Eine genauere Analyse lohnt sich immer.«[233]

Es ist ein beachtlicher Vorgang, wenn es Schriftstücke wie dieses braucht, um die Mitglieder der eigenen Fraktion auf den Kurs der Regierungs- und Fraktionsführung einzuschwören. Die Opposition trug die Regierungspolitik in weiten Teilen mit. Sie versagte total in ihrer Rolle, die Bundesregierung zu kontrollieren. Die Regierung hatte vielmehr Probleme, die eigenen Reihen zusammenzuhalten. Wenige Tage später legte Schäuble mit einem ähnlichen Schreiben nach:

> »Die Reformerfolge in Irland, Portugal, Spanien und Italien zeigten ebenso wie die europäischen Beschlüsse zum Fiskalvertrag und zum ESM, dass wir

auf einem guten Weg sind. Gegen unsachliche Kritik sollten wir uns weiterhin mit dem besseren Sachargument zur Wehr setzen.«[234]

Über die Maßnahmen der Bundesregierung im Rahmen der Euro-Stabilisierung während der sitzungsfreien Zeit vom 2. Juli bis 7. September 2012 wurden nur die Ausschussvorsitzenden, ihr Stellvertreter sowie die haushaltspolitischen Sprecher der Fraktionen unterrichtet. Dieses Siebener-Gremium sollte dann über den weiteren Umgang mit den erhaltenen Informationen entscheiden. Dieser Beschluss war angeblich einvernehmlich in der letzten Sitzung des Haushaltsausschusses vor der Sommerpause gefasst worden. Gerade vor dem Hintergrund des Bundesverfassungsgerichtsurteils über das neunköpfige Sondergremium war dieses Verfahren heikel. Das StabMechG unterschied nicht zwischen Sitzungswoche und sitzungsfreier Zeit. Gegenüber *Welt Online* verteidigte Petra Merkel die Vereinbarung, dass zehn Wochen lang nur sieben von 41 Mitgliedern des Haushaltsausschusses fernmündlich unterrichtet werden sollten: »Dieses Verfahren [...] begründet sich auf Erfahrungen während der sitzungsfreien Zeiten, ein Verfahren, das seit vielen Jahren praktiziert wird«[235], was zweifellos richtig war. Nur lagen zwischen der Sommerpause 2011 und der von 2012 die beiden einschlägigen Urteile des Bundesverfassungsgerichtes vom 7. September 2011 und 28. Februar 2012, auf die der Bundestag mit zwei Änderungsgesetzen zum StabMechG reagieren musste. Die Unterrichtung light in der Sommerpause ist auch heute noch gängige Praxis.

Spanien – 100 Milliarden ohne Programm

Der Pleitegeier kreiste über dem nächsten Euro-Mitgliedstaat. Oder besser gesagt: Er kreiste über dem spanischen Bankensektor. Zwar hatte Schäuble in seinem Schreiben vom 10. Juli 2012 noch von den Reformerfolgen der spanischen Regierung geschwärmt, eine Woche später musste ich meinen lang ersehnten Familienurlaub unter starkem Protest von Frau und Kindern trotzdem abbrechen. Am 19. Juli 2012 musste der Deutsche Bundestag in einer Sondersitzung über einen Hilfsantrag Spaniens entscheiden, den das Land bereits am 9. Juni angekündigt und schließlich am 24. Juni 2012 gestellt hatte. Madrid benötigte Finanzhilfen zur Rekapitalisierung seiner Banken. Mit der viertgrößten Volkswirtschaft der Eurozone war nun erstmals ein richtig dicker Fisch betroffen. Bisher erfolgten die Rettungsaktionen immer unter dem Credo, Rom und Madrid von der Krise abzuschirmen, jetzt hieß es: Hauptsache nicht auch noch Italien. Wie in den anderen Schuldenstaaten wachte man auch in Spanien mit heftigen Kopf- und Bauchschmerzen nach mehreren Jahren Party auf. Spaniens Bruttoinlandsprodukt war zwischen 1995 und 2010 um 50 Prozent gewachsen. Nur Irland wuchs im gleichen Zeitraum noch stärker. Bei der Betrachtung der Leistungsbilanzsalden 2005 bis 2010 liegt Spanien mit einem Minus von 7,6 Prozent gemessen am BIP auf drittletzter Stelle unter den EU-15. Schlechter waren im gleichen Zeitraum nur Griechenland und Portugal. Aber anders als in diesen beiden Staaten lag die öffentliche Verschuldung vor Ausbruch der Eurokrise unter 60 Prozent. Die Bombe tickte im Bankensektor; die Verschuldung der privaten Haushalte war immens.[236]

Dabei wurde Spanien vor gar nicht langer Zeit als das neue El Dorado gefeiert. Allein in den Jahren 2005 bis 2008 flossen 365 Milliarden Euro ausländisches Kapital in das Land.[237] Dementsprechend war die

Nettoinvestitionsrate in Spanien im Zeitraum von 1995 bis 2009 fast dreimal so groß wie bei uns in Deutschland.[238] Das Geld floss in die europäische Peripherie, dessen Staaten sich dank des Euro zu billigen Konditionen verschulden konnten. Das sah zwar in der deutschen Leistungsbilanz toll aus, weil es egal ist, ob man Kredite oder Waren exportiert, aber Deutschland litt in diesen Jahren unter der größten Wirtschafts- und Arbeitsmarktkrise seit Jahrzehnten.

Die Bevölkerung Spaniens stieg in nur wenigen Jahren von 42 auf 46 Millionen Menschen. Angesichts der niedrigen Geburtenraten war der Anstieg um fast zehn Prozent zum Großteil auf – teilweise illegale – Immigration zurückzuführen. Die einen suchten ihren Platz an der Sonne, andere waren auf einen schnellen Euro aus. Dies führte zu einem riesigen Bauboom, der noch durch die Gesetzgebung der spanischen Regierung angeheizt wurde. Die spanischen Städte und Gemeinden überschätzten die Anzahl deutscher Lotto-Rentner und wiesen viel zu viel Bauland aus. Den dortigen Bausektor hat es trotzdem gefreut.

Der Boom machte die Menschen anfällig für Konsum- und Investitionsentscheidungen, die sie besser sein gelassen hätten. Die Immobilienpreise stiegen – bis das Ende der Fahnenstange erreicht war und die Blase platzte. Ausländische Investoren begannen, Kapital abzuziehen, und die Spanier selbst schafften Milliarden ins Ausland, beziehungsweise investierten in ausländische Vermögenswerte. In den ersten drei Monaten des Jahres 2012 wurde Kapital in Höhe von etwa 100 Milliarden Euro aus Spanien abgezogen. Im April 2012 waren es 31 Milliarden Euro. Die Refinanzierungskosten Spaniens stiegen, erreichten aber nicht ansatzweise die gleichen Werte wie in Griechenland oder Portugal.

Nun sollte der europäische Steuerzahler für das Platzen der Träume anderer zahlen. Er zahlte sogar doppelt. Erst wurde der Boom mit dem eigenen Kapital befeuert, zu Hause fehlte das Geld. Und nun sollte er die Gewinne der Banken sichern beziehungsweise deren Verluste abfedern. Vordergründig ging es natürlich nicht um Eigeninteressen, sondern um die Stabilität der Eurozone. In der Erklärung der spanischen Regierung vom 9. Juni 2012 hieß es dazu:

»Angesichts der derzeit herrschenden Unsicherheit auf den Märkten im Euro-Raum beabsichtigt die Regierung des Königreichs Spanien, alle ihr zur Verfügung stehenden Maßnahmen zur Wiederherstellung des Vertrauens in die einheitliche Währung zu ergreifen. [...] In den gegenwärtigen, von einer starken Anspannung der Finanzmärkte des Euro-Raums geprägten Zeiten müssen die bereits ergriffenen Maßnahmen [...] durch die Bereitstellung von Mitteln zur Rekapitalisierung der Banken ergänzt werden. Um die Banken entsprechend umfänglich rekapitalisieren zu können, erklärt die spanische Regierung hiermit ihren Entschluss, von der Europäischen Union [...] Finanzmittel in Höhe von bis zu 100 Mrd. EUR zu beantragen [...].«[239]

Die 100 Milliarden Euro war eine reine Fantasiezahl. Der Kapitalbedarf war überhaupt nicht klar. Vorläufige Untersuchungen von zwei Agenturen, die die spanische Regierung selbst beauftragt hatte, ergaben einen Bedarf von 51 bis 62 Milliarden Euro. Da diese Summe einige Finanzmarktakteure immer noch nicht beruhigte, sollten die restlichen Milliarden als Sicherheitspuffer dienen. Noch viel höher war aber der Refinanzierungsbedarf des spanischen Staates bis Ende 2014. Dieser lag bei geschätzten 300 Milliarden Euro.

Spanien wollte sich dabei keinem Anpassungsprogramm unterwerfen. Die spanische Regierung sah sich sogar in der Lage, dies als Bedingung zu formulieren. »Da die Mittel zur Sanierung des spanischen Finanzsektors beantragt werden, wird sich die Konditionalität für die Finanzhilfe ausschließlich auf diese Branche beziehen«, legte die spanische Regierung fest.[240] Und die Eurogruppe ließ sich darauf ein. Wurde sonst immer betont, dass zunächst EZB und Kommission die Gefährdung des Euro-Währungsgebietes als Ganzes feststellen müssen, wurde jetzt bereits angekündigt, den noch nicht gestellten Antrag »wohlwollend zu beantworten«. Da Spanien bereits »erhebliche Maßnahmen zur Haushaltskonsolidierung, Arbeitsmarktreform und Stärkung der Eigenkapitalbasis der spanischen Banken« ergriffen habe, »sollte sich nach Meinung der Eurogruppe die politische Konditionalität für die Finanzhilfe auf konkrete, den Finanzsektor betreffende Reformen konzentrieren«.[241] So mussten zum Beispiel Bankmanager geretteter Finanzinstitute einen Gehaltsdeckel von 300.000 Euro akzeptieren.

Die spanische Regierung hatte sich durchgesetzt. Weil aber kein makroökonomisches Anpassungsprogramm vereinbart werden sollte, war auch eine finanzielle Beteiligung des IWF ausgeschlossen. Der IWF wurde nur gebeten, »die Gewährung und Überwachung der Finanzhilfe im Wege einer regelmäßigen Berichterstattung zu unterstützen.«[242] Die Befriedigung des spanischen Stolzes kostete den Steuerzahler viele Milliarden Euro.

Die bewährten Euro-Rettungsslogans *Solidarität nur für Solidität* und *Hilfen nur gegen Auflagen* galten für Spanien nicht. Das brachte Schäuble am 18. Juli 2012 im Haushaltsausschuss in Erklärungsnot. Denn mit Irland gab es einen Referenzfall. Die beiden Länder seien nicht vergleichbar, betonte der Minister. Der spanische Bankensektor sei 3,4-Mal so groß wie das Bruttoinlandsprodukt des Landes und liege im EU-Durchschnitt. Bei Irland habe der Faktor bei 8,4 gelegen. Ein Hilfsprogramm in Höhe von 55 Prozent, gemessen am irischen BIP, sei notwendig gewesen, um das Land zu stabilisieren. Die 100 Milliarden Euro für die spanischen Banken machten dagegen nur etwa zehn Prozent des spanischen BIP aus.

Von der spanischen Bankenkrise waren aber vor allem die keinesfalls systemrelevanten Cajas, also regionale und lokale Sparkassen, betroffen. Andere spanische Finanzinstitute wie Santander und die Banco Bilbao Vizcaya Argentaria (BBVA) machten weiterhin gute Geschäfte, gerade in Südamerika. Bei der Rettung von IKB und HRE durch den deutschen Steuerzahler hatten sich einst die deutschen Geschäftsbanken beteiligen müssen. Warum das nicht als Blaupause für Spanien dienen konnte, fragte ich im Haushaltsausschuss die Bundesregierung, bekam aber nur Achselzucken als Antwort. Solidere Institute über eine Sonderabgabe an der Stabilisierung des Bankensektors zu beteiligen, sei Sache der spanischen Regierung. Die Bundesregierung könne hierzu keine Aussagen treffen, so Kampeter. Dabei war doch klar, dass Spanien lieber auf EFSF und ESM setzte, als Geld im eigenen Land einzutreiben.

Die spanische Bankenkrise war längst kein spanisches Problem mehr. Denn nur wenige Monate zuvor hatte die EZB die Finanzmärkte noch mit Liquidität geflutet. Gerade spanische Banken hatten fleißig zugegriffen.

Was die bei der EZB hinterlegten Sicherheiten wert waren, konnte man sich ausmalen. Wenn das Geld nicht abgeschrieben werden sollte, musste gerettet werden.

Da der ESM noch gar nicht startklar war, sollten die Kredite zunächst bei der EFSF geparkt und später übertragen werden. Die Hilfsgelder sollten vom spanischen Bankenrettungsfonds FROB (Fondo de Reestructuración Ordenada Bancariain) in Empfang genommen werden, wobei die spanische Regierung aber »Ansprech- und Vertragspartner« blieb. Es war Madrid ein Dorn im Auge, dass die Hilfsgelder die staatliche Schuldenquote erhöhten.[243] Dieses Ärgernis spornte viele Staaten der Europäischen Union an, bei der Bankenunion auf die Tube zu drücken, damit alsbald Finanzmittel direkt aus dem ESM an die Banken fließen konnten.

Hinhaltenden Widerstand gegen das fünfte Euro-Rettungspaket in zwei Jahren leistete die finnische Regierung. Helsinki bekam für seine Zustimmung Sicherheiten vom FROB in Höhe von 40 Prozent des finnischen Anteils am Rettungspaket. Das waren immerhin bis zu 770 Millionen Euro. Der Betrag wurde auf ein Treuhandkonto eingezahlt und »in erstklassige Anleihen von Mitgliedstaaten des Euro-Währungsgebiets angelegt.«[244] Im Gegenzug verpflichtete sich Finnland dazu, die ESM-Bareinlage in einem Zug zu überweisen und auf womöglich anfallende Gewinne aus dem Bankenrekapitalisierungsprogramm zu verzichten.

Die Bundesregierung hatte solche Erfolge nicht vorzuweisen. Vielmehr wurde ein bereits eingefahrener Verhandlungserfolg preisgegeben. Bei den ESM-Verhandlungen hatte die Bundesregierung durchgesetzt, dass der ESM genauso wie der IWF einen bevorrechtigten Gläubigerstatus erhalten sollte. Kredite an private Gläubiger sollten nachrangig bedient werden. Das war nur konsequent, weil IWF und/oder ESM in einem Moment Finanzmittel zur Verfügung stellen sollen, in dem dazu kein privater Akteur auf den Finanzmarkt bereit ist. Verhängnisvollerweise wurde der entsprechende Passus aber nur in die Präambel, nicht aber in den ESM-Vertragstext aufgenommen. Um keine Investoren zu verschrecken, verzichtete der ESM auf den bevorrechtigten Gläubigerstatus. Dies sei allerdings »eine einzelfallbezogene Ausnahme und dient dem Erhalt des Marktzugangs Spaniens«[245], versicherte die Bundesregierung in ihrem

»Antrag zur Einholung eines zustimmenden Beschlusses des Deutschen Bundestages für Notmaßnahmen zugunsten Spaniens«.

Bei der Abstimmung im Bundestag am 19. Juli 2012 stimmten nur 22 Koalitionsabgeordnete mit Nein. Das war verwunderlich, weil ich in der vorausgegangenen Fraktionssondersitzung noch viel Beifall erhielt, als ich einen längeren Vortrag mit den Worten schloss:

> »[Und] es wird wieder die Hand gehoben. Und so wird ein ums andere Mal eine rote Linie nach der anderen verschoben. Ich will nur noch mal mahnen, dass wir das nicht mit uns machen lassen sollten.«[246]

Besonders bei der Union gab es schwer erklärbare Schwankungen. So hatten einige Kollegen vor nicht einmal vier Wochen den ESM abgelehnt, zogen ihre Linie aber jetzt nicht weiter durch. Es kamen aber auch ein paar neue Abweichler hinzu. Für die Opposition war die Zustimmung zum Antrag der Bundesregierung besonders schwer, denn jetzt ging es offensichtlich um die Stützung des Finanzmarktes eines EU-Mitgliedstaates. So stimmten fast 20 Prozent der SPD-Abgeordneten dem Hilfspaket nicht zu.[247]

Am 29. November 2012 wurde das spanische Bankenprogramm vereinbarungsgemäß von der EFSF in den ESM überführt. Der Weg dazu war seit dem 12. September 2012 frei, als das Bundesverfassungsgericht den ESM unter zwei Auflagen passieren ließ. Erstens musste die Bundesregierung völkerrechtlich sicherstellen, dass keine Vorschrift im ESM-Vertrag so ausgelegt werden konnte, dass der deutsche Anteil die Haftungsobergrenze von 190 Milliarden Euro ohne die Zustimmung der Bundesregierung übersteigen konnte. Zweitens mahnte das Gericht die Bundesregierung, dass ESM-interne Geheimhaltungspflichten nicht der umfassenden Unterrichtung von Bundestag und Bundesrat im Weg stehen dürften.[248] Beide Bedingungen erfüllte die Bundesregierung am 27. September 2012, als sie bei der Hinterlegung der deutschen Ratifikationsurkunde eine entsprechende Erklärung beifügte.[249]

Konjunktureinbruch in Portugal und Griechenland, die Dritte

Ende September 2012 offenbarte die Troika, dass die avisierte Einhaltung der Drei-Prozent-Grenze für 2013 im Portugal-Programm um ein Jahr nach hinten verschoben werden müsste. Die Bundesregierung sah darin aber keine wesentliche Programmänderung, obwohl die Nichteinhaltung dieses zentralen Ziels natürlich Einfluss auf den für das Jahr 2014 fest eingeplanten Kapitalmarktzugang haben würde. Portugal litt unter einem von der Troika nicht prognostizierten Konjunktureinbruch, der nach Angaben der Bundesregierung zu schlechteren Zahlen auf der Einnahmeseite führte. An die vereinbarten Kürzungen auf der Ausgabenseite halte sich die portugiesische Regierung. Einige Maßnahmen habe zwar das portugiesische Verfassungsgericht gekippt oder seien aufgrund starker Proteste zurückgezogen worden, doch Lissabon erarbeite dafür Kompensationsmaßnahmen. Im Haushaltsausschuss wurde heftig darüber gestritten, ob dies wesentliche Änderungen waren oder nicht. Wenn ja, so wäre die haushaltspolitische Gesamtverantwortung berührt und ein Parlamentsbeschluss notwendig. Die Bundesregierung argumentierte, dass sich an Programmvolumen und -laufzeit vorerst nichts ändere. Der springende Punkt war der Kapitalmarktzugang. Nur wenn die Schuldenstaaten Ergebnisse lieferten, konnten sie verspieltes Vertrauen zurückgewinnen.

Als wir darüber am 27. September 2012 erstmals im Haushaltsausschuss diskutieren, lag der entsprechende Troikabericht aber noch gar nicht vor. Klar war allerdings schon, dass wir den Bericht bis zum nächsten ECOFIN am 8. Oktober 2012 durchwinken sollten, damit dort die Auszahlung der nächsten Tranche in Höhe von 4,3 Milliarden Euro beschlossen werden konnte; alles andere würde nur schädliche, öffentliche Spekulationen befeuern, so Kampeter. Der Troika-Bericht wurde uns am 28. September

2012 übersandt. An diesem Tag fand sogar eine Sondersitzung des Haushaltsausschusses zu den ESM-Durchführungsbestimmungen statt, an der auch EFSF-Chef Regling teilnahm. In dieser Sitzung wurde zwar über Portugal gesprochen, aber nichts beschlossen. Wenn der Haushaltsausschuss von seinem Recht auf eine Stellungnahme Gebrauch machen wollte, musste er dies spätestens bis zum 5. Oktober tun.

Am 2. Oktober erhielt ich am späten Nachmittag die Einladung für eine Sondersitzung am 5. Oktober. Die kurze Frist wäre normalerweise für mich kein Problem gewesen, ich war aber zu diesem Zeitpunkt mit der damaligen Bundesministerin für Bildung und Forschung, Annette Schavan, auf einer Auslandsdienstreise in Chile, Kolumbien und Brasilien.

Aber auch meine Anwesenheit hätte an dem Durchwinken des Troikaberichts nichts geändert. Im Nachgang legte ich eine Tabelle mit der minutiösen Auflistung der Abläufe vor. Um nicht noch mehr verbrannte Erde zu erzeugen, verzichtete ich auf eine Überprüfung seitens der Bundestagsjuristen. Überhaupt hatten nur 28 von 41 Mitgliedern des Haushaltsausschusses an der Sondersitzung teilgenommen; von der SPD sogar nur zwei von zehn Abgeordneten. Der Bundesregierung konnte es nur recht sein.

Im November 2012 tat sich in Griechenland eine neue Finanzlücke von 14 Milliarden Euro auf. Die innenpolitische Krise fiel der griechischen Regierung nun auf die Füße. Zwar wurde Athen von allen Seiten attestiert, auf dem richtigen Weg zu sein, auf die Beine kam das Land aber nicht. Ohne neue Maßnahmen würde sich der Schuldenstand im Jahr 2020 nicht wie noch im Februar 2012 von der Troika prognostiziert auf 120,5 Prozent sondern auf 144 Prozent belaufen. Der IWF drohte erneut mit einem Programmausstieg.

Am 20. und 26. November trafen sich die Finanzminister der Eurogruppe zu Krisensitzungen. Dort wurde eine Reihe von Maßnahmen vereinbart, die die Schuldentragfähigkeit wiederherstellen sollten. Wir hätten das gerne im Haushaltsausschuss mit Vertretern der Troika diskutiert. Nachdem zunächst IWF und EZB signalisiert hatten, keine Vertreter zu entsenden, sagte auch die Europäische Kommission ihre Teilnahme an der Ausschusssitzung ab. Dort erklärte uns dann die Bundesregierung, dass Griechenland am 13. Dezember 2012 zahlungsunfähig sein würde, wenn die Programmanpassung blockiert werde. Die Folgen seien bekannt: Das griechische Bankensystem würde zusammenbrechen und die eingedämmte Euro-Krise schlagartig zurückkehren.

Die Zinsen für das erste Griechenland-Paket wurden nun um ein Prozent gesenkt, was für den Bundeshaushalt Mindereinnahmen von etwa 130 Millionen Euro nach sich zog. Die Garantiegebühr von 0,1 Prozent aus dem zweiten Hilfspaket für die EFSF-Darlehen wurde gestrichen. Zusätzlich verpflichteten sich die Euro-Mitgliedstaaten, die anfallenden Buchgewinne aus den Sekundärmarktkäufen der EZB über die nationalen Zentralbanken an Athen weiterzureichen. Die EZB hatte im Rahmen des SMP-Programms griechische Staatsanleihen teils weit unter Nennwert gekauft und bis zur Endfälligkeit gehalten. Die EZB rechnete innerhalb der nächsten Jahrzehnte mit Gewinnen in Höhe von zehn Milliarden Euro. Daraus resultierte für die Bundesbank eine Gewinnabführung gemäß EZB-Schlüssel von 2,743 Milliarden Euro. Im Jahr 2012 musste die Bundesbank 599 Millionen Euro an Athen überweisen. Für 2013 war derselbe Betrag vorgesehen. Die letzten Zahlungen sollten 2038 erfolgen. Der Haushaltsausschuss musste dafür eine außerplanmäßige Verpflichtungsermächtigung ausbringen. Kampeter musste am 12. Dezember 2012 im Haushaltsausschuss zugeben, dass die Eurokrise unmittelbar den Bundeshaushalt belastet.

Herzstück der Ende November 2012 vereinbarten Maßnahmen war ein Schuldenrückkauf, der aus dem laufenden Griechenland-2-Programm finanziert wurde. Insgesamt kamen für den Rückkauf griechische Staatsanleihen mit einem Nominalwert von etwa 62 Milliarden Euro in Frage. Davon wurden 44 Prozent von ausländischen Institutionen, 24 Prozent von griechischen Banken, 16 Prozent von Hedge-Fonds, 13 Prozent von griechischen Pensionsfonds, zwei Prozent von anderen griechischen Institutionen und ein Prozent von Privatkunden gehalten.

Für 10,3 Milliarden Euro kaufte die griechische Regierung Staatsanleihen mit einem ursprünglichen Ausgabewert von 31,9 Milliarden Euro zurück. Athen konnte sich freuen, gerade weil sich zunächst nicht genügend

Investoren gefunden hatten, die ihre Papiere zum Marktpreis abstoßen wollten. Die Beteiligungsquote lag letztendlich bei 52 Prozent. Die Troika bescheinigte Griechenland nun die erforderliche Schuldentragfähigkeit. Die aktualisierte Prognose sah für 2020 einen Schuldenstand von 128 Prozent vor. Bis 2030 sollte die Schuldenquote auf 85,1 Prozent sinken. Nachdem die griechische Regierung versicherte, zusätzlich zu den im Februar mit der Troika getroffenen Vereinbarungen noch weitere Maßnahmen zu ergreifen, von denen 72 als ganz besonders wichtige *prior actions* sofort umgesetzt werden sollten, stand der Auszahlung der nächsten beiden Tranchen in Höhe von insgesamt 52,4 Milliarden Euro nichts mehr im Weg.

Obwohl Kauder noch Ende Juli 2012 in einem *BILD*-Interview gesagt hatte: »Es kann [...] keine weiteren Zugeständnisse geben, weder in der Zeit noch in der Sache«,[250] stimmte unser Fraktionsvorsitzender den Änderungen im Griechenland-2-Programm am 30. November 2012 zu. Für die Kanzlermehrheit reichte es dennoch nicht. 22 Abgeordnete der Koalition stimmten bei einer Enthaltung gegen den Antrag des Finanzministeriums.[251]

Systemrelevant ist alles: Zypern

Nachdem seit dem Frühjahr 2010 bereits Milliarden in der griechischen Ägäis versenkt worden waren, ging es nun mit der Rettung Zyperns munter weiter auf der nach unten offenen Systemrelevanzskala. Als einst über die Aufnahme Griechenlands in die Eurozone diskutiert worden war, argumentierten die Befürworter, dass das Land aufgrund seiner geringen wirtschaftlichen Leistung keine Gefahr für die Stabilität der Währung darstellen könne. Das griechische BIP macht ungefähr zwei Prozent der Wirtschaftsleistung der Eurozone aus. Gleichwohl ist die Wirtschaftsleistung Athens mehr als zehnmal so groß wie das zyprische Bruttoinlandsprodukt, das 2012 gerade einmal 18 Milliarden Euro erreichte. Das entsprach einem Anteil von 0,2 Prozent am BIP der gesamten Eurozone. Zur Einordnung: Das BIP der Ruhrgebietsmetropole Essen ist in etwa gleich groß. Vielleicht sollte Bremen einmal bei Regling vorsprechen. Das BIP unseres kleinsten und wirtschaftlich schwächsten Bundeslandes liegt immerhin bei knapp 29 Milliarden Euro.

Zypern hatte erst 2008 den Euro überhaupt eingeführt und innerhalb weniger Jahre abgewirtschaftet. Die zyprische Regierung hatte den Antrag auf Finanzhilfen bereits parallel mit Spanien am 25. Juni 2012 gestellt. Das Land war faktisch seit Herbst 2011 von den Finanzmärkten abgeschnitten. Zypern litt unter einem stark überdimensionierten Finanzsektor, dessen Gesamtbilanz sich auf 800 Prozent des zyprischen Bruttoinlandsprodukts belief. Die zyprischen Banken versprachen hohe Zinsen, das Land köderte mit Steuerdumping. Gleichzeitig stiegen die zyprischen Banken im großen Stil ins Griechenlandgeschäft ein. Als Banken aus anderen europäischen Ländern sich ab 2010 aus Griechenland zurückzogen, erhöhten die zyprischen Institute die Drehzahl. Entsprechend stark wurde der zyprische Finanzplatz von dem griechischen Schuldenschnitt in Mitleidenschaft gezogen.[252]

Der ehemalige zyprische Finanzminister Michalis Sarris verteidigte das zyprische Engagement in der *Frankfurter Rundschau* mit den Worten:

»Niemand in Zypern hat an einen griechischen Schuldenschnitt geglaubt. Als die politische Entscheidung dafür gefallen war, wurden die zyprischen Banken leider nicht wie die griechischen vor den Folgen geschützt, obwohl sie fünfzig Prozent ihrer Aktivität in Griechenland ausüben. Wenn wir einen Fehler gemacht haben, dann den, dass wir damals nicht um Hilfe gebeten haben.«[253]

Während der Verhandlungen über das Hilfspaket, forderte die zyprische Regierung – aus ihrer Sicht folgerichtig, aber erfolglos –, sich mit zwei Milliarden Euro aus dem Griechenland-Hilfspaket bedienen zu dürfen. Aber dennoch gestand Sarris ein, der kurze Zeit nach diesem Interview für wenige Wochen erneut Finanzminister wurde, dass in Zypern die »kurzfristige Profitabilität [...] über langfristige Risiken gestellt« worden war:

»Wenn Sie als Manager zu mir gesagt hätten: Ich kann diese Griechenland-Anlage bei zwanzig Prozent Rabatt und zwölf Prozent Zinsen für drei Jahre kaufen, mache also fünfzig Prozent Gewinn, und selbst bei einem Schuldenschnitt werde ich nicht zu viel Geld verlieren, dann hätte ich zu Ihnen gesagt: Sie können das mit zehn Prozent Ihres Portfolios tun, aber nicht mit achtzig Prozent!«[254]

Infolge des griechischen Schuldenschnittes im Februar 2012 verloren die zyprischen Banken etwa 4,7 Milliarden Euro, was die Eigenkapitalsumme der Institute teils weit überstieg.[255] Jetzt waren die zwei größten Banken Zyperns, die Bank of Cyprus und die Laiki Bank, faktisch insolvent. Warum man gerade bei der Bank of Cyprus alles auf die hellenische Karte gesetzt hatte, wird die Nachwelt nie erfahren. Denn nachdem die zyprische Zentralbank am 21. August 2012 bei Alvarez & Marsal ein entsprechendes Gutachten in Auftrag gegeben hatte, wurden von zwei hochrangigen Mitarbeitern der Bank massiv Daten gelöscht. Ihren Report legte die Beraterfirma am 26. März 2013 vor und benannte die beiden Mitarbeiter sogar namentlich, die mithilfe einer nur zur Datenlöschung eingespielten Software ihre lokalen Festplatten bereinigt hatten.[256]

Nur eine Stunde vor dem Anrücken der Kontrolleure von A&M löschte Andreas E. massiv Daten von seinem Computer. Die Analysten fanden eine völlig leere Festplatte vor, auf der nur noch die Systemdateien vorhanden waren. Christakis P. löschte am 18. Oktober 2012 nachweislich mit dem gleichen Programm 28.000 Dateien, darunter waren 1.300 Dateien, die er selbst erstellt hatte. Die A&M-Analysten konnten nur noch einige Dateinamen rekonstruieren, die aber darauf schließen ließen, »that some of the deleted documents are relevant to the investigation.«[257]

Im Gegensatz zu Irland und Spanien konzentrierten sich die Probleme aber nicht allein auf den Finanzsektor. Zwar gab es auch hier eine geplatzte Immobilienblase, hinzu kamen mangelnde Wettbewerbsfähigkeit und hohe Defizitzahlen. Die Maastricht-Kriterien hatte das Land nur kurzzeitig im Vorfeld der Euro-Einführung eingehalten, um sich infolge nur noch kräftiger zu verschulden. Der Schuldenstand war seit 2008 innerhalb von vier Jahren von 58,8 Prozent auf 89,7 Prozent gestiegen. Seit Anfang 2013 konnten die Ratingagenturen nur noch Spekulanten eine Empfehlung für zyprische Staatstitel aussprechen, deren Renditen gewaltig stiegen.

Bei Zypern ging es aber um mehr als um Wirtschafts- und Finanzprobleme. Die geteilte Insel im östlichen Mittelmeer war ein Schwarzgeld- und Steuerparadies, aber auch aus energie- und geopolitischen Gründen interessant. Die Insel hat traditionell sehr gute politische und wirtschaftliche Beziehungen zu Russland. Die russischen Bankeinlagen in Höhe von 26 Milliarden US-Dollar überstiegen das zyprische Bruttoinlandsprodukt. Allein in den Jahren 2009 bis 2011 wurden aus Zypern heraus Direktinvestitionen in Russland in Höhe von 129,9 Milliarden, 179,2 Milliarden und 128,8 Milliarden US-Dollar getätigt. Die kleine geteilte Insel war größter ausländischer Direktinvestor in Russland.[258]

Das Forschungsinstitut Global Financial Integrity, das auf illegale Finanzströme spezialisiert ist, hatte gerade eine neue Studie mit dem Titel »Russia: Illicit Financial Flows and the Role of the Underground Economy« vorgelegt, als wir uns im Haushaltsausschuss mit Zypern beschäftigten. In dem Bericht kamen die Autoren zu dem Schluss, dass in den Jahren 1994 bis 2011 insgesamt 211 Milliarden Dollar Schwarzgeld aus Russland ins Ausland geflossen waren. Und ausgerechnet Zypern wurde als Beispiel verwendet, um die Methodik der Geldwäsche zu erklären beziehungsweise zu enthüllen, was sich hinter den gigantischen Direktinvestitionen verbarg. In der Studie hieß es wörtlich: »It is unlikely that Cyprus, with a GDP of around US$ 23 billion can manage to make such large investments in Russia unless those investments were financed through illicit assets from Russia.«[259]

Es obliegt mir als Abgeordneter des Deutschen Bundestages nicht, die Rechtmäßigkeit jeder einzelnen Finanztransaktion im Euro-Währungsgebiet zwischen Russland, Zypern und möglichen weiteren Staaten zu beurteilen. Selbstverständlich ist nicht jede Finanzaktion oder Direktinvestition mit Geldwäsche gleichzusetzen. Auch viele deutsche Firmen sind in Zypern aktiv. Aber die Größenordnung zeigte, dass hier etwas nicht stimmen konnte.

In Zypern wurde also russisches Schwarzgeld im ganz großen Stil gewaschen. Die zyprische Bankenkrise gefährdete höchstens den Blutdruck einiger osteuropäischer Yachtbesitzer, aber wohl kaum die Stabilität der Eurozone. Russland hatte natürlich großes Interesse daran, dass Zypern als Finanzplatz für russisches Kapital erhalten blieb. Aus diesem Grund hatte Moskau Zypern bereits 2011 einen Kredit in Höhe von 2,5 Milliarden Euro zu einem Zinssatz von 4,5 Prozent gewährt – ohne formale Auflagen natürlich. Damit war Russland der mit Abstand größte ausländische Gläubiger des zyprischen Staates.

Die Bundesregierung sah Zypern beim Thema Geldwäscheprävention in der Pflicht, besser mit den internationalen Behörden zusammenzuarbeiten und die Schwarzgeldflüsse einzudämmen. Formal erfüllte Zypern zwar die Vorgaben der europäischen Geldwäscherichtlinie, bei der Umsetzung haperte es jedoch gewaltig. Aus diesem Grund wurde in der Eurogruppe auf Betreiben der Bundesregierung vereinbart, dass »das Hilfsprogramm ein enges externes Monitoring des geltenden Rechtsrahmens gegen Geldwäsche und seiner Umsetzung gewährleistet.«[260] Damit habe man bei der zyprischen Regierung keine Begeisterungsstürme ausgelöst, berichtete Kampeter im Ausschuss. Ganz im Gegenteil sah sich der Inselstaat bei diesem Thema sogar zu Unrecht verdächtig. So schrieb der zyprische Parlamentspräsident Yiannakis Omirou an den Bundestagspräsidenten einen Brief mit folgendem Wortlaut:

> »It is regrettable that Cyprus, while being in such a strained situation, pending a decision as to its debt's sustainability and the outcome of its bailout bid, has been the target of unfounded and unjust accusations of being a tax heaven and theatre of money laundering. [...] In moments of crisis [...] the founding values of the European Union acquire their full meaning. Even more so, when allegations threaten the credibility and integrity of the European edifice as a whole. I therefore appeal to you, Mr. President and dear Colleague, to look into this matter with your well-known sense of fairness, justice and solidarity.«[261]

Zypern rückte auch aus geostrategischen Gründen vermehrt ins Visier der Russen. Mit Syrien versank ein wichtiger Verbündeter Moskaus im Bürgerkrieg. In der syrischen Hafenstadt Tartus befindet sich eine russische Militärbasis. Damals war nicht absehbar, wie lange sich der syrische Staatspräsident Baschar al-Assad noch an der Macht halten würde. Um seine Präsenz im östlichen Mittelmeer zu wahren, gab es Spekulationen um eine russische Militärbasis auf Zypern. Im März 2013 zeigte die russische Regierung dem zyprischen Finanzminister bei dessen Staatsbesuch in Moskau noch die kalte Schulter und wollte wohl keinen Zwist in der Europäischen Union säen. Der russische Finanzminister wollte seinen zyprischen Amtskollegen noch nicht einmal empfangen.

Zwei Jahre später wurde Tartus zwar immer noch von den Regierungstruppen Assads kontrolliert, die Zeichen standen aber seit der russischen Einverleibung der Krim auf Konfrontation. Während eines Staatsbesuchs des zyprischen Präsidenten in Moskau vereinbarten Nikos Anastasiadis und Wladimir Putin Ende Februar 2015 ein Militärabkommen. Die russische Marine darf seitdem den Hafen von Limassol für die Proviantaufnahme und Wartungszwecke anlaufen, die russische Luftwaffe den Luftwaffenstützpunkt Andreas Papandreou bei Paphos benutzen. Putin versprach im Gegenzug, Zypern auch weiterhin finanziell beiseite zu stehen. Gerade bei der ehemaligen zyprischen Kolonialmacht Großbritannien, die auf Zypern selbst zwei Militärbasen unterhält, löste diese Nachricht keine Jubelstürme aus.

Auch aus energiepolitischen Gründen ist Zypern interessant. Vor der zyprischen Küste befinden sich Gasvorkommen, die sich nach zurückhaltenden Schätzungen aus dem Jahr 2013 auf mindestens rund 200 Milliarden Kubikmeter belaufen. Ausgehend von einem relativ niedrig angesetzten Gaspreis von 200 US-Dollar pro 1.000 Kubikmeter wurde der Wert des Gasvorkommens auf mindestens 39,6 Milliarden US-Dollar beziffert. Ausgehend von dieser Schätzung kann nach Abzug der Kosten bei einer Förderdauer von 20 Jahren von jährlichen Erträgen von mindestens einer Milliarde Euro für den zyprischen Haushalt ausgegangen werden. Der enorme Wettlauf um die Förderlizenzen, für die sich insgesamt 15 Energiekonzerne beworben haben, lässt darauf schließen, dass die Gasvorkommen im östlichen Mittelmeer noch weitaus größer sein könnten. So kam eine im Frühjahr 2013 viel zitierte Studie der Royal Bank of Scotland zu dem Schluss, dass Zypern auf Gasvorkommen in einem Gegenwert von sagenhaften 530 Milliarden Euro sitzen könnte. Bei einer Gewinnmarge von 20 Prozent würden die möglichen Erträge gar 106 Milliarden Euro betragen.[262]

Dass sich Russland die zyprischen Förderlizenzen sichert und dazu noch seine Mittelmeerflotte auf Zypern stationiert, war nicht nur für die Euro-Retter keine verlockende Perspektive. Am 26. Februar 2013 hatte bereits der Präsident des Bundesnachrichtendienstes Norbert Schindler sein Stelldichein in unserer CDU/CSU-Arbeitsgruppe Haushalt gegeben und relativ offen angesprochen, was auch seit November 2012 durch die Medien geisterte. Damals hatte ein geheimer Bericht des deutschen Auslandsgeheimdienstes seinen Weg in die Öffentlichkeit gefunden.[263]

Die russisch-zyprischen Beziehungen waren traditionell sehr eng. »Diese Beziehungen scheinen Zypern auch wichtiger zu sein als die Beziehungen innerhalb der Europäischen Union. Bereits zweimal hat Zypern in letzter Zeit die russische Position zu bestimmten Fragen übernommen und so einen bestehenden Konsens innerhalb der Europäischen Union verlassen. Auch in der Beurteilung der Lage in Syrien orientiert sich Zypern stark an der russischen Position«,[264] analysierte der Wissenschaftliche Dienst in einem von mir in Auftrag gegeben Gutachten. Die bilateralen Beziehungen zwischen Großbritannien und Zypern verschlechterten sich indes bereits damals. Im Gutachten wurden ausdrücklich »Differenzen über die kostenlose Nutzung britischer Militärbasen auf der zyprischen Insel« angeführt.[265]

Dass Zypern aber im Oktober 2012 nicht zu den elf Euro-Staaten gehörte, die eine vertiefte Zusammenarbeit zur Einführung einer Finanztransaktionssteuer eingingen, dürfte sowohl Moskau als auch London gefreut haben. Zypern hatte zwar zu Beginn seiner Ratspräsidentschaft im zweiten Halbjahr 2012 angekündigt, das Thema voranzutreiben, beteiligte sich aber an dem Projekt nicht weiter, obwohl die Stimmungslage in der zyprischen Bevölkerung eindeutig für die Einführung einer solchen Steuer sprach. Das passte durchaus ins Bild der kühnen Verhandlungsführung der Regierung Zyperns mit dessen – damals noch potenziellen – europäischen Geldgebern.

Der zyprische Bankensektor hielt sich nur noch mithilfe von ELA-Notkrediten über Wasser. Seit Mai 2012 hatten die zyprischen Banken auf diese Weise zwölf Milliarden Euro von ihrer Zentralbank bekommen. Allein auf die Laiki Bank entfielen schätzungsweise neun Milliarden Euro. Da gerade die Insolvenz dieser Bank ein offenes Geheimnis war, wurde sogar EZB-Chef Draghi unruhig. Zumindest erzählte Schäuble am 16. April 2013 im Haushaltsausschuss, Draghi habe ihm gesagt, dass die EZB die für die ELA-Vergabe hinterlegten Sicherheiten bei der zyprischen Zentralbank einer näheren Untersuchung unterziehen wollte. Doch das fand im EZB-Rat keine Mehrheit, weil dadurch in die Zuständigkeiten der nationalen Zentralbanken eingegriffen worden wäre. Weidmann habe ihm diesen Sachverhalt im Nachgang bestätigt, so Schäuble. Wie aus EZB-Protokollen hervorgeht, die die *FAZ* im Herbst 2014 enthüllte, war der Bundesbankpräsident einer der schärfsten Gegner der Notkreditvergabe.[266]

Die EZB drohte Zypern letztendlich damit, die Vergabe der ELA-Notkredite zu stoppen, wenn Zypern nicht bald unter den Rettungsschirm schlüpfen würde. Nachdem sich die zyprische Regierung neun Monate mit allerlei Tricks liquide gehalten hatte, wurde es jetzt eng. Frühzeitig hatten die Euro-Retter deutlich gemacht, dass Zypern nur mit insgesamt zehn Milliarden Euro Hilfsgeldern rechnen konnte. Da der Finanzbedarf des Landes aber zunächst auf 16 bis 18 Milliarden geschätzt wurde, musste die zyprische Regierung einen Teil der Summe selbst auftreiben. Weil Russland

keine Anstalten machte, eine oder mehrere zyprische Banken zu übernehmen, musste sich Nikosia im eigenen Land umschauen.

Auf der Sitzung der Eurogruppe am 15./16. März 2013 schlug Zypern dann
selbst vor, alle Bankeinlagen mit einer Zwangsabgabe zu belegen. Wer
bis zu 100.000 Euro auf dem Konto hatte, sollte sich mit 6,75 Prozent
seiner Einlagen beteiligen. Bei höheren Beträgen waren 9,9 Prozent fällig. Der Vorschlag der Bundesregierung hatte vorgesehen, Einlagen unter 100.000 Euro nicht anzutasten. Der zyprische Präsident Anastasiades
weigerte sich aber, einen zweistelligen Prozentsatz zu akzeptieren, um die
ausländischen Großanleger nicht zu verprellen. Das zyprische Parlament
machte dem Ganzen aber einen Strich durch die Rechnung, woraufhin
auch die für Ende März vorgesehene Beratung im Bundestag verschoben
wurde.

Um einen Bank-Run zu verhindern und eine Kapitalflucht zu unterbinden, wurden die zyprischen Banken geschlossen und der Kapital- und
Zahlungsverkehr drastisch eingeschränkt.[267] In den zehn Monaten vor
der Schließung der zyprischen Banken am 15. März 2013 wurden Einlagen von sogenannten Nicht-Finanzinstitutionen in Höhe von 8,75 Milliarden Euro abgehoben. Allein im März 2013 schrumpften die Einlagen
um 3,75 Milliarden Euro. Besonders bei Einlagen, die die 100.000-Eu-
ro-Grenze überstiegen, waren die Abhebungen exorbitant. Entweder
hatten einige den richtigen Riecher gehabt oder waren im Vorfeld gewarnt worden. Gemäß einer von der kommunistischen Parteizeitung
Charagvi veröffentlichten Liste sollen in den beiden Wochen vor Schließung der Banken mehr als 100 Unternehmen und drei Privatperso-
nen ihre Konten leer geräumt haben. Am 12. März 2013 soll die Firma
Anti Loutsios and Sons Ltd. 21 Millionen Euro von der Laiki Bank abgehoben und am gleichen Tag die Hälfte dieses Betrages nach England
überwiesen haben. Das Unternehmen gehört Anti Loutsios. Dieser ist
Vater von Jannis Loutsios, der nicht nur Miteigentümer, sondern auch
mit Elsa, einer der beiden Töchter des zyprischen Präsidenten verheiratet ist. Die Schwiegereltern von Anastasiadis' Tochter sollen bereits am
3. und 4. März 2013 ihre Privatkonten geschlossen und somit sechs Millionen Euro gerettet haben. Der Dritte im Bunde war Andrey Akimov,
der Chef der Gazprombank. Akimov soll bereits am 6. März 2013 zwei

Millionen Euro in Sicherheit gebracht haben. Der zyprische Finanzminister verlautbarte, Anastasiadis sei natürlich im Vorfeld auf die beabsichtigte Zwangsabgabe auf die Spareinlagen unterrichtet gewesen. Der Präsident bestritt dies und sprach von einer Verleumdungskampagne der Opposition.[268]

Auf einer weiteren Sitzung der Eurogruppe am 24./25. März 2013 wurde dann vereinbart, die Laiki Bank abzuwickeln. Einlagen von bis zu 100.000 Euro sollten in die Bank of Cyprus überführt werden, die ohne Mittel aus dem ESM restrukturiert werden sollte. Von den Einlagen bei der Bank of Cyprus, die über der Einlagensicherungsgrenze von 100.000 Euro lagen, sollten 37,5 Prozent in Bankanteile umgewandelt werden. Je nachdem wie hoch der Bedarf sein sollte, konnten weitere 22,5 Prozent ebenfalls umgewandelt werden, um letztendlich eine Eigenkapitalquote von neun Prozent zu erreichen. Für die Verluste der beiden größten zyprischen Banken mussten damit nicht die Steuerzahler sondern die Gläubiger aufkommen. Die griechischen Filialen sollten zudem vom zyprischen Bankensektor abgespalten werden. Um die ausländischen Großanleger bei Stange zu halten, lockte die zyprische Regierung mit der Vergabe der zyprischen Staatsbürgerschaft beziehungsweise langjährigen Aufenthaltstiteln.

Aus dem ESM beziehungsweise vom IWF sollte Zypern 3,4 Milliarden Euro für den Schuldendienst, 4,1 Milliarden Euro zur Finanzierung des Haushaltsdefizits und 2,5 Milliarden zur Rekapitalisierung der übrigen Banken erhalten. Durch all diese Maßnahmen sollte der zyprische Bankensektor auf 350 Prozent des Bruttoinlandsproduktes des Landes schrumpfen und damit im EU-Durchschnitt liegen. Zypern musste sich im Gegenzug unter anderem dazu verpflichten, die Zinsertragssteuer anzuheben, den Körperschaftssteuersatz von zehn auf 12,5 Prozent zu erhöhen, Staatsbetriebe zu privatisieren, Goldreserven zu veräußern und mit inländischen Gläubigern über das »Überrollen von Darlehen«, also das Strecken der Tilgung im Umfang von rund einer Milliarde Euro zu verhandeln.[269] Die Verpfändung der Erlöse aus den Gasgeschäften wurde nicht gefordert, obwohl Kampeter selbst im Ausschuss anführte, dass die Erdgasvorkommen auf zyprischen Hoheitsgebiet den dreifachen Jahresverbrauch Deutschlands überstiegen. Mexiko hatte 1995 zum Beispiel als Gegenleistung für einen 50 Milliarden US-Dollar schweren Kredit zukünftige Gewinne aus Erdölexporten an die USA verpfändet. Die Bundesregierung erstickte analoge Forderungen im Keim.

Der Bundestag indes ließ sich seine hart erkämpfte und ausdrücklich ins ESM-FinG aufgenommene doppelte Parlamentsbeteiligung bei der ersten Nagelprobe wieder entreißen. Demnach musste der Bundestag zunächst grundsätzlich sein Einverständnis zur Ausarbeitung eines Memorandum of Understanding (MoU) geben. Erst danach durften weitere Schritte folgen. Auf der Grundlage des ausgehandelten MoU musste der Bundestag dann noch einmal endgültig über die Annahme einer Finanzhilfevereinbarung entscheiden. Dieses zweistufige Verfahren fand bei Zypern keine Anwendung. Denn in der Erklärung der Eurogruppe zu Zypern vom 25. März 2013 hieß es:

>Die Eurogruppe hat mit der zyprischen Regierung eine Vereinbarung über die Kernelemente für ein künftiges makroökonomisches Anpassungsprogramm getroffen. Diese Vereinbarung wird von allen Mitgliedstaaten des Euro-Währungsgebiets und den drei Institutionen unterstützt. Die Eurogruppe steht dem zyprischen Volk in dieser schwierigen Lage voll bei.«[270]

Dieser Beschluss hätte gar nicht fallen dürfen, da Schäuble mit seiner Zustimmung gegen das ESM-Finanzierungsgesetz verstieß. Die Bundesregierung hätte zunächst die gesetzlich festgeschriebene Parlamentsbefassung einleiten müssen. Zudem durfte rein formal nicht die Eurogruppe, sondern der ESM-Gouverneursrat diesen Beschluss fassen. Die Beteiligungsrechte des Bundestages wurden dadurch ausgehebelt, dass die gleichen Herrschaften, die den ESM-Gouverneursrat bildeten, sich unter einer formal anderen Bezeichnung trafen, um Fakten zu schaffen.

Der Bundestag sollte nur einmal beteiligt werden. Als vorgeschobene Begründung diente dabei das Argument, dass die Arbeiten an dem Hilfspaket bereits liefen, bevor das ESM-FinG in Kraft trat. Das stimmte zwar, aber die Bundesregierung hätte sofort für Rechtssicherheit sorgen müssen. Die bisherige Parlamentsbeteiligung in der vorgesehenen ersten Runde bestand Medienberichten zufolge in einem oder möglicherweise mehreren Telefonaten zwischen Schäuble und Kauder.

Wenige Tage vor der Abstimmung wurde bekannt, dass Zyperns Finanzbedarf deutlich höher ausfiel, als bisher angenommen. Die zyprische Regierung brauchte auf einmal nicht mehr 17,5 Milliarden sondern bis zu
23 Milliarden Euro. Das Volumen des Rettungspaketes sollte hingegen
weiterhin zehn Milliarden Euro betragen. Das machte mich misstrauisch,
ob Zypern auch bereits zuvor wirklich bis an den Rand dessen gegangen
war, was es selbst leisten konnte. Mein in diesem Zusammenhang vielfach zitierter Ausbruch »Wir werden doch hier nach Strich und Faden belogen!«, sollte mir später noch einmal ordentlich Ärger einbringen.

Letztendlich bekam man beim Thema Parlamentsbeteiligung doch etwas
kalte Füße und ließ den Bundestag zweimal abstimmen. Absurderweise
innerhalb von fünfzehn Minuten. Am 18. April 2013 um 11:27 Uhr stimmte
der Deutsche Bundestag gemäß Artikel 4 Absatz 1 Nummer 1 ESM-FinG
und um 11:42 Uhr gemäß Artikel 4 Absatz 1 Nummer 2 ESM-FinG über
die Zypernrettung ab. Das verwirrte einige derart, dass sie einmal für und
einmal gegen das Rettungspaket stimmten. Bei der relevanteren zweiten
Abstimmung stimmten lediglich 16 Mitglieder der Regierungsfraktion gegen den Hilfsantrag. Zwar blieben auch einige potenzielle Abweichler der
Abstimmung fern, insgesamt war das Ergebnis aber enttäuschend.[271]

An diesem Tag war der Bundestag großzügig. Im Anschluss an die beiden
Zypernabstimmungen wurden Irland und Portugal noch bessere Konditionen für ihre Rettungspakete gewährt. Die Programmlaufzeiten wurden
um jeweils sieben Jahre verlängert. Damit sollte indirekt die Systemrele-
vanz Zyperns unterstrichen werden. Für beide Länder sei es infolge der
Zypern-Krise schwieriger geworden, Staatsanleihen mit mittlerer und längerer Laufzeit zu emittieren, erklärte Schäuble im Haushaltsausschuss.
Der Finanzminister gab aber gleichwohl zu, dass nach den Maßstäben
der Europäischen Kommission jedes Mitglied der Eurozone systemrelevant war.

Der »Schatten-ESM«

Die europäische Schuldenhaftungsunion nahm derweil immer gewaltigere Züge an. Weitgehend unbeachtet von Medien, Politik und Öffentlichkeit, liefen die Arbeiten zur Schaffung einer »Fazilität des finanziellen Beistands für Mitgliedstaaten, deren Währung nicht der Euro ist« auf europäischer Ebene auf Hochtouren.[272] Ich erfuhr davon nur durch einen glücklichen Zufall, als ich mich Ende Dezember 2012 durch einen Rechenschaftsbericht des damaligen hessischen Europaministers Jörg-Uwe Hahn arbeitete, der die neue Fazilität kurz erwähnte. Mehrmals hintereinander las ich immer wieder die gleichen Zeilen. Nach Griechenland, Irland, Portugal, Spanien und Zypern kamen nun tatsächlich die Nicht-Euro-Staaten ins Visier der Euro-Retter. Anfang 2013 waren das Großbritannien, Dänemark, Schweden, Polen, Tschechien, Litauen, Lettland, Ungarn, Rumänien und Bulgarien. Nach dem EU-Beitritt Kroatiens und der Euro-Einführung in Litauen und Lettland sind es seit 2015 neun Staaten. Wir gaben der neuen Fazilität den Namen »Schatten-ESM«.

Den Nicht-Euro-Staaten sollte geholfen werden, wenn sie »von Zahlungsbilanzschwierigkeiten betroffen oder ernstlich davon bedroht sind«. (Art. 1 Abs. 1) Garantieren sollten dafür alle EU-Mitgliedstaaten wie auch beim EFSM über den EU-Haushalt. Die Kommission sollte dazu ermächtigt werden, im Namen der Europäischen Union auf den Kapitalmärkten oder bei Finanzinstituten Anleihen aufzunehmen, um diese dann in Form eines Darlehens oder einer (vorsorglichen) Kreditlinie weiterzugeben.

Zwar sollte die Gesamthaftungssumme nach Auskunft der Bundesregierung auf 50 Milliarden Euro für alle Nicht-Euro-Staaten zusammen gedeckelt sein, aber solche Grenzen waren erfahrungsgemäß problemlos nach oben anpassbar. Und da es sich hierbei um einen EU-eigenen Rettungsschirm handelte, konnte die Erhöhung geräuschlos, ohne größere

Probleme und vor allem ohne Parlamentsvorbehalt vonstattengehen. Dies war jedenfalls in der überwiegenden Zahl der Fälle so. EU-Vorlagen werden in der Regel ohne Aussprache durchgewinkt. Zudem hieß es in der offiziellen deutschen Fassung der Verordnung ausdrücklich: »Die Darlehen oder Kreditlinien, die einem [Hervorhebung d. Verf.] Mitgliedstaat aufgrund dieser Verordnung gewährt werden können, sind auf 50 Mrd. EUR begrenzt.« (Art. 2. Abs. 2) Man konnte den Artikel also auch so lesen, dass Darlehen oder Kreditlinien lediglich je Mitgliedstaat auf 50 Milliarden Euro begrenzt waren. Theoretisch konnte es hier um 500 Milliarden Euro für alle Nicht-Euro-Staaten zusammen gehen. Der deutsche Haftungsanteil hätte dann 100 und nicht zehn Milliarden Euro betragen. Angesichts der vom Bundesverfassungsgericht verlangten völkerrechtlichen Klarstellung der deutschen Haftungsobergrenze beim ESM war es ein beachtlicher Vorgang, dass die Bundesregierung hier auch nur den geringsten Interpretationsspielraum zuließ.

In einem Entwurf zu einem Zwischenbericht kam die zuständige Berichterstatterin im Ausschuss für Wirtschaft und Währung im Europäischen Parlament, die polnische Abgeordnete Danuta Maria Hübner (EVP), bereits zu dem Schluss, dass zunächst bis zu 60 Milliarden Euro aus dem EU-Haushalt heraus gestemmt werden könnten.[273] Dies war schon der erste Hinweis, dass die 50 Milliarden Euro nur eine behelfsmäßige Orientierungsgröße, aber keine Obergrenze waren. Dass mit Hübner die ehemalige EU-Kommissarin für Regionalpolitik die Berichterstattung innehatte, zeigte zudem, welch hohe Bedeutung dem Thema in Brüssel beigemessen wurde.

Bereits seit Anfang der 70er-Jahre existierte ein europäisches System des finanziellen Beistands, aus dem Italien (1974, 1976, 1977 und 1993), Irland (1976), Frankreich (1983) und auch Griechenland (1985 und 1991) Finanzhilfen erhalten hatten. Mit der Euro-Einführung 1999 wurde das Instrument auf die Nicht-Euro-Staaten beschränkt, da für die Euro-Staaten damals noch die No-Bailout-Klausel galt. Mit der EU-Verordnung 332/2002 wurde eine Balance of Payments Facility (BoP) gegründet. Ursprünglich waren zwölf Milliarden Euro für Nicht-Euro-Staaten vorgesehen, im Dezember 2008 wurde der Betrag auf 25 Milliarden Euro erhöht. Bereits im Mai 2009 verständigte man sich auf eine Verdopplung des Betrages auf

50 Milliarden Euro. Die Anpassung an den jeweiligen Finanzbedarf ging jeweils schnell und einfach mit einer Änderungsverordnung.

Die ersten Gelder aus dem BoP-Topf wurden Ende 2008 verteilt. Ungarn bekam damals insgesamt 20 Milliarden Euro. 6,5 Milliarden steuerte die EU bei, den Rest brachten der IWF (12,5 Milliarden Euro) sowie die Weltbank (eine Milliarde Euro) auf.

Kurze Zeit später wurde Lettland mit 7,5 Milliarden Euro vor der Pleite bewahrt. 3,1 Milliarden Euro kamen wiederum aus dem Haushalt der Europäischen Union; 1,7 Milliarden Euro bewilligte der IWF; Lettlands nördliche Nachbarstaaten Dänemark, Norwegen, Schweden, Finnland und Estland halfen zusammen mit 1,9 Milliarden Euro; die Weltbank steuerte 0,4 Milliarden Euro bei; und weitere 0,4 Milliarden Euro wurden von der Europäischen Bank für Wiederaufbau und Entwicklung (EBRD) sowie Polen und Tschechien bereitgestellt.

Im Mai 2009 wurde schließlich ein 20 Milliarden Euro schweres Programm für Rumänien beschlossen. Hier kamen wiederum fünf Milliarden Euro aus dem Balance of Payments Assistance-Programme der Europäischen Union; der IWF war mit fast 13 Milliarden Euro mit im Boot, eine Milliarde kam von der Weltbank, eine weitere brachten zusammen EBRD und EIB auf. Im Frühjahr 2011 wurde vorsorglich ein zweites Rumänienprogramm in Höhe von fünf Milliarden Euro beschlossen, das aber nicht aktiviert werden musste. Der EU-Anteil belief sich hier auf 1,4 Milliarden Euro.

Mithilfe der EU-Verordnung Nr. 332/2002 sind Ungarn, Lettland und Rumänien somit insgesamt 16 Milliarden Euro aus dem EU-Haushalt zur Verfügung gestellt worden. Damals kam die Inanspruchnahme von Hilfsgeldern noch einem Kainsmal gleich, heute befinden sich diese Staaten in bester Gesellschaft. Unter dem Deckmantel der Angleichung der Wettbewerbsfähigkeit werden die relativ solventen EU-Mitgliedstaaten zur Kasse gebeten, um die Defizite der Schuldenstaaten innerhalb und außerhalb der Eurozone auszugleichen. Der IWF, der bisher noch die Hauptlast der drei BoP-Pakete getragen hatte, sollte laut dem neuen Verordnungstext nur noch »soweit möglich« mit im Boot sein. (Art. 3 Abs. 2)

Die Formulierung war weise gewählt, denn der IWF betrieb längst seinen Rückzug aus Europa. Als Orientierungsgröße konnte eher der Anteil des Währungsfonds am Zypern-Paket dienen. Dieser lag mit einer Milliarde Euro bei gerade einmal zehn Prozent.

Die Rettungspakete für Ungarn, Lettland und Rumänien waren schon damals umstritten. Denn die EU setzte sich damit über das ihr auferlegte Verschuldungsverbot hinweg, lediglich die Koordinierung bilateraler Kredite einzelner Mitgliedstaaten ist nach europäischem Recht zulässig. Aber selbst wenn man den betreffenden Artikel 143 AEUV soweit verbiegt, dass aus gegenseitigen Hilfen der Mitgliedstaaten eine Kreditvergabe der Europäischen Union wird, darf die EU keine Anleihen für diesen Zweck begeben. Die Verordnung steht dem bestehenden Verschuldungsverbot der Europäischen Union diametral entgegen und ist damit klar rechtswidrig.[274] Seit den 70er-Jahren überschreitet die EU mithilfe eines Universalschlupfloches, dem Artikel 352 AEUV, ihre Kompetenzen. Dort heißt es:

> »Erscheint ein Tätigwerden der Union im Rahmen der in den Verträgen festgelegten Politikbereiche erforderlich, um eines der Ziele der Verträge zu verwirklichen, und sind in den Verträgen die hierfür erforderlichen Befugnisse nicht vorgesehen, so erlässt der Rat einstimmig auf Vorschlag der Kommission und nach Zustimmung des Europäischen Parlaments die geeigneten Vorschriften.«

Ich sensibilisierte die *Wirtschaftswoche* für das Thema, die die Fazilität »ESMs kleiner Bruder« taufte.[275] Der Name war auch zutreffend, wir sprachen intern aber weiter vom Schatten-ESM. Später habe ich per Zufall erfahren, dass sich diese Bezeichnung auf Mitarbeiterebene auch im Finanzministerium durchgesetzt hatte und sogar ins Englische (*shadow esm*) übertragen wurde.

Der zweiseitige Artikel in der *Wirtschaftswoche* schlug hohe Wellen. Ich legte sofort mit einem Gastkommentar im *Handelsblatt* nach.[276] Auf die Debatte aufmerksam geworden, fragte mich auch die Monatszeitschrift *Der Hauptstadtbrief* an.[277] Da *Der Hauptstadtbrief* seine Leserzahl steigern wollte, lag eine gekürzte Ausgabe als Sonderbeigabe der *FAZ* bei. Und diese landete wiederum in den Händen von Danuta Hübner. Sie bestand auf einen Gegenkommentar.[278] Hübners Text wurde mir vorab von der Redaktion zugespielt, sodass noch in der gleichen Ausgabe eine Replik meinerseits erschien.[279] Hübner empfand meine Kritik am Schatten-ESM als unbotmäßige Attacke. Denn Sie war nicht nur die zuständige Berichterstatterin, sondern entstammte als Polin auch einem Nicht-Euro-Staat.

Es liefen damals die Arbeiten zur Gründung einer Bankenunion, die einen Einheitlichen Bankenaufsichtsmechanismus (SSM) für alle europäischen Finanzinstitute vorsah. Hübners eigene Stellungnahme belegte meine Vermutung, dass es um die Mobilisierung zusätzlicher Verschuldungsmöglichkeiten ging:

> »Der SSM wird möglicherweise drastische Aufsichtsentscheidungen treffen müssen, die signifikante finanzielle Auswirkungen auf die Ökonomien der Mitgliedstaaten haben werden. Während die Mitglieder der Eurozone Zugang zu Mitteln des Europäischen Stabilitätsmechanismus (ESM) haben, haben ihre Pendants, die nicht der Eurozone angehören, immer nur Zugang zu einer viel begrenzteren Zahlungsbilanzhilfe [...] Diesen Mitgliedstaaten muss Zugriff auf einen soliden Finanzhilfefonds gewährt werden.«[280]

Der Schatten-ESM sollte nicht wie bei der Vorgänger-Fazilität intendiert, temporär illiquiden Staaten einen Überbrückungskredit geben. Jetzt sollten analog zum ESM alle Staaten der Europäischen Union vor einer Insolvenz bewahrt werden. Meine schlimmste Befürchtung war, dass mittelfristig Finanzinstitute der Nicht-Euro-Staaten Hilfsgelder direkt aus dem Schatten-ESM erhalten könnten. Hübner bezeichnete dies zwar als risikoreich, beschäftigte sich im Rahmen ihrer Berichterstattung aber intensiv damit.

Die »Nicht-Euro-Fazilität« sei seit vielen Jahren Bestandteil der europäischen Aktivitäten, beschwichtigte Kampeter meine Kollegen, die von der Diskussion eiskalt erwischt worden waren, und sagte einen Bericht zu. Dort hieß es dann, dass mit der neuen Fazilität »kein neues Risiko für die Bundesrepublik Deutschland und damit für den deutschen Steuerzahler einhergeht.«[281] Das war wieder einmal nur die halbe Wahrheit. Je tiefer ich bohrte, desto klarer wurde das Wasser. In einer »Umfassenden Bewertung« der Bundesregierung vom 2. Oktober 2012 hieß es:

»Der EU-Haushalt würde erst dann belastet, wenn es zu einem Zahlungsausfall des Empfängers eines auf der Grundlage dieser Verordnung gewährten Darlehens bzw. einer Kreditlinie käme. Der Bundeshaushalt wäre daran gemäß seinem Finanzierungsanteil am EU-Haushalt (derzeit ca. 20 %) beteiligt.«[282]

Der unkritischen Haltung der Bundesregierung musste der Bundestag etwas entgegenhalten. Nur wenn wir uns als Parlament zeitnah zu Wort meldeten, konnten wir noch Einfluss geltend machen. Bereits am 22. Juni 2012 hatte die Europäische Kommission dem Europäischen Parlament und dem Europäischen Rat den Verordnungsvorschlag zugeleitet. Obwohl der Deutsche Bundestag nach Auskunft Kampeters an den Verhandlungen beteiligt werden sollte, geschah bisher nichts dergleichen.

Der Bundesrat hatte hingegen bereits am 21. September 2012 seine Stellungnahme abgegeben. Die Stellungnahme der Europäischen Zentralbank, an der sich auch die Deutsche Bundesbank beteiligt hatte, folgte am 7. Januar 2013. Da Barthle keine Anstalten machte, auch nur irgendeine Initiative zu starten, wandte ich mich direkt an den Fraktionsvorsitzenden. Ich hatte mittlerweile einen großen Trumpf in der Hand: Dokumente aus den Beratungen des Bundesrates. Neben einer Stellungnahme waren dies insbesondere die Beschlussempfehlungen der federführenden Ausschüsse. Der Wirtschaftsausschuss hielt es »nicht für sachgerecht, dass nunmehr ein mit der EFSF bzw. dem ESM weitgehend identisches Verfahren zum Beistand in Zahlungsbilanzkrisen mit der Begründung etabliert werden soll, die Wettbewerbsgleichheit zwischen Euro- und Nicht-Euro-Mitgliedstaaten zu gewährleisten.«[283] Die Nicht-Euro-Mitgliedstaaten sollten lieber das Instrument des flexiblen Wechselkurses als Anpassungsmechanismus nutzen. Der Wirtschaftsausschuss forderte zudem eine Klarstellung, dass »die Hilfen nicht genutzt werden dürfen, um Zinsdifferenzen völlig einzuebnen.«[284] Auch sei eine Beteiligung des IWF »zwingend vorzusehen« und nicht nur »soweit möglich«.[285]

Diese Ansichten vertrat nicht irgendwer, sondern neben dem Ausschussvorsitzenden, dem damaligen stellvertretenden bayerischen Ministerpräsidenten, auch die Berliner Wirtschaftssenatorin sowie die Wirtschaftsminister von Hessen, Mecklenburg-Vorpommern, Sachsen und Sachsen-Anhalt. Alle gehörten damals der Union oder der FDP an.

Der Wirtschaftsausschuss hatte sich auch der Obergrenzen-Problematik angenommen. Er forderte eine Klarstellung, dass sämtliche Hilfsmaßnahmen auf insgesamt 50 Milliarden Euro begrenzt blieben. »Diese Interpretationsmöglichkeit ist zu beseitigen«,[286] hieß es in der Beschlussempfehlung des Ausschusses vom 10. September 2012. Es geschah aber erst etwas, als sich fünf Monate später die *Wirtschaftswoche* bei der Europäischen Kommission nach »ESMs kleinen Bruder« erkundigte. »Sie haben in der Tat einen Übersetzungsfehler in der deutschen Version entdeckt. Dies wird so schnell wie möglich korrigiert«,[287] versicherte ein Vertreter der Europäischen Kommission, die dann noch einmal sechs Wochen dafür brauchte, den Übersetzungsfehler zu korrigieren. Die neue Formulierung ließ jedoch immer noch genügend Spielraum für Anpassungen nach oben zu. Nun hieß es:

> »Der ausstehende Kapitalbetrag der Darlehen oder Kreditlinien, die Mitgliedstaaten aufgrund dieser Verordnung gewährt werden können, ist auf 50 Mrd. EUR begrenzt.«[288]

Dass sich zwar der Wirtschaftsausschuss redlich bemühte, aber dabei nichts Zählbares herauskam, hatte einen einfachen Grund: Sämtliche hier aufgeführte Forderungen wurden letztendlich im Plenum des Bundesrates von der rot-grünen Mehrheit niedergestimmt. Aber auch der Bundesrat gab zu bedenken, »dass die Mitgliedstaaten, deren Währung nicht der Euro ist, nicht in ein System fester Wechselkurse eingebunden sein müssen. Sie dürften damit grundsätzlich über einen Anpassungsmechanismus verfügen, um mögliche Zahlungsbilanzungleichgewichte wieder auszugleichen.«[289]

Diese Frontenbildung zwischen Schwarz-Gelb und Rot-Grün begriff ich als Chance. Denn nun war ich endlich einmal nicht gezwungen, gegen die Bundesregierung zu argumentieren, sondern konnte gegen die Opposition ins Feld ziehen. Ich schlug Kauder vor, die Beschlussempfehlung des Wirtschaftsausschusses als Leitlinie für einen Entschließungsantrag der Regierungskoalition zu nehmen. Denn hier wurden offensichtlich christlich-liberale Positionen zugunsten weicherer Formulierungen abgelehnt. Die niedergestimmten Forderungen im Bundesrat waren quasi das schwarz-gelbe Destillat, das wir nun eben als Bundestag in die EU-Verordnung einbringen müssten.

Da aber zu befürchten war, dass der Bundesregierung die weichgespülte Stellungnahme des Bundesrates geradezu entgegenkam, fuhr ich zweigleisig und spitzte den damaligen hessischen Wirtschaftsminister Florian Rentsch (FDP) noch einmal an. Rentschs Wort als Landesminister hatte sicherlich beim FDP-Fraktionsvorsitzenden Brüderle Gewicht, war mein Kalkül. Und in der Tat versprach mir Rentsch, seine Leute noch einmal auf das Thema anzusetzen. Einer seiner Mitarbeiter vertrete sogar noch härtere Positionen als Frank Schäffler. Das konnte ich mir persönlich zwar kaum vorstellen, verdeutlichte aber, dass ich mich hier in Freundesland befand.

Kauder reagierte auf meinen Vorstoß zwar überraschend wohlwollend, delegierte das Thema aber an Barthle. Unsere Arbeitsgruppe Haushalt ähnelte im vierten Jahr der Euro-Krise leider zunehmend einer schlafmedizinischen Station, in der »Doktor Kampeter« für möglichst lange Tiefschlafphasen zu sorgen hatte. Mit mehreren Beruhigungspillen gelang es dem BMF schließlich, das Thema Schatten-ESM kleinzuhalten. Ein Entschließungsantrag würde den Verhandlungsspielraum der Bundesregierung einengen und neues Misstrauen gegenüber der europäischen Geschlossenheit erzeugen. Man solle besser keine Negativsignale an die Nicht-Euroländer aussenden, die sich durch den Krisenbewältigungsprozess ohnehin schon abgehängt fühlten, argumentierte Kauder. Mir wurde aber zu verstehen gegeben, dass diesmal unsere Positionen gar nicht so weit auseinanderlagen. Diese Aussage konnte ich damals aber noch nicht richtig einordnen.

Das Europäische Parlament beschloss indes am 17. April 2013, das Schatten-ESM-Volumen auf 60 Milliarden Euro zu erhöhen. Aus dem EFSM sollten zehn Milliarden Euro übertragen werden. Nachdem Irland und Portugal die Darlehen aus dem EFSM zurückgezahlt haben würden, könnten die freigewordenen Sicherheiten im EU-Haushalt für neue Darlehen genutzt werden. Auch sollte der Schatten-ESM um ein Instrument der indirekten Bankenrekapitalisierung erweitert werden. Die Kollegen aus dem Europaparlament hatten noch eine Reihe weiterer kruder Ideen. Letztlich hatten beim Schatten-ESM aber Kommission und Rat den Hut auf. Das Europäische Parlament ist – böse gesagt und auch so gemeint – nichts weiter als ein vom europäischen

Steuerzahler hochgradig subventionierter Papierproduzent. Ein Parlament, für dessen Zusammensetzung der Grundsatz *one man, one vote* nicht gilt, und das weder Initiativ- noch Haushaltsrecht hat, ist kein richtiges Parlament.

Da es lange Zeit keinen neuen Sachstand gab, versandete die Diskussion allmählich. Dass die rumänische Regierung am 4. Juli 2013 ein drittes Hilfspaket beantragte, war in Deutschland schon keine Zeitungsmeldung mehr wert. Der Bundestag war zu diesem Zeitpunkt bereits seit einer Woche in der parlamentarischen Sommerpause. Niemand interessierte sich im Sommerloch für ein vier Milliarden Euro schweres Rettungspaket. Die zwei Milliarden Euro aus dem EU-Haushalt für Bukarest waren schließlich im Vergleich zu den anderen Hilfspaketen ein kaum noch wahrnehmbares Risiko.

Die Verhandlungen im Europäischen Rat zum Schatten-ESM begannen auf Arbeitsebene am 3. September 2013. Der deutsche Vorschlag, die Voraussetzungen für eine Finanzhilfe zu präzisieren, würde es sehr schwer machen, das Instrument zu benutzen, befürchtete ein Vertreter der Kommission in der Sitzung der Finanzreferenten. Das Instrument müsse flexibel einsetzbar sein, bereits seit Längerem gebe es doch schon einen Unterschied zwischen Theorie und Praxis. Ebenso kritisierte die Kommission den deutschen Wunsch nach einer Privatsektorbeteiligung. Widerstand kam auch von Ungarn und Rumänien, die befürchteten, dass ihnen der Brotkorb zu hoch gehängt würde. Gegen die Einführung eines Instrumentes zur Bankenrekapitalisierung sprachen sich Deutschland, Großbritannien, die Niederlande, Finnland, Schweden, Ungarn, Estland und die Slowakei aus. Dafür waren Frankreich, Spanien, Polen und Tschechien sowie EU-Kommission und EZB. Wenn einige Finanzinstitute in Schieflage gerieten, müssten diese rekapitalisiert werden. Ein volles makroökonomisches Anpassungsprogramm würde ein Stigma darstellen, argumentierte die Kommission. Auch die Obergrenze war Thema. Deutschland konnte mit der Ergänzung *overall* eine Deckelung durchsetzen. Die von der Bundesregierung favorisierte Streichung von *in principal* im englischsprachigen Verordnungstext könnte ein versteckter Versuch sein, den bisherigen Betrag zu reduzieren, fürchtete ein Verhandler der Kommission.

Die Diskussion zu diesen Punkten mussten vertagt werden. Einigkeit konnte aber auch bei der nächsten Runde drei Wochen später nicht hergestellt werden. Gerade beim Thema Bankenrekapitalisierung verhärteten sich die Fronten. Trotz der Ablehnung vieler Mitgliedstaaten zeigten sich die Befürworter optimistisch, dass schlussendlich alle Vorbehalte gegen das Instrument zur Bankenrekapitalisierung aufgegeben würden, und kündigten an, den Text umzuformulieren, um die Bedenken auszuräumen. Uneinigkeit herrschte zwischen Deutschland und Frankreich weiterhin bei der Frage der Privatsektorbeteiligung. Die hierzu aufkommende Diskussion musste erneut abgebrochen werden. Zwischen Berlin und Paris krachte es in der Sitzung der Finanzreferenten am 24. September 2013 noch öfter. Die deutsche Seite wollte klargestellt wissen, dass es keinen politischen Entscheidungsspielraum geben würde, falls die Kommission eine signifikante Verletzung der Vereinbarungen feststellen sollte. Frankreich bestand jedoch auf der Möglichkeit für politische Kuhhändel und bekam Rückendeckung von der Kommission, die möglichst viel Handlungsspielraum wollte.

Doch auch der überarbeitete Entwurf führte eine Woche später nicht zum Konsens. Dänemark argumentierte, dass das bereits existierende Instrument eines Darlehens ausreiche, falls ein Problem des Bankensektors zu einer Zahlungsbilanzkrise führen sollte. Unterstützung kam von den deutschen, niederländischen und britischen Unterhändlern. Schließlich verfüge der IWF auch nicht über ein spezifisches Instrument zur Bankenrekapitalisierung. Die Diskussion drehte sich im Kreis und wurde am 30. September 2013 erneut ergebnislos abgebrochen. Eine Entscheidung könnte nur noch auf politischer Ebene getroffen werden. Auch bei der Privatsektorbeteiligung gab es keine Einigung. Ein von den Niederlanden und Finnland unterstützter Kompromissvorschlag der Bundesregierung traf auf heftigen Widerstand aus Spanien und Italien. Die Kommission befürchtete, dass der deutsche Vorschlag die Investoren verunsichern und steigende Renditen bewirken könnte.

Mit dem Käuferstreik-Argument war die Bundesregierung bereits bei den ESM-Verhandlungen weichgekocht worden. Doch diesmal kam es anders. Da weder im Wirtschafts- und Finanzausschuss (WFA), ein gemeinsames Unterorgan des Rates und der Kommission, noch im ECOFIN ein Kompromiss zustande kam, konnte die Bankenrekapitalisierung in der nächsten Runde der Finanzreferenten erst gar nicht diskutiert werden. Bei der Privatsektorbeteiligung forderte Deutschland analog zum ESM-Vertrag zumindest den Hinweis auf eine entsprechende Möglichkeit. Die Kommission argumentierte am 5. November 2013 doppelzüngig, dass der Verweis auf die Privatsektorbeteiligung beim ESM bewusst sehr vage formuliert und in letzter Zeit wiederholt gesagt worden war, dass eine Privatsektorbeteiligung wie im Falle Griechenlands eine einmalige Angelegenheit gewesen sei. Man solle sich vor diesem Hintergrund davor hüten, härtere Formulierungen als im ESM-Vertrag zu wählen. Auch andere Punkte wie zum Beispiel die Preisgestaltung und die parallele Beteiligung des WFA blieben umstritten.

Obwohl ein Kompromiss nicht in Sichtweite war, drang die litauische Ratspräsidentschaft – damals bezahlte man in Litauen noch mit Litas – auf eine Entscheidung und legte am 27. November 2013 einen überarbeiteten Verordnungsvorschlag vor. Damit war der Bogen überspannt. Im Ausschuss der Ständigen Vertreter (AStV), wo der anstehende ECOFIN vorbereitet wurde, krachte es am 3. Dezember 2013. Deutschland und Großbritannien lehnten den Textvorschlag ab, da dieser immer noch den Eindruck erweckte, dass ein auf den Finanzsektor beschränktes Bankenprogramm möglich sein sollte. Die britische Regierung werde keinem Textvorschlag zustimmen, der über die bisherige Zahlungsbilanzhilfe-Verordnung hinausgehe. Und so kam es, dass Deutschland, die Niederlande und Großbritannien am 10. Dezember 2013 auf Ministerebene den unter Tagesordnungspunkt 12 aufgeführten Textvorschlag zum Schatten-ESM ablehnten. Im ECOFIN-Nachbericht hieß es dann kurz und knapp:

»Großbritannien sieht keine Notwendigkeit zur Änderung der geltenden Verordnung. Bundesfinanzminister Dr. Schäuble verwies darauf, dass der Vorschlag in Bezug auf die Aussagen zur Bankenrekapitalisierung und auf die Regelungen zu den Collective Actions Clauses nachgebessert werden müsse.«[290]

Der Schatten-ESM war tot. Die Verhandlungen wurden auch zu keinem späteren Zeitpunkt weder auf politischer noch auf technischer Ebene wieder aufgenommen.[291] »Erfreut habe ich zur Kenntnis genommen, dass Sie den Schatten-ESM einstweilen gestoppt haben!«, schrieb ich handschriftlich unter mein Glückwunschschreiben, mit dem ich Schäuble nach der Bundestagswahl zur erneuten Ernennung zum Finanzminister gratulierte. Eine Antwort darauf erhielt ich nicht. Unser Verhältnis war zu diesem Zeitpunkt schon längst zerrüttet.

Bundestagswahl 2013

Wenn ich rückblickend überdenke, wann wohl für Schäuble und Co. das erträgliche Maß meines Renegatentums überschritten war, fällt mir die Fraktionssitzung vom 20. November 2012 ein. Ich hatte mich in nur teilweise gespielter Rage über Schäubles verschwurbelten Vortrag zum Euro echauffiert. Meine Anmerkung, dass mich seine Einlassungen an den Filmklassiker *Und täglich grüßt das Murmeltier* erinnerten, und ich inzwischen das Radio abschaltete, wenn ich ihn hörte, war offenbar ein schwerer Wirkungstreffer, wie man im Boxsport sagt. Ich hörte jedenfalls von FDP-Kollegen, deren Fraktionssitzung Schäuble im Anschluss besuchte, dass er sich dort bitter über meine Äußerung beklagt hatte. Er komme gerne zum Koalitionspartner. Hier würde er nicht vorgehalten bekommen, dass man sich wie in einer »Märchenstunde« fühle, wenn er zur Eurokrise vortrage. Auch meine Mitarbeiter bekamen von einem Arbeitsgruppenreferenten gesteckt, dass ich es heute übertrieben hätte. Der Minister sei sichtlich getroffen gewesen.

Die *BILD* titelte am nächsten Tag »Schimpfattacke gegen Schäuble«[292]. Obwohl es unter den Kollegen viel Verständnis, zum Teil auch Achtung für meine Haltung gab, warfen mir an diesem Tag mehrere Kollegen vor, den Bogen überspannt zu haben. Ich solle mir einmal den Kalender betrachten, nach der nächsten Sommerpause beginne der Wahlkampf. Da könne man nicht die ganze Zeit Merkel und Schäuble kritisieren. Die Nominierungsphase lief bereits. Ich müsste jetzt langsam beidrehen, um den gemeinsamen Erfolg nicht zu gefährden.

Mein eigener Nominierungsparteitag fand am 15. November 2012 im nassauischen Residenzstädtchen Idstein statt. Lange hatte ich mit mir gehadert, ob ich nach all den Entwicklungen und Erfahrungen der letzten Jahre überhaupt noch einmal antreten sollte. Es ist durchaus belastend, wenn man in der eigenen Fraktion in einem zentralen Thema fast isoliert ist. Dabei gehörte die von mir vertretene Position einst zum programmatischen Kernbestand der Union, bis die Taktgeber und Sprachregler in Partei, Fraktion, Finanzministerium und Kanzleramt die Welt neu erfanden.

Manchmal plagten mich Selbstzweifel. Ich nannte das das Geisterfahrersyndrom: Wer fährt auf der falschen Seite, sind es wirklich die Vielen, die das alles durchwinken, geschehen lassen oder gar proaktiv betreiben, oder bin ich es? Ich musste Fremdbezeichnungen wie »Abweichler« oder »Euro-Rebell« annehmen, obwohl ich unserem Kurs treu blieb, mich an zentrale Versprechen gebunden fühlte. Da musste man gegen aufkommende Verbitterung ankämpfen. Auf der anderen Seite aber gab es die vielen Begegnungen in meinem Wahlkreis und bei meinen Vorträgen zum Thema im ganzen Land. Man muss sich natürlich hüten, den eigenen subjektiven Eindruck überzubewerten. Jeder neigt zur selektiven Wahrnehmung. Man liest und hört lieber Zustimmendes; registriert eher Lob als Kritik.

Mein Nominierungsparteitag sollte Klarheit darüber bringen, ob die Delegierten aus den 27 Städten und Gemeinden meines Wahlkreises zu mir standen. Wie mich die Parteibasis und die Menschen in meinem Wahlkreis bewerteten, war nur in Erfahrung zu bringen, wenn ich diese Hürde nahm und wieder zur Bundestagswahl antrat.

Und so stand ich vor den 370 Delegierten aus meinem Wahlkreis Rheingau-Taunus/Limburg, der aus meinem eigenen Kreisverband Rheingau-Taunus und dem Altkreis Limburg besteht. Ich trat seit meiner ersten Nominierung im November 1997 nun bereits zum fünften Mal an. Es gab keinen Gegenkandidaten; ich kannte alle im großen Saal der Stadthalle. Genau einer von ihnen hatte mir einmal geschrieben, dass er mein Verhalten aus Gründen der Parteiräson für falsch hielt. Sehr viele hatten mir aus den unterschiedlichsten Gründen schon im Vorfeld Unterstützung und Zustimmung signalisiert. Ich sollte weiterhin ihre Heimat in Berlin vertreten; aber Merkel sollte auch Bundeskanzlerin bleiben. Das wollte ich auch.

In meiner Rede an die Delegierten legte ich Rechenschaft über die Arbeit der zu Ende gehenden Legislaturperiode ab. Man kann bei solcher

Gelegenheit den Saal für sich einnehmen, indem man örtliche Maßnahmen oder gemeinsame Erlebnisse in Erinnerung ruft. Dann kam ich auf die Euro-Krise zu sprechen. Ich rief den Europawahlkampf 1999 in Erinnerung. Viele der Delegierten hatten damals schon Flyer an den Wahlkampfständen verteilt und Plakate geklebt. Nicht wenige erinnerten sich an ein Argumentationspapier, mit dem die CDU den Bürgern versicherte, dass Deutschland mit der Euro-Einführung auf keinen Fall für die Schulden anderer Länder aufkommen müsste.

Natürlich musste ich die Frage auflösen, warum ich ein weiteres Mal für eine Spitzenkandidatin Merkel in die Schlacht ziehen wollte. Ich begründete dies mit ihren herausragenden Zustimmungswerten in allen Befragungen. Gerade in den außenpolitisch bewegten Zeiten, die wir seit Dezember 2010 in Nordafrika, im Nahen und Mittleren Osten erlebten, schien es mir klug, mit einer weltweit geachteten sowie Ruhe und Zuversicht ausstrahlenden Amtsinhaberin vor die Wähler zu treten. Im Übrigen war die Bilanz, abgesehen von einigen krassen Ausrutschern, durchaus ansehnlich. Ich hoffte auch auf die FDP. Die Liberalen würden ihr Rekordergebnis von 2009 zwar nicht wiederholen können, aber vielleicht brachte genau dies die Partei wieder auf Kurs. Immerhin sprach sich die FDP in ihrem Wahlprogramm für eine Befristung des ESM aus.

Spätestens als ich den Delegierten die drohenden Alternativen zur christlich-liberalen Koalition ausmalte, war das Eis gebrochen. Einige Kollegen wurden von ihren Delegierten mit Ergebnissen in den Wahlkampf geschickt, die sonst nur auf kommunistischen Parteitagen zustande kommen. Ich war noch nie unumstritten. Beim vorangegangenen Nominierungsparteitag erreichte ich 82,1 Prozent der Stimmen. Dieses Mal wurde ich mit 89,4 Prozent nominiert.

Dass mich die Fraktionsführung nicht als das viel zitierte Feigenblatt betrachtete, um konservative und eurokritische Wähler weiter an die Union zu binden, wusste ich spätestens seit einem Telefonat mit Kauder am 16. April 2013. Wenige Tage vorher hatte mich die *BILD* mit dem Satz »Wir werden doch hier nach Strich und Faden belogen!« zitiert. Kauder war sehr aufgebracht. Mit meinem eigentlichen Thema, eine doppelte Parlamentsbeteiligung bei der Zypern-Hilfe zu erreichen, kam ich damals gar nicht zum Zug. Ich hörte selten in so kurzer Gesprächsabfolge das Wort »Frechheit« in allen möglichen Variationen. Anlass für Kauders überaus starke Erregung war vermutlich die Fraktionsvorstandssitzung am Vortag. Dort war heftig über die Frauenquote gestritten worden. Einige weibliche Mitglieder des Fraktionsvorstands schleuderten Kauder an den Kopf, den Euro-Abweichlern lasse die Fraktionsführung alles durchgehen, den Frauen würde man nichts zugestehen. Mir wurde später erzählt, dass es hierzu großen Applaus gegeben hatte. Dabei war der Vergleich unsinnig. Die Frauen drohten damals damit, zusammen mit der Opposition die Einführung der Frauenquote zu erzwingen. Wir Euro-Rebellen hatten niemals Anträgen der Opposition zugestimmt.

Kauder sagte, er bekomme den Vorwurf um die Ohren gehauen, er gehe zu lasch mit den Abweichlern um. Er sei als Fraktionsvorsitzender immer wohlwollend gewesen, habe aber keine Lust mehr, sich von Gauweiler und mir verklagen zu lassen. Dass ich selbst bisher noch nicht gegen Bundestag und Bundesregierung vor Gericht gezogen war, spielte offenbar keine Rolle. Wenn sich alle so benähmen wie ich, würde die Union bald in der Opposition landen. Gerade die Konservativen in der Fraktion würden sich immer beschweren, dass die Union nicht bei ihrer Linie bleibe. Selbst würden wir aber gegen die eigene Fraktionsmehrheit stimmen. Mit unserem Verhalten würden wir Abweichler nur die Alternative für Deutschland (AfD), die Lucke gegen meinen Rat gegründet hatte, stark machen. Wenn die nächste Euro-Rettungspaketabstimmung in die Hose ginge, würde die Union in den Umfragen nur noch bei 35 Prozent stehen. Kauder drohte mir nicht nur mit meinem Landesvorsitzenden Volker Bouffier, sondern auch damit, in meinen Wahlkreis zu kommen und meine Wähler aufzuklären. Ich sagte ihm, dass er mir jederzeit willkommen ist. Bisher war Kauder noch nicht da.

Der Wahlkampf begann im Frühjahr 2013 und nahm im Sommer richtig Fahrt auf. Zeitgleich mit der Bundestagswahl fanden in Hessen auch Landtagswahlen sowie in meinem Landkreis noch sechs Bürgermeisterwahlen statt, was die Termindichte im Vorfeld des Wahlsonntages bis an die Grenze der physischen Leistungsfähigkeit erhöhte. Wahlkampfzeiten sind eigentlich die schönsten im Politikerdasein. Nie ist die Kommunikation mit den Bürgern so dicht, die Kontaktfrequenz höher. Gerne denke ich zurück an einen alten Herrn aus dem Dörfchen Laufenselden im Untertaunus, der eigentlich seit jeher Sozialdemokrat war, mir aber ein Zitat aus dem zweiten Buch Mose zurief: »Du sollst Dich nicht der Mehrheit anschließen, wenn sie im Unrecht ist, und sollst in einem Rechtsverfahren nicht so aussagen, dass Du Dich der Mehrheit fügst und das Recht beugst.« (Exodus 23,2) Mit diesem Bibelzitat eröffnete ich seitdem meine Vorträge zur Euro-Krise.

Das Wahlergebnis war fulminant. Mit 52,1% Prozent der Erststimmen wurde ich nicht zur zum fünften Mal infolge direkt gewählt, sondern erreichte auch mein persönliches Allzeithoch. Im Limburger Bereich wurde ich in neun von zehn, in meinem eigenen Kreisverband in zehn von siebzehn Städten und Gemeinden mit mehr als 50 Prozent gewählt. Überall lag ich klar vorn. In den Westerwalddörfern erreichte ich Spitzenwerte von teilweise weit über 60 Prozent. Und das, obwohl ein AfD-Bundesvorstandsmitglied dort wohnte und deren Kandidat 6,5 Prozent der Erststimmen holte. Am Wahlabend pendelte ich bis in die tiefe Nacht hinein durch meinen Wahlkreis. Kurzzeitig sah es nach einer absoluten Mehrheit für die CDU/CSU aus. Das euphorisierte mich, mir wurde aber auch klar: Je dünner die Mehrheit würde, desto gewaltiger der Druck auf die Abweichler. Ein Ohrenzeuge, der auf der Wahlparty in der Parteizentrale in Berlin war, erzählte mir später, wie ein Mitglied der Unionsführung aufseufzte: »Um Gottes Willen: Einstimmenmehrheit mit Willsch, Bosbach und Gauweiler in der Fraktion!«

Für die absolute Mehrheit fehlten der Union am Ende drei Mandate. Da die FDP im hohen Bogen aus dem Bundestag flog und die AfD knapp den Einzug ins Parlament verpasste, war die Stimmung stark betrübt. Wenigstens in Hessen kamen die Liberalen noch in den Landtag, aber auch hier reichte es nicht zur Fortsetzung der bürgerlichen Koalition. Im Bund lief es deutlich auf eine Neuauflage der Großen Koalition heraus. In Hessen einigten sich der bisherige Ministerpräsident Bouffier und der Vorsitzende der hessischen Grünen, Tarek Al-Wazir, auf eine Koalition.

Die Große Koalition war mit einer satten Mehrheit von 504 von insgesamt 631 Mandaten ausgestattet. Bei einer Regierungsmehrheit von fast 80 Prozent brauchte ich mir keine Illusionen, über den Einfluss von

Abweichlern auf die Euro-Rettungspolitik zu machen. Kauder bestätigte das in einer Fraktionssitzung nach Abschluss der Koalitionsverhandlungen. Unsere Mehrheit wäre jetzt so groß, dass fast 200 Mitglieder unserer Fraktion zu Hause bleiben könnten, ohne diese zu gefährden. Auf der anderen Seite nährte diese satte Mehrheit meine Hoffnung, dass die Fraktionsführung eine gewisse Großzügigkeit bei der Ausschussbesetzung an den Tag legen würde.

Das Imperium schlägt zurück

Wer in welchen Ausschuss kommt, wird in der sogenannten Teppich-händlerrunde zwischen den Vorsitzenden der Landes- und soziologischen Gruppen ausgehandelt.[293] Damit soll das Gleichgewicht der Landesverbände gewahrt werden. Bei der Abfrage der Ausschusspräferenzen durch meinen Landesgruppenvorsitzenden Meister habe ich in alter Haushältertradition lediglich den Haushaltsausschuss angegeben. Es gab ein ungeschriebenes Gesetz, dass Mitglieder des Haushaltsausschusses diesen nur nach oben verlassen. Wenn man sich bewährt hat und es in den Länderproporz passt, bekommt man irgendwann quasi-automatisch Führungsfunktionen in der Fraktion oder wird Parlamentarischer Staatssekretär. Als widerspenstiger Obmann brauchte ich mir keine Hoffnung auf eine Beförderung zu machen. Im Gegensatz zu Schäffler, der diese Position für seine Fraktion im Finanzausschuss bekleidete und aus Protest an den Nagel gehängt hatte, blieb ich bis zuletzt Obmann. Damit zwang ich Barthle als Sprecher in eine gewisse Einsamkeit, weil er davon zurückschreckte, sich mit mir über Sachfragen auszutauschen.

Wenn die Führung mich absetzen wollte, würde ich meine Haut so teuer wie möglich verkaufen. Die Absetzung eines Obmanns war gemäß unserer Arbeitsordnung nur mit einer Zweidrittel-Mehrheit unter vorheriger Angabe des Tagesordnungspunktes in der Einladung zur Fraktionssitzung möglich. Wenn Kauder & Co. es darauf angelegt hätten, wäre ich natürlich wie ein räudiger Hund vom Hof gejagt worden. Meine Ablösung hätte aber spätestens nach der Maulkorb-Affäre nicht ohne mediale Aufmerksamkeit stattfinden können.

Auch wenn ich bei der Fraktionsführung unten durch war, hoffte ich wenigstens als einfaches Mitglied im Haushaltsausschuss bleiben zu dürfen. Anfang November 2013 wurde kolportiert, dass allen Wünschen der

21 Mitglieder der hessischen Landesgruppe entsprochen werden könnte, wenn nicht ich einem Kompromiss entgegenstünde. Angeblich pochte ich auf Vollmitgliedschaft in zwei Ausschüssen. Das war eine Lüge. Dass ich neben dem Haushaltsausschuss auch noch Vollmitglied im Verteidigungsausschuss sein wollte, war gezielt in die Welt gesetzt worden, um meine Fürsprecher unter den Teppichhändlern gegen mich in Stellung zu bringen. Perfide war dabei, dass das Gerücht eine gewisse Plausibilität hatte. Bereits in der vergangenen Legislaturperiode hatte ich mich um einen Stellvertreterplatz im Verteidigungsausschuss beworben, da ich anstrebte, den prestigeträchtigen und verantwortungsvollen Einzelplan des Bundesministeriums der Verteidigung zu bekommen. Das gelang mir auch. Als Hauptmann der Reserve war dieser Einzelplan eine Herzensangelegenheit für mich. Etwas unglücklich war ich aber darüber, dass ich aufgrund meiner früheren Einzelplanverantwortung weiter stellvertretendes Mitglied im Ausschuss für Bildung und Forschung bleiben musste. Jetzt wollte ich im zweiten Anlauf Stellvertreter im Verteidigungsausschuss werden.

Ich machte Kauder sofort auf die gezielt gestreute Fehlinformation aufmerksam. In dem Gespräch bot ich von mir aus an, auf eine erneute Kandidatur als Obmann zu verzichten. Diese Konfliktlinie wollte ich unbedingt von mir aus bereinigen. Als ich mich mit einigen Mitgliedern der Teppichhändlerrunde darüber unterhielt, schlug mir völliges Unverständnis entgegen. Es sei doch klar, dass ich Haushälter bleibe – wenn meine Landesgruppe mich für den Haushaltsausschuss vorschlage.

Da wurde aber bereits nach einem anderen Hessen gesucht, den man zum Haushälter machen konnte. Einer der in diesem Zusammenhang angesprochenen Kollegen versicherte mir im persönlichen Gespräch, dass er sich dazu nur bereit erklärt habe, falls der hessischen Landesgruppe noch ein zweiter Platz im Haushaltsausschuss zufallen würde. Unsere Landesgruppe war zwar nach der Bundestagswahl um sechs Mitglieder stärker, aber auch andere hatten zugelegt. Das dürfte dem Kollegen wohl auch bewusst gewesen sein, diente aber offensichtlich dazu, dessen schlechtes Gewissen zu beruhigen. Der gleiche Kollege hatte nämlich bereits sein Büro damit beauftragt herauszufinden, welche interessanten Berichterstattungen in der neuen Legislaturperiode frei werden könnten.

Unklug war in diesem Zusammenhang, gerade bei meinen Mitarbeitern nach der Berichterstatterliste der vergangenen Legislaturperiode zu fragen. Ein anderer Kollege, der bislang stellvertretendes Mitglied im Haushaltsausschuss gewesen war, wurde ebenfalls gefragt, ob er nicht der neue Hesse im Haushaltsausschuss werden wollte. Dieser wies das Angebot jedoch empört als Versuch zurück, von außen den Spaltpilz in die hessische Landesgruppe zu tragen.

Dann erhielt ich einen Anruf meines Landesgruppenchefs, der mir von erheblichen Widerständen gegen meine erneute Entsendung in den Haushaltsausschuss berichtete. Michael Meister empfahl mir, mich der Unterstützung des Landesparteivorsitzenden zu versichern. Wenn sich Bouffier als stellvertretender CDU-Bundesvorsitzender für mich aussprechen würde, könnte man sich dem nicht widersetzen. Also: Termin mit Bouffier. Wir trafen uns in der Hessischen Landesvertretung in Berlin und erörterten meine Personalie. Bouffier und ich kennen uns seit den gemeinsamen Zeiten in der Jungen Union. Als ich JU-Kreisvorsitzender im Rheingau-Taunus war, hieß der Landesvorsitzende Volker Bouffier. Zum inneren Klüngelkreis der »Tankstelle« gehörte ich zwar nie, aber unser Verhältnis war zumindest einigermaßen unbelastet.

Bouffier war Mitglied der Verhandlungskommission zur Vorbereitung der Großen Koalition auf Bundesebene und zugleich als Landesvorsitzender mit Sondierungsgesprächen zur Regierungsbildung in Wiesbaden beschäftigt. Bouffier schilderte mir das damals alles so weitschweifig, dass es mir fast wie Frevel vorkam, ein paar Minuten seiner kostbaren Zeit für mein schnödes Anliegen einzufordern. Ich stellte ihm also möglichst knapp und präzise die Situation dar. Nie hatte ich versucht, im Haushaltsausschuss Beschlüsse zu sabotieren. Der Haushaltsausschuss bestand in der vergangenen Legislaturperiode aus 41 Mitgliedern. Davon waren 16 aus den Reihen der CDU/CSU, zehn von der SPD, sechs von der FDP, fünf Linke und vier Grüne. Die Mehrheit war mit 22 zu 19 knapp. Wenn zwei Koalitionsabgeordnete nicht mitspielten und die Opposition geschlossen mit Nein stimmte, hätte es zumindest im Ausschuss für die Koalition keine Mehrheit gegeben. Um nicht gegen meine Überzeugung oder gegen meine AG-Kameraden abstimmen zu müssen, suchte ich bei Abstimmungen immer einen Stellvertreter, der für mich die Hand hob.

Wenn ich als Obmann einmal unseren Sprecher vertreten musste, trug ich im Ausschuss den vorbereiteten Sprechzettel für die Arbeitsgruppe vor; erst in der allgemeinen Runde äußerte ich meine persönliche Kritik. An meiner eigentlichen Tätigkeit als Berichterstatter für den Haushalt des Verteidigungsministeriums gab es überhaupt keine Kritik. Meine Pflichten als Obmann hatte ich immer erfüllt, nie waren wir im Ausschuss ohne Mehrheit. Ich kämpfte immer mit offenem Visier. Heckenschützen verachte ich. Mein abweichendes Abstimmungsverhalten hatte ich immer im Vorfeld schriftlich angekündigt. Auch dann noch, als das Fax wahrscheinlich sofort aus dem Gerät im Papierkorb verschwand, weil mein Nein ohnehin schon eingepreist wurde.

Nachdem sich Bouffier meine Geschichte angehört hatte, wog er landesväterlich sein Haupt, zog noch einmal an seinem Zigarillo und versicherte mir dann, dass ich der hessische Vertreter im Haushaltausschuss sei und bleibe. Er werde das Merkel und Kauder entsprechend mitteilen. Im Anschluss berichtete ich meinem Landesgruppenvorsitzenden von meinem Gespräch mit Bouffier, das dieser als Verhandlungsauftrag entgegennahm. Ich erzählte auch anderen Teppichhändlern davon, um weiterer Intrigen den Boden zu entziehen.

Am späten Nachmittag des 20. Dezembers 2013 wurde aus dem Büro des Landesgruppenvorsitzenden eine unpersönliche E-Mail an alle hessischen Bundestagsabgeordneten mit einer Auflistung der Ausschussmitgliedschaften versendet. Ich fand mich im neu geschaffenen Ausschuss für Wirtschaft und Energie wieder. Niemand hatte das Format, mir das vorher ins Gesicht zu sagen. Damit hätte ich durchaus umgehen können. Heckenschützen verachte ich.

Einen Tag später fand in Rosbach in der Wetterau ein Kleiner Parteitag der Hessen-CDU statt, auf dem der mit den Grünen ausgehandelte Koalitionsvertrag abgesegnet werden sollte. Als ich Bouffier und Meister zusammenstehen sah, ging ich direkt auf sie zu. Ich sagte beiden ins Gesicht, dass ich mir offensichtlich aus zwei Möglichkeiten eine aussuchen könnte: Entweder hatten sie mich (gemeinschaftlich) verladen oder beide hatten auf Bundesebene nichts zu melden. Ich fügte noch hinzu, dass ich beides gleichermaßen unbefriedigend fände, als der Parteitag eröffnet wurde und sich damit für beide ein Ausweg aus der peinlichen Situation bot.

Auch mein Kollege Alexander Funk wurde aus dem Haushaltsausschuss entfernt und darf sich jetzt genauso wie Veronika Bellmann, die zuvor Obfrau im Europaausschuss gewesen war, Verkehrspolitiker nennen. Die CSU ging damals einen anderen Weg und band ihre Abweichler ein. Gauweiler wurde im November 2013 zum stellvertretenden CSU-Landesvorsitzenden gewählt, nachdem Seehofer zwei Jahre zuvor noch Himmel und Hölle in Bewegung gesetzt hatte, genau dies zu verhindern. Thomas Silberhorn wurde CDU/CSU-Fraktionsvize für die Bereiche Innen, Recht und Verbraucherschutz. Paul Lehrieder wurde zum Vorsitzenden des Ausschusses für Familie, Senioren, Frauen und Jugend befördert. Über die Gründe, warum die CSU ihre Abweichler einband, wir in der CDU aber isoliert wurden, kann ich nur mutmaßen.

Im Nachgang bekundeten viele Unterstützer, darunter auch langjährige Parteimitglieder mit herausragenden Positionen, ihr Unverständnis über die Entscheidung, mich aus dem Haushaltsausschuss zu kegeln. Zunächst reagierte die Fraktionsführung gar nicht auf die zahlreichen Protestbriefe und E-Mails, die ich in vielen Fällen in Kopie erhielt. Erst einige Wochen später hatte man sich im Führungszirkel auf eine Sprachregelung geeinigt. Die Beantwortung der einschlägigen Zuschriften wurde fortan vom Ersten Parlamentarischen Geschäftsführer, Michael Grosse-Brömer, übernommen. Ein Bezug auf mein Abweichlertum wurde nicht hergestellt:

>>Regelmäßig übersteigt die Zahl der Interessenten die Zahl der zur Verfügung stehenden Sitze [im Haushaltsausschuss]. Leider ist es der Geschäftsführung der Fraktion alleine schon aus diesem Grund nicht immer möglich, jeden Wunsch nach Mitgliedschaft in einem bestimmten Ausschuss zu erfüllen. Hinzu kommt, dass bei der Besetzung einer Arbeitsgruppe neben den persönlichen Interessen der Abgeordneten auch viele andere Kriterien zu berücksichtigen sind. Dazu zählen u.a. eine ausgewogene Mischung junger und erfahrener Kollegen sowie die Sicherstellung regionaler Proportionalität.<<[294]

Der neue hessische Haushälter war zwölf Jahre älter als ich und in der letzten Legislaturperiode wieder erst als Nachrücker über die Landesliste in den Bundestag eingezogen. Der neue Hesse war – etwas boshaft ausgedrückt – also älter und unerfahrener. Dass mit Funk ein Saarländer aus dem Haushaltsausschuss entfernt wurde, stellte den Länderproporz auf eine harte Probe. Denn der saarländischen CDU-Landesgruppe gehören nur vier Mitglieder an. Die Saarländer Altmaier und Nadine Schön waren aber gerade zum Kanzleramtsminister beziehungsweise Fraktionsvize für die Bereiche Familie, Senioren, Frauen und Jugend sowie Digitale Agenda gekürt worden. Die vierte im Bunde wollte gar nicht in den Haushaltsausschuss. Weil Funk nicht mehr durfte, musste sie aber.

In diesem Zusammenhang klang es schon fast wie blanker Hohn, wenn der neue CDU-Fraktionsvize für den Bereiche Haushalt, Finanzen und Kommunalpolitik, Ralph Brinkaus, einem anderen Bürger schrieb:

> »Ich möchte Ihnen aber versichern, dass ich die Arbeit und den Einsatz des Kollegen Klaus-Peter Willsch sehr schätze und davon überzeugt bin, dass er sich für die Fraktion und für die Bürgerinnen und Bürger im Ausschuss für Wirtschaft und Energie sehr einsetzen wird, ein Ausschuss, dessen Bedeutung in dieser Legislaturperiode für unser Land erheblich sein wird.«[295]

Im Ausschuss für Wirtschaft und Energie bekam ich die Berichterstattungen für die Themen Luft- und Raumfahrt, Rüstungsexporte und Frauenquote. Die ersten beiden Berichterstattungen waren naheliegend, da ich Vorsitzender der Parlamentsgruppe Luft und Raumfahrt (PGLR) und im Haushaltsausschuss Berichterstatter für den Verteidigungshaushalt war. Dazu wollte ich noch meine Expertise in das Themenfeld Haushalt/Euro/Rettungsschirme einbringen, was meine Kollegen aber eher als Scherz auffassten. Weil die ehemalige Familienministerin Kristina Schröder, die als junge Mutter etwas kürzer treten wollte und ebenfalls im Wirtschaftsausschuss landete, das Thema aus ihrer seitherigen Ressortverantwortung nicht übernehmen wollte, wurde mir die Frauenquote aufs Auge gedrückt.

Das Arbeitsaufkommen im neuen Ausschuss war deutlich geringer, sonst wäre ich nicht dazu gekommen, dieses Buch zu schreiben. Während im Haushaltsausschuss sich die Sitzungen oftmals bis in die späten Abendstunden hinziehen, dauert der Wirtschaftsausschuss nie länger als drei Stunden. Natürlich wurde dort nun das für unser Land existenzielle

Thema Energiewende behandelt. Aber die Grundsatzentscheidungen werden nicht dort mittwochs zwischen zehn und 13 Uhr getroffen, sondern im kleinen Kreis ausgeklüngelt.

So war es auch bei der Frauenquote, zu der ich in Fundamentalopposition stand. Dennoch signalisierte ich, die Quote mitzutragen, wenn es für Mittelständler und Familienunternehmen Ausnahmen geben würde. Aber noch bevor das Gesetz überhaupt in den Bundestag eingebracht worden war, gab es schon keinen Spielraum mehr, da alle Vereinbarungen auf Führungsebene zwischen CDU/CSU und SPD im Koalitionsausschuss getroffen worden waren. Ich hatte zwar meine Arbeitsgruppe hinter mir, aber unsere Beschlüsse interessierten in den Führungszirkeln niemanden. Ich sollte im wahrsten Wortsinn den »Berichterstatter« spielen, ähnlich wie bei Sportereignissen: Der Berichterstatter sitzt fernab des Platzes und kommentiert das Geschehen.

Am Euro-Thema blieb ich natürlich dran, hielt mich aber mit öffentlichen Äußerungen und Rundmails an die Mitglieder der Fraktion zurück; auch führte ich unsere Vortragsreihe mit den Professoren nicht mehr weiter. Im fünften Jahr der Eurokrise hatte längst ein Gewöhnungseffekt eingesetzt.

WHATEVER IT TAKES

Die Euro-Retter hatten inzwischen gelernt, die europäischen Schulden fernab der Öffentlichkeit zu vergemeinschaften. Am 26. Juli 2012 hatte EZB-Präsident Mario Draghi bereits wortgewaltig angekündigt, dass die Notenbank das Euro-Krisenmanagement übernehmen würde:

> »Within our mandate, the ECB is ready to do whatever it takes to preserve the euro. And believe me, it will be enough.«[296]

Draghi ließ seinen Worten Taten folgen. Am 6. September 2012 machte der EZB-Rat den Weg für Outright Monetary Transactions (OMT) frei. Mit diesem neuen geldpolitischen Instrument durfte die EZB fortan unbegrenzt Staatsanleihen auf dem Sekundärmarkt kaufen, vorausgesetzt der betroffene Staat erhielt bereits EFSF- oder ESM-Hilfen. Mit dieser Konditionalität wurde die strikte Trennung von Wirtschafts-, Finanz- und Geldpolitik aufgehoben. Die EZB übernahm zunehmend originäre Aufgaben der Politik, indem sie nicht nur den geldpolitischen Rahmen setzte, sondern ihn auch mit Inhalt füllte. Im EZB-Rat gab es aus diesem Grund genau eine Gegenstimme gegen den OMT-Beschluss, die vermutlich von Bundesbankpräsident Weidmann kam. Auf der Pressekonferenz spielte Draghi die Unstimmigkeiten herunter:

> »There were discussions about conditionality, but they were not dramatic. People had different views but, in the end, we converged. As I said, an overwhelming majority of the Governing Council were in favour of the concept [...].«[297]

Bereits im Rahmen ihres SMP-Programms hatte die Europäische Zentralbank zunächst griechische, irische sowie portugiesische und ab Mitte 2011 massiv spanische und italienische Staatsanleihen in Höhe von insgesamt 218 Milliarden Euro aufgekauft. Nur aufgrund der EZB-Aktivitäten konnte sich Italien weiterhin über die Märkte refinanzieren. Die beiden Langzeit-tender zielten in dieselbe Richtung. Die Geschäftsbanken sollten weiter fleißig Staatsanleihen kaufen, die sie als Sicherheiten bei der EZB hinter-legen konnten, um neue Liquidität zu erhalten. Der EZB-Leitzins wurde in mehreren Schritten bis auf kaum noch messbare 0,05 Prozent gesenkt, womit die EZB massiv die Zinsen der Schuldenstaaten subventionierte.

Kurzfristig scheint der Griff zur Notenpresse zwar verlockend, langfristig wirkt er aber wie süßes Gift: Erforderliche Strukturanpassungen werden unterlassen oder verschoben. Der einhergehende Kursverfall des Euro verstärkt diesen Effekt zusätzlich. Langfristig schafft aber nur Preiswert-stabilität Vertrauen bei Sparern und Investoren. Eine zunehmende Aus-weitung der Geldmenge bringt verloren gegangene Wettbewerbsfähigkeit nicht zurück, sondern endet in Inflation, enteignet den Sparer und ver-schreckt die Investoren.

Gleichwohl spielten die EZB-Aktivitäten der Politik in die Karten. Solange die Zentralbank die Zinsen niedrig hielt, brauchte die Bundesregierung keine neuen Rettungsprogramme beantragen. Weidmann passte da lei-der gar nicht ins idyllische Bild der Euro-Retter. Unterstützung für sei-nen einsamen Kampf erhielt der Bundesbankpräsident nur von ehemali-gen Mitstreitern wie Jürgen Stark, nicht aber von der eigenen Regierung. In dem bereits an anderer Stelle zitierten Interview sagte der ehemalige EZB-Chefvolkswirt:

> »Ich hätte mir nie träumen lassen, daß ausgerechnet die erfolgreichste euro-päische Zentralbank nach dem Zweiten Weltkrieg – die Bundesbank – einmal in eine absolute Minderheitenposition geraten würde. Lange galt die Bundes-bank als Leitbild für erfolgreiche Geldpolitik. [...] Eine solche Institution nun so ins Abseits zu stellen und Positionen, die ihr jetziger Präsident vertritt, in Europa heute beinahe lächerlich zu machen – dass all das möglich ist, be-drückt mich sehr und ist kein gutes Zeichen für die Zukunft. Wir erleben ei-nen Paradigmenwechsel.«[298]

Die Bundesbank ist neben dem Bundesverfassungsgericht eine der weni-gen Institutionen, die in der deutschen Bevölkerung uneingeschränktes Vertrauen genießen. Dass der eigene Vertreter im EZB-Rat mit seinen

Ansichten isoliert war, löste bei vielen Abgeordneten Unbehagen aus. Dass Draghi persönlich dabei nicht gänzlich unabhängig war, hatte mein Mitstreiter und Italienkenner Manfred Kolbe recherchiert. Da Draghi bei der EZB nur etwa die Hälfte der 757.000 Euro verdiente, die er als italienischer Notenbankchef einstrich, bekam er mutmaßlich von der Banca d'Italia eine Zusatzrente von knapp 200.000 Euro.[299] Der CSU-Generalsekretär Alexander Dobrindt bezeichnete den Italiener sogar als »Falschmünzer«.[300]

Am 26. Oktober 2012 besuchte Draghi den Bundestag. Vor dem Reichstag demonstrierten die Jungen Unternehmer gegen Draghis EZB-Politik, während dieser sie zeitgleich vor etwa 100 Abgeordneten aus allen Fraktionen verteidigte. Ich nutzte die mir für Fragen zur Verfügung stehende knappe Zeit, um Draghi nach seinen Doppeleinkünften zu fragen. Draghi räumte ein, dass er wie jeder ausgeschiedene Beamte in Italien eine Pension erhalte. Das war gerade deshalb brisant, weil Italien einer der Hauptprofiteure der EZB-Politik war. Infolge des SMP-Programms hielt die EZB italienische Staatsanleihen in Höhe von 102,8 Milliarden Euro. Zum Zeitpunkt von Draghis Bundestagsbesuch betrugen die Targetschulden Italiens 266,7 Milliarden Euro. Es war also kein Wunder, dass Draghi von meinem Vorschlag, die Targetsalden mit nationalen Goldbeständen zu besichern, nichts hielt.

Der Besuch Draghis im Bundestag war eine vergebene Chance. Anstatt dem EZB-Präsidenten klarzumachen, dass der Deutsche Bundestag wie ein Mann hinter seinem Bundesbankpräsidenten stand, wurde Draghi im Anschluss regelrecht gefeiert. FDP-Generalsekretär Patrick Döring attestierte ihm einen überzeugenden Vortrag. Und auch Barthle lobhudelte Draghi mit den Worten »Er ist uns als ein preußischer Südeuropäer erschienen.«[301] Dabei stand Draghis EZB schon lange nicht mehr in der Tradition der Bundesbank sondern vielmehr in der der Banca d'Italia.

Dass die Struktur des Europäischen Systems der Zentralbanken an das der Deutschen Bundesbank angelehnt war, symbolisierte auch die Wahl des Standorts – Frankfurt am Main. Vorbild für den EZB-Rat war das oberste Organ der Deutschen Bundesbank, der Zentralbankrat, in dem Präsident und Vizepräsident der Deutschen Bundesbank, die Mitglieder des Direktoriums und die Präsidenten der Landeszentralbanken vertreten waren. Auch hier hatte jedes Ratsmitglied eine Stimme, ohne Berücksichtigung der unterschiedlichen Größe der Bundesländer. Die Abstimmungen waren am Mandat, die Geldwertstabilität für Deutschland zu sichern, orientiert und nicht von Bundesländer-Interessen geleitet. Im Rat der Europäischen Zentralbank sind die sechs Mitglieder des EZB-Direktoriums sowie die Präsidenten aller nationalen Notenbanken vertreten. Obwohl der Anteil der Bundesbank am EZB-Kapitalschlüssel 18 Prozent beträgt, hat der Bundesbankpräsident wie jedes andere Mitglied dort genau eine Stimme. Der deutsche Anteil am eingezahlten Kapital lag nach der Euro-Einführung Litauens zum 1. Januar 2015 bei 25,6 Prozent.

Mit dem Beitritt Litauens als 19. Mitgliedsstaat der Eurozone trat ein Rotationsprinzip im EZB-Rat in Kraft. Das Rotationsprinzip war seitens des Europäischen Rates bereits im Jahr 2003 beschlossen worden. Damals stand die Erweiterung der Europäischen Union um zehn Staaten zum 1. Mai 2004 bevor. Mit dem Rotationsprinzip sollte die Entscheidungsfähigkeit des EZB-Rats angesichts steigender Mitgliederzahlen gewahrt bleiben.

Im Rotationsverfahren werden die Vertreter der nationalen Notenbanken je nach wirtschaftlichem und finanziellem Gewicht des jeweiligen Mitgliedstaates einer Gruppe zugeteilt, innerhalb derer die Stimmrechte rotieren. Der EZB-Rat umfasst insgesamt 21 stimmberechtigte Mitglieder. Die fünf größten Länder haben vier Stimmen im EZB-Rat, die monatlich zwischen Ihnen rotieren. Jeden fünften Monat ist die Bundesbank als größter Kapitalanteilseigner im EZB-Rat ohne Stimmrecht. Zu den 15 stimmberechtigten Vertretern der nationalen Zentralbanken kommen die sechs Direktoriumsmitglieder, die nicht vom Rotationsprinzip betroffen sind. Im EZB-Direktorium ist Deutschland traditionell vertreten. Als Asmussen nach nur knapp zwei Jahren seinen Posten bei der EZB hinwarf, um Staatssekretär im Bundesministerium für Arbeit und Soziales zu werden, folgte ihm die bisherige Vize-Präsidentin der Bundesbank, Sabine Lautenschläger. Einen festgeschrieben Anspruch hat Deutschland aber nicht.

Ich hatte bereits im Frühjahr 2012 Schäuble in der Angelegenheit angeschrieben und das Thema im Laufe des Jahres immer wieder im

Haushaltsausschuss angesprochen. Damals bestand die Eurozone noch aus 17 Mitgliedern. Es wäre noch genügend Zeit gewesen, um Änderungen zu erwirken, ohne einen neuen Euro-Mitgliedstaat vor den Kopf zu stoßen. Die Bundesregierung ergab sich lieber ihrem Schicksal und versuchte das Rotationsverfahren sogar als Einflussgewinn für die Bundesbank zu verkaufen. Natürlich war die Stimme Weidmanns relativ gesehen mehr wert – wenn er nicht gerade Zaungast war. »Das Rotationsverfahren ist Ergebnis eines schwierigen Verhandlungsprozesses. Ein ständiges Stimmrecht für Deutschland konnte in den Verhandlungen aufgrund des erheblichen Widerstands kleinerer Länder nicht durchgesetzt werden«, teilte mir die Bundesregierung auf Nachfrage mit.[302]

Da von der Bundesregierung in der Angelegenheit nichts mehr zu erwarten war, versuchte ich über einen Parteitagsbeschluss eine Änderung des EZB-Regelwerkes zu erreichen. Auf dem CDU-Parteitag am 5. April 2014 in Berlin brachte mein CDU-Kreisverband Rheingau-Taunus einen entsprechenden Antrag ein. Die Stimmrechte im EZB-Rat sollten den Kapital- und Haftungsverhältnissen entsprechen. Dem deutschen Bundesbankpräsidenten sollte als Repräsentanten des größten Kapitalanteilseigners ein Vetorecht eingeräumt werden. Ohne eine entsprechende Änderung der Satzung der EZB sollte die Bundesregierung dem Beitritt weiterer Kandidaten in die Währungsunion nicht zustimmen.[303] Der Antrag erhielt nicht den Segen der Antragskommission und wurde erwartungsgemäß abgelehnt.

Den deutschen Einfluss in der EZB so groß wie möglich zu gestalten, war gerade deshalb so wichtig, weil bereits an einer Europäischen Bankenunion gearbeitet wurde. Die Europäische Zentralbank bekam mit der Einheitlichen Bankenaufsicht und dem Einheitlichen Bankenabwicklungsmechanismus (Single Resolution Mechanism, SRM) zentrale neue Befugnisse. Draghi wurde so zum obersten Aufseher und Richter in einer Person und war dabei noch befangen. Denn die EZB betrieb seit einigen Jahren eine expansive Geldpolitik und versorgte die Banken der Schuldenstaaten fleißig mit Sonderkrediten. Würde die Zentralbank eine dieser Banken vom Markt nehmen, käme dies einem Schuss ins eigene Bein gleich. Um die eigene Bilanz zu schonen, würde die EZB vielmehr auf eine Rekapitalisierung der betroffenen Institute aus dem ESM drängen.

Eigentlich insolvente Finanzinstitute würden dann entgegen allen Regeln des Marktes ein Leben als Zombie-Banken fristen. Für den Sitzstaat der Bank war dies ein Freifahrtschein, um die gesamte Verantwortung auf die Aufsicht zu schieben.

Die Beratungen dazu fanden im Finanzausschuss statt; im Haushaltsausschuss spielten sie nur am Rande eine Rolle. Im Bundestag wurde das Thema absichtlich flach gehalten. Die Abstimmung über das »Gesetz zum Vorschlag für eine Verordnung des Rates zur Übertragung besonderer Aufgaben im Zusammenhang mit der Aufsicht über Kreditinstitute auf die Europäische Zentralbank« fand nicht zufällig am 13. Juni 2013 um kurz nach 22 Uhr statt. Parallel zum Plenum hatte bereits um 19 Uhr das Sommerfest der Deutschen Parlamentarischen Gesellschaft (DPG) begonnen. In der DPG sind sehr viele ehemalige und aktuelle Bundes-, Landtags- und Europaabgeordneten Mitglied. Das traditionelle Sommerfest findet immer im direkt gegenüber der Reichstagsostseite gelegenen Garten des Reichstagspräsidentenpalais statt. Die Partygäste mussten also nur noch ihren Weg über den Friedrich-Ebert-Platz ins Parlamentsgebäude finden, was auch die ausgelassene Stimmung an diesem Abend während der Debatte erklärt.

Geldhahn auf für Europas Banken

Als Nächstes kam die direkte Bankenrekapitalisierung dran, an deren Richtlinien unter Hochdruck gearbeitet wurde. ESM-Hilfsgelder für Finanzinstitute waren wie immer nur als *ultima ratio* vorgesehen. Am Anfang der Haftungskaskade stand eine Beteiligung der Eigentümer und großen Gläubiger in Höhe von acht Prozent der Bilanzsumme der abzuwickelnden Bank. Für weitere fünf Prozent der Bilanzsumme sollte in einer zweiten Haftungsstufe ab 2016 ein aus Bankenabgaben gespeister Bankenfonds in Anspruch genommen werden, der aber erst zum 1. Januar 2024 seine Zielgröße von 55 Milliarden Euro erreichen sollte. Würde auch das nicht ausreichen und der Sitzstaat der Bank die verbleibende Kapitallücke nicht aus eigener Kraft schließen können, sollte zukünftig der ESM »als allerletzte Notfallmaßnahme« angezapft werden. Die »Haftungskaskade« verkauften die Euro-Retter wieder einmal als großen Durchbruch.[304]

Wie die konkrete Ausgestaltung der Notfallmaßnahme vorgenommen und der Eintritt des Verlustfalls geschehen sollte, wurde hingegen nicht thematisiert. Um mehr über den *worst case* zu erfahren, musste man sich selbst durch die Paragraphen graben. Im Fall einer direkten Bankenrekapitalisierung sollte der Sitzstaat parallel zum ESM einen Kapitalbeitrag erbringen. Wenn der Staat dazu erwartungsgemäß nicht in der Lage sein würde oder nicht wollte, musste der ESM dem betroffenen Staat hierfür einen Langzeitkredit zur Verfügung stellen. Die eigentliche Rekapitalisierung durch den ESM erfolgt gegen den Erwerb von Stammaktien des Finanzinstituts. Der ESM wird in diesem Fall also Miteigentümer einer bankrotten Bank. Wenn die Bank wieder auf die Beine kommt, kann der ESM seine Anteile womöglich wieder auslösen; wenn nicht, geht es ans Eingemachte. Der möglichen Feststellung eines Verlustes kommt hierbei also eine zentrale Bedeutung zu. Leider wird dieser Aspekt nirgendwo konkretisiert. Politisch betrachtet, braucht es eine Konkretisierung auch nicht. Denn wenn der ESM Anteilseigner einer Bank ist, wird er sie nicht pleitegehen lassen, denn erst dann würde der Verlust realisiert. Schwer vorstellbar ist auch, dass die Bankenaufsicht die Abwicklung einer solchen Bank empfehlen würde.

Um für Außenstehende das Risiko überschaubar zu halten, sollte für das neue Instrument zwar eine maximale Obergrenze von 60 Milliarden Euro festgelegt werden. Gleichzeitig wurde uns bereits ein Beschluss des ESM-Gouverneursrates im Entwurfsstatus übersandt, in dem es hieß:

> »Unbeschadet des Verfahrens zur Überprüfung des maximalen Darlehensvolumens gemäß Artikel 10 Absatz 1 des [ESM-]Vertrags kann der Gouverneursrat beschließen, die anfänglich auf 60 Mrd. EUR festgesetzte Obergrenze anzupassen, sofern dies notwendig und angemessen ist.«

Die Bilanzsumme der Banken in den Krisenländern Griechenland, Portugal, Irland, Spanien, Zypern und Italien belief sich im Herbst auf über neun Billionen Euro. Für acht Prozent dieser Summe sollten zukünftig die Eigentümer und großen Gläubiger, für bis zu fünf Prozent der neue Bankenrettungsfonds haften. Das theoretische Restrisiko in Höhe von 7,9 Billionen Euro lag beim Steuerzahler. Mit der Spanien-Hilfe gab es bereits einen Referenzfall. Letztendlich benötigten die spanischen Banken zwar nicht 100, sondern nur 41,5 Milliarden Euro, wichtig ist hierbei aber die Größenordnung. Der Bankenfonds war mit 55 Milliarden Euro lächerlich klein bemessen. Über diesen Fonds wurden auch deutsche Sparkassen und Genossenschaftsbanken für die mögliche Pleite von südeuropäischen Großbanken in Haftung genommen, obwohl diese ganz andere Geschäftsmodelle haben und nicht systemrelevant sind. Eine durchschnittliche Sparkasse hat eine Bilanzsumme von 2,5 Milliarden Euro. Der Schwellenwert für die Beteiligung am Abwicklungsfonds lag aber bei einer Milliarde Euro, sodass sich etwa 80 Prozent der insgesamt 410 deutschen Sparkassen an dem Bankenfonds beteiligen müssen, obwohl sie niemals Geld daraus erhalten würden.

Ursprünglich sollte der Bundestag bereits am 16. Oktober 2014 die zur Ermöglichung der direkten Bankenrekapitalisierung notwendigen Gesetze beschließen. Weil die Vorlage der Kommission zur Bankenabgabe aber noch auf sich warten ließ, wurde die Abstimmung verschoben. Die zusätzlich gewonnene Zeit wollte ich dafür nutzen, um in der Fraktionssitzung noch einmal grundsätzlich über dieses neue Instrument zu diskutieren. Im Vorfeld hatte ich eine umfangreiche E-Mail an alle Fraktionsmitglieder verschickt, in der ich auch an Meisters einschlägige Pressemitteilung vom 26. April 2012 erinnerte.

In der Fraktion argumentierten dann Kampeter, Meister und die finanzpolitische Sprecherin unserer Fraktion, Antje Tillmann, gegen mich. Kampeter warf mir unkameradschaftliches Verhalten gegenüber meinem Landesgruppenkollegen Meister vor. Meine Behauptungen seien von einem geradezu unanständigen Stil geprägt; der Vertragspartner für eine direkte Bankenrekapitalisierung aus dem ESM sei immer noch der Sitzstaat. Daraufhin meldete sich der PKM-Vorsitzende Christian von Stetten zu Wort, hielt den Gesetzentwurf hoch und sagte:

> »Ich bin Steffen Kampeter für seine Klarstellung außerordentlich dankbar, dass das Geld an die Staaten gegeben wird. Dann haben wir noch Gelegenheit das zu korrigieren, denn hier im Gesetzentwurf steht es noch ganz anders drin.«[305]

Daraufhin folgte ein ziemliches Durcheinander. Kauder blickte in die Runde und fragte, wer den Sachverhalt aufklären könnte. Erst Merkel konnte die Situation wieder beruhigen. Die Bundeskanzlerin stellte klar, dass der Sitzstaat Vertragspartner bei direkten Finanzhilfen aus dem ESM für seine Banken sei. Meinen Zwischenruf »Und wer ist der Schuldner?« beantwortete Merkel wahrheitsgemäß: Die Banken; die Sitzstaaten waren in keiner Haftungsposition gegenüber dem ESM.

Banken konnten aus dem Handelsregister gestrichen werden, Staaten nicht. Viele Fraktionsmitglieder waren jetzt extrem verunsichert, da sie zuvor nur gehört hatten, dass das neue Instrument den Steuerzahler schonen sollte. Jetzt erfuhren sie, dass es den Steuerzahler mit voller Breitseite treffen konnte. Merkel bekam dementsprechend nur sehr dünnen Applaus. Kauder war ziemlich sauer und sprach mit Blick auf Kampeter und Meister von einer unzulänglichen Darstellung vonseiten des

Bundesfinanzministeriums. Beim nächsten Mal müssten die Unterrichtungen besser vorbereitet werden.

Um etwas Belastbares gegen die Argumentation der Euro-Retter in der Hand zu haben, beauftragte ich den Wissenschaftlichen Dienst des Deutschen Bundestages mit einem Gutachten. Der Wissenschaftliche Dienst sah wie ich »keine Anhaltspunkte dafür, dass der ESM-Mitgliedstaat in einer besonderen Haftungsposition wäre, wenn ein auf seinem Gebiet ansässiges Finanzinstitut abgewickelt werden muss, obgleich es zuvor ESM-Hilfen empfangen hat.«[306]

Noch bevor mir dieses Gutachten vorlag, räumte Barthle in einem Rundschreiben ein, dass »der ESM und damit seine Kapitalgeber im Falle einer Anwendung des Instruments unmittelbar einen Teil der Risiken der Bank [tragen], ohne dass der Staat noch als Garant dazwischensteht.« Die Bundesregierung habe daher in den Verhandlungen sehr hohe Hürden für eine Anwendung des neuen Instruments durchgesetzt.[307] In der nächsten Fraktionssitzung wurde schon gar nicht mehr über das Thema diskutiert.

Nachdem die EZB am 4. November 2014 die Aufsicht über die 120 größten Bankengruppen im Euro-Währungsgebiet übernommen hatte, stand auch der Abstimmung im Bundestag am 6. November 2014 nichts mehr im Weg. Über die direkte Bankenrekapitalisierung wurde nicht namentlich abgestimmt. Dennoch machten Wolfgang Bosbach und ich unsere Ablehnung im Plenum deutlich. Insgesamt musste über zehn Gesetzentwürfe, Beschlussempfehlungen und Entschließungsanträge abgestimmt werden. Uns war wichtig, dass im Plenarprotokoll wenigstens zwei Gegenstimmen aus der CDU/CSU-Fraktion vermerkt waren, was Bundestagsvizepräsident Peter Hintze bei der Verkündung der Abstimmungsergebnisse mehrfach durcheinanderbrachte.

Ein neuer Marshallplan?

Das zweite Griechenland-Rettungspaket lief zum 31. Dezember 2014 aus. Die Bilanz von viereinhalb Jahren Griechenland-Hilfe war desaströs. Bereits in einer Sondersitzung wenige Wochen vor der Bundestagswahl hatte Schäuble am 2. September 2013 im Haushaltsausschuss gesagt, dass Griechenland einen ungedeckten Finanzbedarf in Höhe von bis zu elf Milliarden Euro habe. Auch nach dem Auslaufen des aktuellen Hilfsprogramms könne Griechenland nur schrittweise zurück an den Kapitalmarkt. Hinter verschlossenen Türen liefen die Vorbereitungen für ein drittes Griechenland-Hilfspaket spätestens seit Mitte 2014 auf Hochtouren. Griechenland sollte nach Abschluss des zweiten Hilfspaketes mit einer Kreditlinie mit erweiterten Bedingungen (Enhanced Conditions Credit Line, ECCL) über Wasser gehalten werden. Diese Kreditlinie sollte »als Sicherungsnetz bereit [stehen] und würde nur dann in Anspruch genommen, sollte Griechenland doch keinen Zugang mehr zum Kapitalmarkt haben bzw. nur zu unangemessenen Bedingungen.«[308]

Vorsorglichen Finanzhilfen waren eigentlich zur Vorsorge und nicht zur Nachpflege konzipiert worden. Gemäß der entsprechenden ESM-Leitlinie kamen nur solche Staaten für eine ECCL in Frage, »deren wirtschaftliche und finanzielle Situation insgesamt nach wie vor solide ist«.[309] Griechenlands Haushaltslage war aber im Herbst 2014 alles andere als solide. Insgesamt hatte Griechenland seit Mai 2010 215,7 Milliarden Euro erhalten. Der Schuldenstand betrug im Herbst 2014 175,5 Prozent des BIP – trotz Schuldenschnitt und Schuldenrückkaufprogramm im Jahr 2012. Im Mai 2010 hatte das Defizit noch bei 124,9 Prozent gelegen. Das Volumen der notleidenden Kredite stieg. Im zweiten Quartal 2014 betrug die Kreditausfallrate 34,1 Prozent.

Die Gewährung einer ECCL-Kreditlinie hatte aber noch eine weitere Dimension: Draghi konnte mit seinem OMT-Programm nur dann unbegrenzt Staatsanleihen aufkaufen, wenn sich das betreffende Land in der

Obhut von EFSF oder ESM befand – oder eine ECCL aktiviert war. Athen weigerte sich jedoch, wichtige Teile der mit der Troika vereinbarten Reformen umzusetzen. Geradezu verzweifelt appellierten die Euro-Retter an die griechische Regierung, zeitnah – zumindest auf dem Papier – die notwendigen Schritte umzusetzen, damit die Anschlussfinanzierung nicht gefährdet würde. Athen wollte die letzte Finanztranche in Höhe von 1,8 Milliarden aber unabhängig von der Erfüllung der Auflagen erhalten und hoffte auf die Umwidmung von Programmgeldern in Höhe von 10,9 Milliarden Euro, die ursprünglich für die indirekte Rekapitalisierung der griechischen Banken vorgesehen waren. Danach sollte sich die Troika auf Nimmerwiedersehen aus dem Land verabschieden.

Auf dem Finanzministertreffen vom 8./9. Dezember 2014 wurde eine zweimonatige Fristverlängerung vereinbart. Da den Euro-Rettern die Zeit wie Sand zwischen der Finger zerrann, einigte sich die Eurogruppe auch schon auf eine anschließende vorsorgliche Kreditlinie in Höhe von 10,9 Milliarden Euro. Die Kommission schätzte den Finanzbedarf Griechenlands 2015 auf sechs bis zwölf Milliarden Euro. Die ECCL sollte bis zu 90 Prozent abdecken und 10,9 Milliarden Euro umfassen.

Der Antrag des Bundesministeriums der Finanzen lautete »Finanzhilfen zugunsten Griechenlands; technische Verlängerung und Fortführung der Stabilitätshilfe«. Vielen Kollegen wurde erst bewusst, dass sie neben der Fristverlängerung auch ihr Einverständnis zur Ausarbeitung einer ECCL geben sollten, als im Plenum auf Antrag der Grünen über beides getrennt abgestimmt wurde. Leider gab es zu beiden Punkten aus den Reihen der Koalitionsfraktionen nur eine – meine – Gegenstimme.

Griechenland nutzte die zusätzliche Zeit erwartungsgemäß nicht, um das Programm erfolgreich abzuschließen, sondern versank in einer innenpolitischen Krise. Wie in Deutschland ist auch in Griechenland der Staatspräsident politisch gesehen von nachgeordneter Bedeutung. Bei den vorgezogenen Präsidentschaftswahlen erreichte der Kandidat der Regierung und ehemalige EU-Kommissar Stavros Dimas in drei Wahlgängen am 17., 23. und 29. Dezember nicht die in der Verfassung vorgeschriebene Mehrheit. Während das politische Geschäft in Berlin stillstand, hatte die griechische Opposition die Axt angelegt. Es ging dabei weniger um den

Mehrheitskandidaten als um die Tatsache, dass bei einem Scheitern der Präsidentschaftswahl das Parlament aufgelöst werden musste.

Aus den Neuwahlen am 25. Januar 2015 ging Syriza deutlich als stärkste Kraft hervor, verpasste aber mit 149 von 300 Sitzen knapp die absolute Mehrheit. Für Außenstehende unerwartet schnell einigte sich Syriza-Parteichef Tsipras schon einen Tag später mit der rechtsradikalen Kleinpartei Anexartiti Ellines (ANEL) auf eine Koalition. Finanzminister wurde der Wirtschaftswissenschaftler Yanis Varoufakis, der von seinen Anhängern wie ein Popstar gefeiert wurde. Auf europäischer Bühne übernahm er als Pendant zum eher smarten Ministerpräsidenten Tsipras die Rolle des Euro-Retter-Schreckgespenstes. Varoufakis war noch gar nicht im Amt, da hatte er schon in einem Interview mit der französischen Zeitung *La Tribune* gesagt: »Quoi que fasse ou dise l'Allemagne, elle paie, de toute façon.«[310]

Der Hauptschwerpunkt der neuen Regierung lag auf dem Zurücknehmen von Reformmaßnahmen und dem Schüren von Gläubigerhass. Besonders Troika und Bundesregierung gerieten dabei ins Schussfeld. Vorläufiger Höhepunkt der Verunglimpfungen war eine Karikatur, die in der Syriza-Parteizeitung *Avgi* veröffentlicht wurde und Schäuble in einer Wehrmachtsuniform zeigte. Der Zeichner legte dem deutschen Bundesfinanzminister folgende Worte in den Mund: »Wir bestehen darauf, Seife aus Eurem Fett zu machen. Wir diskutieren nur über Düngemittel aus Eurer Asche.«[311]

Neben Deutschland wurde die Troika zum Feindbild der griechischen Propaganda aufgebaut. Varoufakis verwies sie des Landes und erklärte die Zusammenarbeit für beendet. Das mühevolle Suchen nach einem Kompromiss mit Athen ging sogar so weit, dass sich die Troika selbst nicht mehr als solche bezeichnete, sondern sich in die »Institutionen« umbenannte, um der griechischen Regierung die Wiederaufnahme der Gespräche zu ermöglichen. Nachdem Athen eine unbestimmte Liste mit einzelnen Reformmaßnahmen vorgelegt hatte, wurde das Griechenland-2-Programm nochmals um vier Monate bis zum 30. Juni 2015 verlängert.

Einen beachtlichen Kurswechsel vollzog in diesem Zusammenhang die Linksfraktion. Hatten die Linken zuvor jede Maßnahme der Bundesregierung im Kontext der Euro-Krise abgelehnt, stimmten sie nun geschlossen für die zweite Verlängerung und waren plötzlich Anhänger der Griechenland-Rettung. Die kommunistischen Seilschaften funktionieren nach wie vor. Nach der Bundestagswahl war mit Gesine Lötzsch sogar eine bekennende Kommunistin zur Vorsitzenden des Haushaltsausschusses gekürt worden.

Unter den Abgeordneten der Union begann es inzwischen gewaltig zu rumoren. Zur Seelenerleichterung bereitete Eckhard Rehberg, der seit Barthles Berufung zum Parlamentarischen Staatssekretär im Verkehrsministerium neuer haushaltspolitischer Sprecher der CDU/CSU war, eine Mustererklärung vor, die etliche Kollegen zeichneten und dem Plenarprotokoll beifügen ließen. Bei der Abstimmung im Bundestag am 27. Februar 2015 stimmten 29 Mitglieder der CDU/CSU-Bundestagsfraktion bei drei Enthaltungen gegen eine nochmalige Verlängerung des Programms um vier Monate. Darunter waren auch viele erstmals gewählte, gerade auch junge Abgeordnete.[312] Meine Fraktion gewährte mir bei der Debatte dankenswerter Weise wieder Redezeit. Meine rhetorische Frage gegen Ende meines Beitrages schlug hohe Wellen:

> »Schauen Sie sich Tsipras an, schauen Sie sich Varoufakis an! Würden Sie von denen einen Gebrauchtwagen kaufen?«

Im Nachgang wurde ich mit einer Welle der Sympathie überschwemmt. In den sozialen Medien brachte mir mein Debattenbeitrag Zustimmungswerte, die ich nie für möglich gehalten hätte, aber auch einige wüste Beschimpfungen ein. Einige münzten das Gebrauchtwagen-Zitat auf das Aussehen von Tsipras und Varoufakis. Dabei war mir einfach nur schleierhaft, wie die griechische Regierung wieder das Vertrauen der Märkte gewinnen wollte. Sie redete nämlich vom ersten Tag an in Brüssel oder Berlin völlig anders als zu Hause in Athen.

Trotz der erneuten Fristverlängerungen änderte die griechische Regierung nichts an ihrem Gebaren. Der griechische Verteidigungsminister und ANEL-Parteichef, Panos Kammenos, drohte damit, die EU-Außengrenzen zu öffnen, Migranten mit Papieren auszustatten und nach Deutschland zu schicken. Wenn sich darunter islamistische Terroristen befänden, sei dies das Problem der Europäer.[313] Ein anderer ANEL-Politiker sagte »Merkel ist wie Hitler. Er hat unser Land genommen, sie führt einen Wirtschaftskrieg.«[314]

Die Troika ist in Griechenland deshalb so unbeliebt, weil sie Korruption und Klientelismus mithilfe einer strengen externen Kontrolle der staatlichen Finanzen einschränken wollte. Beides sind aber Kernbestandteile der politischen Kultur Griechenlands. Jede griechische Regierung mied bisher die Sparsamkeit wie der Teufel das Weihwasser. Denn was in anderen Ländern funktioniert – Einnahmesteigerungen und Ausgabenkürzungen –, bringt in Griechenland das gesamte politische System ins Wanken. Die Regierung ist darauf angewiesen, ihre Klientel mit Posten im öffentlichen Dienst zu versorgen und andere Wahlgeschenke zu verteilen. Wer in Griechenland keine »Rousfetia« verteilen kann oder will, ist politisch ein toter Mann. Der Abbau des Beamtenapparats, Steuererhöhungen und Rentenkürzungen verprellte das Klientel der beiden traditionellen Klientelparteien PASOK und Nea Dimokratia. Die griechischen Wähler hievten mit Syriza eine politische Kraft in die Sessel der Macht, die mehr denn je in der politischen Tradition ihres Landes stand.[315]

Auf der Ausgabenseite strebte die neue griechische Regierung einen Schuldenschnitt an, um sich des lästigen Schuldendienstes zu entledigen. Auf der Einnahmenseite legte Athen neben dem Erlangen weiterer Hilfsgelder vonseiten der europäischen Institutionen ESM, EZB, EIB und EBRD seinen Schwerpunkt auf Reparationsforderungen von Deutschland in der astronomischen Höhe von 278,7 Milliarden Euro.

Das Deutsche Reich war neben Italien und Bulgarien zwischen 1941 und 1944 eine von drei Besatzungsmächten in Griechenland. Die Besatzungspolitik trieb das wirtschaftlich ohnehin nicht leistungsfähige Griechenland in eine galoppierende Inflation.[316] In den Jahren unter deutscher Besatzung geschahen gerade nach dem Seitenwechsel der Italiener viele schreckliche Dinge. So wurden beispielsweise am 10. Juni 1944 218 Bewohner des griechischen Dorfes Distomo von Mitgliedern einer SS-Polizei-Panzerdivision ermordet. Andere traurige Beispiele sind die Massaker von Komeno und Kalavryta.[317]

Die Bundesrepublik Deutschland stellte sich im Gegensatz zur DDR ihrer Verantwortung. Auf der Londoner Schuldenkonferenz vom 28. Februar bis zum 8. August 1952 berieten 20 Gläubigerstaaten – darunter auch Griechenland – mit der Bundesregierung über eine Regelung der deutschen Auslandsschulden vor dem 8. Mai 1945. Die Verhandlungen mündeten im Londoner Schuldenabkommen vom 27. Februar 1953. Dort wurde »[eine] Prüfung der aus dem Zweiten Weltkrieg herrührenden Forderungen von Staaten, die sich mit Deutschland im Kriegszustand befanden oder deren Gebiet von Deutschland besetzt war, und von Staatsangehörigen dieser Staaten gegen das Reich und im Auftrag des Reichs handelnde Stellen oder Personen, einschließlich der Kosten der Besatzung, der während der Besetzung auf Verrechnungskonten erworbenen Guthaben sowie der Forderungen gegen die Reichskreditkassen, [...] bis zu der endgültigen Regelung der Reparationsfrage zurückgestellt.«[318]

Der Prüfvorbehalt endete erst mit Inkrafttreten des Vertrages über die abschließende Regelung in Bezug auf Deutschland (sog. Zwei-plus-Vier-Vertrag) am 12. September 1990. Reparationszahlungen forderten die Siegermächte 45 Jahre nach Kriegsende nicht mehr vom wiedervereinten Deutschland. Dem Zwei-plus-Vier-Vertrag stimmten alle damals der KSZE angehörenden Staaten – also auch Griechenland – in der Charta von Paris am 21. November 1990 zu. Die Bundesregierung hatte bereits Anfang der 60er-Jahre mit zwölf westlichen Staaten bilaterale Globalentschädigungsabkommen zur Regelung von Reparationsfragen geschlossen. Am 18. März 1960 vereinbarten die Bundesregierung Deutschland und das Königreich Griechenland einen »Vertrag über Leistungen zugunsten griechischer Staatsangehöriger, die von nationalsozialistischen Verfolgungsmaßnahmen betroffen worden sind«. Griechenland bekam infolge 115 Millionen Deutsche Mark. Die Verteilung des Geldes wurde dem Ermessen der griechischen Regierung überlassen. In Artikel 3 wurde der deutschen Seite versichert, dass nun »alle den Gegenstand dieses Vertrages bildenden Fragen im Verhältnis der Bundesrepublik Deutschland zu dem Königreich Griechenland, unbeschadet etwaiger gesetzlicher Ansprüche griechischer Staatsangehöriger, abschließend geregelt« waren. Die Ratifikationsurkunden wurden am 20. Oktober 1961 ausgetauscht; der Vertrag wurde seitdem nicht aufgekündigt.

Dennoch forderte Griechenland seit Ende der 90er-Jahre weitere Entschädigungszahlungen. Am 30. Oktober 1997 verurteilte erstmals ein griechisches Gericht die Bundesrepublik dazu, Schadenersatz in Höhe von 55 Millionen Euro an die Nachkommen der Opfer des SS-Massakers in Distomo zu zahlen. Die rot-grüne Bundesregierung legte seinerzeit Revision beim Areopag, dem Obersten Gerichtshof Griechenlands, ein, der diese jedoch am 5. Mai 2000 zurückwies. Die Bundesregierung erkannte die griechische Rechtsprechung aus völkerrechtlichen Gründen nicht an. Trotz der Übergabe einer mahnenden Note an den griechischen Botschafter in Berlin am 29. Mai 2000 begann Griechenland am 11. und 19. Juli 2000 mit Zwangsvollstreckungsmaßnahmen. Bereits am 19. Juli 2000 erreichte die Bundesregierung jedoch eine Aussetzung der Maßnahmen mittels einer einstweiligen Verfügung. Parallel dazu hatten sich die Nachkommen des SS-Massakers bis zum Bundesgerichtshof (BGH) durchgeklagt. Der BGH wies die Klage jedoch letztinstanzlich am 26. Juni 2003 ab.

Darüber hinaus verlangte die griechische Regierung die Rückzahlung einer Zwangsanleihe in Höhe von 476 Millionen Reichsmark, die dem Land 1942 von der deutschen Besatzungsmacht auferlegt worden war. Die daraus resultierenden Forderungen Griechenlands schwanken zwischen 3,5 Milliarden und 75 Milliarden US-Dollar. Auch die jüdische Gemeinde Thessaloniki forderte von der Bundesregierung die Rückerstattung von Vermögen in einem Volumen von mindestens 38 Millionen Deutsche Mark. Insgesamt waren schon um die Jahrtausendwende mehrere tausend Klagen gegen Deutschland anhängig.

Die Bundesregierung beantwortete am 15. August 2000 eine parlamentarische Anfrage der PDS-Fraktion nach einer möglichen Wiederaufnahme von Beratungen über Reparationsforderungen mit den Worten:

»Nach Ablauf von 55 Jahren seit Kriegsende und Jahrzehnten friedlicher, vertrauensvoller und fruchtbarer Zusammenarbeit der Bundesrepublik Deutschland mit der internationalen Staatengemeinschaft hat die Reparationsfrage ihre Berechtigung verloren. Deutschland hat seit Beendigung des Zweiten Weltkrieges in hohem Maße Reparationsleistungen erbracht, die die betroffenen Staaten nach allgemeinem Völkerrecht zur Entschädigung ihrer Staatsangehörigen verwenden sollten. Allein durch Wiedergutmachung und sonstige Leistungen wurde ein Vielfaches der ursprünglich auf der Konferenz von Jalta ins Auge gefassten Reparationen in Höhe von 20 Mrd. US-$ erbracht. Im Übrigen wären Reparationen über 50 Jahre nach Ende der kriegerischen Auseinandersetzung in der völkerrechtlichen Praxis ein Sonderfall ohne jede Präzedenz.«[319]

Außenminister war damals Joschka Fischer. Seine Argumentation behielten auch spätere Bundesregierungen bei. Nachdem im Frühjahr 2015 bereits ein innenpolitischer Streit in Deutschland über den Umgang mit der Zwangsanleihe entbrannt war, deckte ein Historiker auf, dass es die Zwangsanleihe als solche gar nicht gab. Um die deutsche Besatzungspolitik in Griechenland für die Nachkriegszeit in möglichst gutem Licht erscheinen zu lassen, wurde in den letzten Kriegswochen mit typisch deutscher Korrektheit eine Abschlussrechnung konstruiert. Die Restschuld des Deutschen Reiches wurde auf 476 Millionen Reichsmark beziffert. Von einer Anleihe oder einem Kredit war in der Akte, die im Politischen Archiv des Auswärtigen Amtes eingesehen werden kann, nichts vermerkt.[320] Die moralische Schuld Deutschlands bleibt von diesen Ausführungen unberührt.

Gleichzeitig zu Reparationsforderungen rief Griechenland nach einem neuen Marshallplan. Im Rahmen des European Recovery Program (ERP) hatte die Bundesrepublik nach dem Zweiten Weltkrieg einen Kredit in Höhe von 1,4 Milliarden US-Dollar erhalten. Das ERP-Gesamtvolumen belief sich auf 12,4 Milliarden US-Dollar, von denen Griechenland ebenfalls knapp 700 Millionen Euro erhielt. In der bundesdeutschen Erinnerung wird der Marshallplan gemeinhin als die Initialzündung für das »Wirtschaftswunder« in den 50er- und 60er-Jahren verstanden. Während über die ökonomische Bedeutung des Marshallplans kontrovers diskutiert wird, gibt es bezüglich der positiven politischen und psychologischen Effekte, die er für die junge Bundesrepublik besaß, keine Zweifel.

In der Europäischen Union ist mit den Strukturfonds und dem Kohäsionsfonds eine Art Marshallplan dauerhaft institutionalisiert. Deutschland ist hier seit jeher Nettozahler. Seit der Einführung des Euro-Bargeldes am 1. Januar 2002 hat Deutschland 114,1 Milliarden Euro mehr in die EU einbezahlt, als über die Fonds zurückfloss. Griechenland bekam im gleichen Zeitraum etwa 58 Milliarden Euro und ist somit der zweitgrößte Nutznießer der europäischen Kohäsionspolitik. Zu Preisen von 2015 würde sich der griechische Anteil am Marshallplan auf nur 6,9 Milliarden US-Dollar belaufen; das Gesamtvolumen des Wiederaufbauprogramms auf insgesamt 121,7 Milliarden US-Dollar. Leider ruft Griechenland nur einen Bruchteil der Gelder ab. Zudem muss es regelmäßig rechtswidrig ausgegebene EU-Mittel in Millionenhöhe zurückzahlen.[321] Jahr für Jahr gelingen der EU-Betrugsbekämpfungsbehörde (OLAF) spektakuläre Fahndungserfolge. So investierten beispielsweise griechische Uni-Professoren EU-Fördergelder für Forschungsprojekte in den Kauf von Villen und Sportautos und veruntreuten auf diese Weise 200 Millionen Euro.[322] Auch die Milliarden aus dem Juncker-Plan werden versickern.

Griechenland muss endlich damit aufhören, nach mehr EU-Finanzmitteln zu rufen, sondern die üppig zur Verfügung stehenden Mittel nutzen. Der Schlüssel zum Erfolg liegt in der Überwindung von Verwaltungsinkompetenz, Korruption und Klientelismus. Der psychologische Effekt, den der Marshallplan in Deutschland in der Nachkriegszeit bewirkte, hätte in Griechenland spätestens im Mai 2010 eintreten müssen. Im Rahmen der beiden Rettungspakete wurden Griechenland vonseiten der europäischen Solidargemeinschaft und dem IWF insgesamt 215,7 Milliarden Euro Hilfskredite gewährt. Mit den Finanzhilfen wurden nicht nur die privaten Gläubiger ausgelöst, ein Teil der Summe diente auch zur Deckung laufender Staatsausgaben und somit mittelbar zur Auszahlung von Beamtengehältern, Renten usw. Auch wurden mithilfe der Rekapitalisierung der griechischen Banken die Sparkonten erhalten.

Der womöglich banalste aber zugleich gewaltigste Unterschied zwischen der Situation in Europa nach dem Zweiten Weltkrieg und der in Griechenland im 21. Jahrhundert ist, dass mit dem Marshallplan im Krieg zerstörte Strukturen wieder aufgebaut werden sollten, Griechenland hat sich aber über Jahrzehnte hinweg selbst einen Morgenthau-Plan verordnet.

Am 8. Juni 2015 konnte ich Varoufakis einmal persönlich sagen, was ich von seinem Gockel-Gebaren hielt. Die gewerkschaftsnahe Hans-Böckler-Stiftung hatte ihn zu einem Vortrag nach Berlin eingeladen. Nicht nur das Ambiente im Französischen Dom mutete sakral an, sondern auch die geradezu messeartige Stimmung. Sowohl die Schuld für die griechische Schuldenkrise als auch neues Geld suchte Varoufakis überall, nur nicht in seinem eigenen Land. Varoufakis konnte gerne Griechenland in ein kommunistisches Arbeiter- und Bauernparadies verwandeln, aber bitte nicht auf Kosten der deutschen Steuerzahler, entgegnete ich ihm nach dessen Ausführungen. Das brachte mir zahlreiche Buhrufe aufgebrachter Jung- und Altkommunisten ein.[323]

Das Auslaufen der zweiten Verlängerung des zweiten Griechenland-Programms zum 30. Juni 2015 rückte indes immer näher. Die griechische Regierung pochte auf die Auszahlung der Restmittel und war noch nicht einmal pro forma bereit, dafür auch nur irgendeinen für die Euro-Retter annehmbaren Kompromiss einzugehen. Am 27. Juni ließ Tsipras die Verhandlungen über eine erneute Programmverlängerung scheitern und setzte ein Referendum an. Nachdem Griechenland am 30. Juni eine fällige Rate in Höhe von 1,5 Milliarden Euro nicht an den IWF zurückgezahlt hatte, stellte Athen paradoxerweise am gleichen Tag einen Antrag beim ESM auf ein drittes Hilfspaket. Diese Nachricht platzte mitten in unsere Fraktionssitzung, die sodann unterbrochen wurde. Ratlos versuchten Bundesregierung und Fraktionsführung, eine neue gemeinsame Linie zu finden.

Eine Einigung zwischen Griechenland und seinen Geldgebern schien unmöglich zu werden, als die griechische Bevölkerung im Referendum am 5. Juli in großer Mehrheit weitere Reform- und Sparprogramme ablehnte. Doch kurze Zeit später überraschte die griechische Regierung nicht nur mit dem Rücktritt von Varoufakis, sondern bekräftigte auch ihr Begehren nach ESM-Mitteln und legte eine Liste mit Spar- und Reformvorschlägen vor, die auf dem Papier weit über das hinausgingen, was Athen seiner eigenen Bevölkerung noch wenige Tage zuvor empfohlen hatte abzulehnen. Zu diesem Zeitpunkt musste die griechische Regierung ihre Banken längst geschlossen halten. Jeder Grieche durfte pro Tag nur noch 60 Euro abheben. Auslandsüberweisungen waren nicht mehr möglich.

In einer Sondersitzung am 12. Juli, die bis zum nächsten Morgen andauerte, einigten sich die Staats- und Regierungschefs des Euro-Währungsgebietes auf ein drittes Griechenland-Hilfspaket in Höhe von 86 Milliarden Euro. Athen versprach im Gegenzug erhebliche eigene Anstrengungen. Erneut sollten zum Beispiel 50 Milliarden Euro mithilfe von Privatisierungen eingenommen werden. Mithilfe einer Brückenfinanzierung in Höhe von sieben Milliarden Euro aus dem EU-Topf EFSM wurde Griechenland liquide gehalten. Das Ausfallrisiko ließen sich die Nicht-Euro-Staaten mit den angefallenen Gewinnen der nationalen Notenbanken aus dem SMP-Programm der EZB besichern. Auf diese Weise sollte die EZB vor einem Kreditausfall bewahrt werden, denn im Juli und August wurden Anleihen in Höhe von insgesamt 6,68 Milliarden Euro fällig.

Der Bundestag wurde kurzfristig zu einer Sondersitzung zusammengerufen. Der Unmut unter den Kollegen war groß. Viele hatten sich zuvor bereits öffentlich festgelegt, einem weiteren Hilfspaket keinesfalls zuzustimmen. Am Tag vor der Abstimmung lud ich Professor Sinn in den Bundestag ein, der etwa 50 Unionsabgeordneten noch einmal darlegte, warum Griechenland das sprichwörtliche Fass ohne Boden war. In der anschließenden fünfstündigen Fraktionssitzung kündigten bereits 48 Kollegen an, diesmal der Bundesregierung nicht mehr folgen zu können. Bei der Abstimmung am 17. Juli stimmten dann sogar 60 Abgeordnete aus den Reihen der Union gegen weitere Griechenland-Hilfen.[324]

Während auf europäischer Ebene nun die Ausarbeitung eines Memorandum of Understanding begann, verabschiedete sich der Deutsche Bundestag wieder in die Sommerpause. Der parlamentarische Betrieb stand still. Den Abgeordneten und ihren Mitarbeitern sollten sogar noch ruhigere Tage bevorstehen. Aufgrund einer Cyberattacke auf den Bundestag im Frühjahr war ab dem 13. August für vier bis fünf Tage die Abschaltung des gesamten IT-Systems zwecks Neuaufsetzung vorgesehen. Der Termin war unglücklich gewählt, denn am 20. August wurden bei der EZB griechische Staatsanleihen in Höhe von 3,188 Milliarden Euro fällig. Da Griechenland das Geld nicht hatte, musste bis dahin das dritte Griechenland-Hilfspaket geschnürt worden sein, wenn die Euro-Retter kein Kreditausfallereignis bei der Europäischen Zentralbank riskieren wollten.

Am 12. August erhielt ich eine Haushaltsausschuss-Drucksache, die wie immer weder mit einer Erklärung in der E-Mail noch mit einem plausiblen Dateinamen versehen war. Ich bin zwar nicht mehr im Haushaltsausschuss, hatte aber erfolgreich dafür gekämpft, wenigstens auf dem Dokumentenverteiler zu bleiben. Das war an Tagen wie diesen Gold wert. Die als geheim eingestufte Drucksache beinhaltete ein 34-seitiges englischsprachiges Dokument mit dem Titel »Memorandum of Understanding for a three-year ESM programme«.

Am Dokumentenende befanden sich zwei Zeitpläne, die nochmals mit einem dicken Querbalken als »CONFIDENTIAL« gekennzeichnet waren. Für den Zeitraum zwischen dem 14. und 18. August war dort die Befassung der nationalen Parlamente vorgesehen. Die Euro-Retter fuhren zweigleisig. Während der erste Ablaufplan das neue ESM-Programm beinhaltete, offenbarte der zweite, dass eine erneute Brückenfinanzierung über den EU-Topf EFSM als Notfallmaßnahme eingeplant war.

Die *BILD* berichtete währenddessen bereits über ein Papier aus dem Finanzministerium, in dem das Memorandum of Understanding geradezu verrissen wurde.[325] So bestand laut BMF-Analyse keine Schuldentragfähigkeit, die Rolle des IWF war weiterhin offen, hinter den von griechischer Seite versprochenen Privatisierungen sah das Ministerium ein großes Fragezeichen. Das BMF bemängelte zudem, dass Griechenland zwar sofort auf die Auszahlung der milliardenschweren ersten Tranche drängte, die Umsetzung der vereinbarten Maßnahmen aber nicht vor Oktober beziehungsweise November plante.

Mein Mitarbeiter bat das Büro des neuen Parlamentarischen Staatssekretär und Nachfolger Kampeters, Jens Spahn, telefonisch um die Übermittlung des Dokuments. Das BMF ist dazu gemäß Art. 7 Abs. 2 ESMFinG verpflichtet. Im Gesetz heißt es: »Die Bundesregierung übermittelt dem Deutschen Bundestag alle ihr zur Verfügung stehenden Dokumente zur

Ausübung der Beteiligungsrechte des Deutschen Bundestages.« Das Büro des Staatssekretärs versicherte aber, dass das Dokument in dieser Form nicht existierte. Doch wenig später berichtete die *BILD* erneut über das Papier und einen daraus resultierenden Streit zwischen dem Finanz- und Wirtschaftsministerium.[326] Es gab das Dokument anscheinend doch.

Ich schaltete nun das Bundestagsreferat »PE 5 Europa-Dokumentation« ein. Dort ist das bundestagsinterne Europa-Informationssystem EuDoX angesiedelt. EuDoX wurde einst geschaffen, um die Flut von EU-Dokumenten zu kanalisieren. Ich habe dort mehrere Newsletter zu den Themen »ESM«, »Haushalt«, »Griechenland« usw. eingerichtet. Wer das nicht getan hat, muss theoretisch gezielt in der Datenbank nach Dokumenten suchen. Der komplizierte Umgang mit EuDoX stellt Abgeordnete und ihre Mitarbeiter immer wieder vor Probleme, sodass die Verwaltung sogar Schulungen dazu anbietet. Über die Bundestagsverwaltung erhielt ich schließlich das angeforderte BMF-Papier. Im Übermittlungsschreiben schrieb das BMF beschwichtigend: »Das Papier formuliert insbesondere Fragen, die Teil des andauernden Prüfprozesses des MoU-Entwurfes sind und dient der mündlichen Erörterung offener Punkte, die in der Eurogruppe zu besprechen sein werden. Ergänzend hierzu ist festzuhalten, dass die Pressemeldung ›die Bundesregierung lehnt das Griechen-Rettungsprogramm ab‹ nicht zutrifft.«

Das Papier war brisant. Das BMF rechnete in neun Punkten mit dem zwischen Troika und griechischer Regierung getroffenem Verhandlungsergebnis ab. So sei zum Beispiel der Finanzbedarf höher als erwartet. Für ein drittes Griechenland-Hilfspaket fehlte offensichtlich jegliche Voraussetzung. Noch immer gibt es im BMF viele hervorragende Beamte der alten Schule, die dies der Hausleitung unverdrossen in die Sprechzettel schreiben. Dass dieses Dokument den Abgeordneten aber immer noch nicht zugänglich gemacht wurde, veranlasste mich zu einer geharnischten E-Mail an Spahn:

»Ich erwarte nicht, dass das BMF mir um den Hals fällt, wenn ich meine parlamentarischen Aufgaben ernst nehme, erwarte aber, dass sich Ihr Haus auch an die gegebenen Gesetze hält. Dadurch, dass ich die Herausgabe des Dokumentes über die Bundestagsverwaltung erzwingen musste, wurde die

Einsicht um einen ganzen Tag verzögert. Vielleicht war dies auch das Ziel. Ich finde dies äußerst bedauernswert [...].«[327]

Einige Tage später rief mich Spahn an und bat um Entschuldigung, seine Mitarbeiter hätten das Papier nicht gekannt und mich insofern nicht absichtlich fehlinformiert.

Am 17. August erhielten wir eine umfangreiche Materialsammlung für die zwei Tage später stattfindende Bundestagssondersitzung. Einige Dokumente waren wieder als vertraulich gekennzeichnet. Der IWF beteiligte sich nicht am neuen Programm. Zwar begrüßte die IWF-Chefin Lagarde in einem beigefügten Schreiben den fortgesetzten Bailout, mahnte aber zugleich:

> »Jedoch bin ich weiterhin der festen Überzeugung, dass die Verschuldung Griechenlands untragbar geworden ist und dass Griechenland seine Schuldentragfähigkeit nicht allein durch eigene Maßnahmen wiederherstellen kann. Deshalb ist es für die mittel- und langfristige Schuldentragfähigkeit genauso entscheidend, dass die europäischen Partner Griechenlands im Zusammenhang mit der ersten Überprüfung des ESM-Programms konkrete Verpflichtungen eingehen, um eine erhebliche Schuldenerleichterung zu gewähren, die weit über das bisher in Betracht gezogene Maß hinausgeht.«[328]

Der IWF drängte auf einen Schuldenschnitt. Gleichzeitig betrieben die Euro-Retter weiter Konkursverschleppung. Die Troika-Schuldentragfähigkeitsanalyse mit drei Szenarien war niederschmetternd. Selbst bei optimalem Programmverlauf würde Athen 2016 auf eine Schuldenstandsquote von 198,9 Prozent zusteuern. Im Erfolgsfall würde sich der griechische Schuldenberg 2020 auf 166,1 Prozent belaufen. Es ging aber schon lange nicht mehr um Argumente. Es wurden nur noch potentielle Ja- und Nein-Stimmen gezählt. Worüber abgestimmt werden sollte, war nachrangig, solange die Mehrheit stand.

Der Druck im Kessel stieg. Die Fraktionsführung fuhr im Vorfeld alles auf, um möglichst viele Abweichler wieder in Muttis Schoß zurückzuführen. »Das ist kein klassisches Hilfspaket, sondern erstmals ein echtes Reformprogramm, das auch strukturelle Änderungen vorsieht«,[329] hatte

Kauder eine Zeitenwende angekündigt und die vermeintliche Kooperationsbereitschaft der Syriza-Regierung bereits im Juli gelobt. Da Phrasen dieser Art bei immer weniger Kollegen verfingen, zeigte Kauder in einem Interview mit der *Welt am Sonntag* die Folterinstrumente vor:

>»[Diejenigen], die mit Nein gestimmt haben, können nicht in Ausschüssen bleiben, in denen es darauf ankommt, die Mehrheit zu behalten: etwa im Haushalts- oder Europaausschuss. Die Fraktion entsendet die Kollegen in Ausschüsse, damit sie dort die Position der Fraktion vertreten.«[330]

Ich begrüßte auch öffentlich die neue Offenheit der Fraktionsführung. Bisher hatte die Fraktionsführung immer bestritten, die besagten Ausschüsse von Abweichlern gesäubert zu haben. Bei vielen Kollegen löste Kauders kühl kalkulierte Äußerung Empörung aus. Wie weit es aber mittlerweile mit der Diskussionskultur in unserer Fraktion gekommen war, zeigte die Fraktionssitzung am Vorabend der Griechenland-Debatte. Sie dauerte gerade einmal eine Stunde.

Bei der Abstimmung am 19. August stimmten letztendlich 63 Unionsabgeordnete gegen das dritte Griechenland-Hilfspaket. Drei enthielten sich. 17 Kollegen stimmten mit den Füßen ab und erschienen erst gar nicht zur Debatte. Kauders Drohung zeigte indes keine Wirkung. Fünf Mitglieder des Europaausschusses und sechs Haushälter stimmten mit Nein. Selbst der neue Hesse im Haushaltsausschuss war dieses Mal dabei.[331]

Es liegt natürlich im Interesse der Griechen und Europäer, dem europäischen Armenhaus auf dem Balkan keinen weiteren Staat hinzuzufügen. Der Ausweg aus der griechischen Tragödie kann aber nur in einem echten Neuanfang bestehen. Griechenland muss aus dem Euro austreten und eine eigene Währung einführen.

Wir alle werden danach durch ein Tal der Tränen gehen müssen. Dabei wird es sich jedoch um einen J-Kurven-Effekt handeln. Unweigerlich wird man Griechenland einen Teil seiner Schulden erlassen müssen. Der deutsche Anteil am ersten Griechenland-Hilfspaket in Höhe von 15,17 Milliarden Euro ist erst 2020 fällig. Um sich gegen möglicherweise anfallende Verluste der EZB abzusichern, hat die Deutsche Bundesbank bereits vor einigen Jahren Rückstellungen gebildet. Sie würden den Bundeshaushalt nur in Form nicht ausgezahlter Gewinne treffen. Um den IWF-Anteil brauchen wir uns keine Sorgen zu machen. Den Hauptteil des Risikos machen die EFSF-Kredite aus, deren Fälligkeit aber erst ab 2023 beginnt und bereits bis 2057 gestreckt worden ist. Gegen Ende des Jahrzehnts sollte eine Schuldenkonferenz einberufen werden, auf der die öffentlichen Gläubiger über einen Schuldenschnitt verhandeln. Wenn die Zeit bis dahin sinnvoll genutzt wird, hat Griechenland eine echte (Wachstums-)Perspektive. Allein das Gefühl, wieder seines eigenen Glückes Schmied zu sein, wird dem Land Auftrieb geben. Griechenland kann außerhalb der Eurozone weiterhin auf die Solidarität seiner europäischen Partnerstaaten setzen. Neben den Mitteln des Struktur- und des Kohäsionsfonds sollten die europäischen Institutionen vor allem technische und personelle Unterstützung leisten – zum Beispiel beim Aufbau funktionierender Verwaltungsstrukturen und der Stabilisierung der neuen Währung. Es müssen endlich Auswege gesucht und nicht weiter Irrwege beschritten werden.

Bilanz der Euro-Rettungspolitik

Die Bilanz von fünf Jahren Euro-Rettungspolitik ist katastrophal. Lediglich in Irland und Portugal sinken die Schuldenstände allmählich wieder, wenngleich die Programmziele auch dort deutlich verfehlt wurden. Immerhin verließen beide Länder im Dezember 2013 beziehungsweise Mai 2014 planmäßig den Rettungsschirm und finanzieren sich seitdem wieder über die Kapitalmärkte. Irland und Portugal beantragten zudem erfolgreich, den IWF-Anteil der Hilfsgelder vorzeitig zurückzahlen zu dürfen, da die IWF-Kreditkonditionen deutlich schlechter waren als die von EFSM und EFSF. Die Euro-Retter stellten diesen Deal zum Nachteil der eigenen Steuerzahler als großen Erfolg dar, obwohl die Gleichrangigkeit der Gläubiger einst ausdrücklich festgeschrieben worden war.

Tabelle: Schuldenstände in Prozent des BIP in ausgewählten Ländern der Eurozone

	2010	2011	2012	2013	2014	2015
Griechenland	148,3 %	171,3 %	156,9 %	175,0 %	177,1 %	180,2 %
Irland	92,1 %	111,2 %	121,7 %	123,9 %	109,7 %	107,1 %
Portugal	94,0 %	111,1 %	125,8 %	129,7 %	130,2 %	124,4 %
Spanien	61,5 %	69,2 %	84,4 %	92,1 %	97,7 %	100,4 %
Zypern	61,3 %	66,0 %	79,5 %	102,2 %	107,5 %	106,7 %
Italien	119,3 %	116,4 %	123,1 %	128,5 %	132,1 %	133,1 %
Frankreich	82,7 %	85,2 %	89,6 %	92,3 %	95,0 %	96,4 %
Deutschland	82,5 %	77,9 %	79,3 %	77,1 %	74,7 %	71,5 %
Eurozone	80,2 %	88,1 %	92,7 %	93,2 %	94,2 %	94,4 %

Quelle: Europäische Kommission

Ob die Programmstaaten wieder dauerhaft und solide auf eigenen Füßen stehen, wird man abschließend erst in vielen Jahren beurteilen können. Der mittlere Schuldenstand in der Eurozone erreicht gemäß der Frühjahrsprognose der Europäischen Union im Jahr 2015 den Rekordstand von 94,4 Prozent. Regelmäßig prognostiziert die Kommission Verbesserungen in ihren vierteljährlichen Berichten. Die im Fiskalvertrag implementierte Ein-Zwanzigstel-Regel leistet keinen Beitrag zur Rückführung der Schuldenstände auf das im Vertrag von Maastricht festgeschriebene Höchstniveau von 60 Prozent. Die Ein-Zwanzigstel-Regel ist so konzipiert, dass jeder Schuldenstaat von ihrer Einhaltung befreit ist. Um die Zustimmung für den ESM zu erhalten, wurden die Abgeordneten des Deutschen Bundestages bewusst getäuscht. Heute heißt es auf der Homepage des Bundesfinanzministeriums wahrheitsgemäß:

> »Für diejenigen Mitgliedstaaten, die sich zum Zeitpunkt der Verabschiedung des reformierten Stabilitäts- und Wachstumspakts (November 2011) in einem Defizitverfahren befanden, also auch für Deutschland, greift die 1/20-Regel am Ende des dritten Jahres nach Korrektur des übermäßigen Defizits, für Deutschland also ab 2014.«[332]

Dass dieses Verfahren keineswegs ein Automatismus ist, zeigt das französische Negativbeispiel. Frankreich steckt seit 2009 im Defizitverfahren, eine Besserung der fiskalischen Situation ist nicht in Sicht. Die Neuverschuldungsquote liegt auch 2015 mit vier Prozent deutlich über dem erlaubten Wert. Um die französische Verweigerungshaltung nicht (quasi-automatisch) sanktionieren zu müssen, verlängerte die Europäische Kommission das Defizitverfahren um zwei Jahre bis 2017. In der Theorie muss Frankreich erst ab 2020 mit dem Abbau seiner Schulden, die über dem Referenzwert von 60 Prozent liegen, um jährlich fünf Prozent beginnen.

Trotz alledem gelang es dem französischen Staatspräsidenten François Hollande, seinen ehemaligen Finanz- und Wirtschaftsminister Pierre Moscovici als Wirtschafts- und Währungskommissar in der am 10. September 2014 von Jean-Claude Juncker neu aufgestellten Europäischen Kommission zu positionieren. In seiner Zeit als Finanzminister hatte Moscovici kein einziges Mal die Maastricht-Kriterien eingehalten. Als 2013 das französische Defizitverfahren um zwei Jahre verlängert worden war, bejubelte

Moscovici dies als Ende der Sparpolitik mit dem Satz: »C'est la fin du dogme de l'austérité, il n'y a plus de fétichisme du chiffre.«[333]

Ein Wirtschafts- und Währungskommissar, der die Einhaltung von Defizitkriterien als Zahlenfetischismus bezeichnet, ist genauso eine Fehlbesetzung wie Kommissions-Chef Juncker höchst persönlich. Noch während seiner Zeit als luxemburgischer Ministerpräsident ließ er keinen Zweifel an seinem Politikverständnis:

> »Wir beschließen etwas, stellen das dann in den Raum und warten einige Zeit ab, was passiert. Wenn es dann kein großes Geschrei gibt und keine Aufstände, weil die meisten gar nicht begreifen, was da beschlossen wurde, dann machen wir weiter – Schritt für Schritt, bis es kein Zurück mehr gibt.«[334]

Seit dem Jahr 2005 war Juncker Vorsitzender der Eurogruppe und somit ein entscheidender Akteur in der Eurokrise. Auf einer Abendveranstaltung im April 2011 soll er gesagt haben: »Die Dinge müssen geheim und im Dunkeln getan werden[.] [...] Wenn es ernst wird, müssen wir lügen.«[335] Im politischen Jargon spricht man seitdem von der »Methode Juncker«. In dieses Bild passt auch Schäubles Eingeständnis: »Auch wir bescheißen gelegentlich, auch wir verstoßen gegen Regeln.«[336]

Schäuble gehört zu dem kleinen Personenkreis, der die Übernahme der Europäischen Union durch den Club Med zu verantworten hat. Der Vorwurf, dass im Frühjahr 2010 zu spät gehandelt wurde, ist richtig. Aber nicht die Bundesregierung oder die europäische Staatengemeinschaft hätten handeln müssen, Griechenland war ein glasklarer Fall für den IWF. Unter der Obhut des Währungsfonds hätte bis spätestens Februar 2010 eine Umschuldung eingeleitet werden müssen, aber Schäuble wollte das nicht. Er wollte den IWF aus der Eurozone heraushalten und verfolgte mit der Schaffung eines Europäischen Währungsfonds eigene Pläne. Merkel zauderte, sie scheute den Konflikt mit ihrem wichtigsten Minister. Das dreimonatige Hin und Her kostete den deutschen Steuerzahler Milliarden.

Die Eurokrise ist eine Geschichte des gebrochenen Wortes. Mahnungen und Warnungen verhallen wie die Rufe Kassandras, die dazu verflucht war, immer die Wahrheit vorauszusagen. Doch niemand wollte ihr dabei

Glauben schenken. Mit Lügen kann man kurzfristig vieles erreichen. Das dadurch langfristig verspielte Vertrauen zurückzugewinnen, ist fast unmöglich. Es geht ein Riss durch Europa. Die metaphysische Überhöhung der gemeinsamen Währung gefährdet das europäische Friedenswerk. Die possenhafte Inszenierung bei der Verleihung des Friedensnobelpreises an die Europäische Union im Jahr 2012 war nichts weiter als ein peinlicher und hilfloser Akt der Selbstbestätigung. Es erinnert an die Dramatik einer schlechten Seifenoper, dass mit Draghi ausgerechnet ein Vertreter eines traditionellen Weichwährungslandes zum EZB-Präsidenten auserkoren wurde. Draghi arbeitete von 2002 bis 2005 bei Goldman Sachs, der Investment Bank, die Griechenland dabei geholfen hatte, sich den Eintritt in die Eurozone zu erschwindeln und den wahren Schuldenstand mithilfe von Swap-Geschäften in den Jahren 2001 bis 2007 zu verschleiern. Draghi verweigerte die Herausgabe von einschlägigen EZB-Dokumenten über die Off-Market Cross-Currency Swap Transaktionen Griechenlands und setzte sich damit sogar vor dem Gericht der Europäischen Union gegen den Wirtschaftsdienst Bloomberg Finance LP durch.[337] Auch die Bundesregierung erklärte, keinen Zugang zu den Dokumenten zu haben.[338]

Draghi stoppte nicht den Missbrauch der ELA-Notkredite. In Irland und Zypern wurden auf diese Weise insolvente Banken am Leben gehalten, die später abgewickelt werden mussten. Die ELA-Kredite wurden im Anschluss mit Finanzmitteln von EFSM, EFSF, ESM und/oder IWF auf Kosten der Allgemeinheit beglichen. Die griechische Zentralbank betrieb und betreibt Staatsfinanzierung durch die Notenpresse mithilfe von ELA immer dann, wenn die griechische Regierung die Zeit bis zum nächsten Rettungspaket überbrücken muss. Im Sommer 2015 belief sich die ELA-Notkreditvergabe in Griechenland auf mehr als 90 Milliarden Euro. Die ELA-Nothilfen leisten einer gewaltigen Kapitalflucht Vorschub. Allein auf Schweizer Konten sollen mehr als 280 Milliarden Euro aus Griechenland liegen. Wie viel Euro sich unter griechischen Matratzen oder auf ausländischen Konten befinden, kann man nur schätzen. Die Bar- und Schwarzgeldbestände dürften immens sein.[339]

Indes kündigte Draghi bereits am 22. Januar 2015 ein 1.140 Milliarden Euro schweres Anleihenkaufprogramm an. Bis September 2016 sind monatliche Ankäufe von Vermögenswerten in Höhe von 60 Milliarden Euro vorgesehen. Vordergründig will die EZB mit der Geldflut deflationäre Tendenzen bekämpfen. Da die Banken mittlerweile Strafzinsen zahlen müssen, wenn sie Geld bei der Zentralbank parken, dient das Quantitative Easing (QE) mittelbar auch dazu, den Markt für Staatsanleihen anzukurbeln. Das QE-Programm schließt sogar den Kauf von Asset-Backed Securities mit ein. Diese Kreditverbriefungen lösten 2011 die schlimmste Finanzkrise seit mehr als 70 Jahren aus.

Während das Bundesverfassungsgericht den Europäischen Gerichtshof (EuGH) um eine Klarstellung bat, ob die Anleihenkaufprogramme der EZB noch von ihrem Mandat gedeckt sind, versteckt sich die Bundesregierung hinter der Floskel der Unabhängigkeit der Europäischen Zentralbank. Dabei hat die EZB ihre Unabhängigkeit bereits zu Beginn der Euro-Krise verloren. Sie treibt und wird getrieben.

Das Abrutschen in die Schulden- und Haftungsunion erfolgt wie süßes Gift nahezu unbemerkt und schleichend. Die negativen Begleiterscheinungen treffen zunächst den deutschen Sparer ins Mark. Die Lebenseinstellung vieler Deutscher, »Spare in der Zeit, dann hast du in der Not«, wird nachhaltig in Frage gestellt, um die größtenteils durch Eigenverschulden entstandenen Probleme in anderen Ländern auszugleichen. Die Guthabenzinsen liegen deutlich unter der Inflationsrate und wiegen in den meisten Fällen noch nicht einmal die Kontoführungsgebühr auf. Auch wer sich seinen Lebensabend mithilfe einer Lebensversicherung oder eines Bausparvertrages absichern wollte, wird geschröpft. In Vergessenheit gerät dabei, dass der Medianwert der Nettovermögen in den Schuldenstaaten teilweise viel höher liegt als in Deutschland. Gemäß einer EZB-Studie verfügen 50 Prozent der Zyprer über ein Vermögen von über 266.900 Euro. Es folgen unter den Schuldenstaaten Spanien mit 182.700, Italien mit 173.500, Griechenland mit 101.900 sowie Portugal mit 75.200 Euro. Deutschland liegt in dieser Tabelle mit 51.400 Euro an letzter Stelle, was unter anderem darauf zurückzuführen ist, dass Eigentum an Immobilien hier im Vergleich zum Süden Europas weniger verbreitet ist.[340]

Solange der Bundesfinanzminister den Bundeshaushalt konsolidieren kann, weil viele Anleger bereit sind, für den Erwerb deutscher Staatsanleihen sogar noch negative Zinsen zu akzeptieren, ist mit einem Ende der Schönrednerei und -rechnerei der Euro-Rettungsmaßnahmen nicht zu rechnen. Die vielfach angeführte Behauptung, die Euro-Rettung hätte bisher noch nichts gekostet, ist falsch.

Beim Schuldenschnitt in Griechenland im Jahr 2012 verlor der deutsche Steuerzahler 7,613 Milliarden Euro. Die Bundesbank musste im gleichen Jahr die IWF-Mittel um 41,5 Milliarden Euro aufstocken. Gleichzeitig bildete die Bundesbank Risikorückstellungen in Höhe von 14,380 Milliarden Euro (Stand 31. Dezember 2014). Die Gewinnausschüttungen der Bundesbank an den Bundeshaushalt sanken dadurch deutlich. Schüttete die Bundesbank in den fünf Jahren vor Ausbruch der Euro-Krise noch insgesamt 21,758 Milliarden Euro aus, waren es seit 2010 nur noch 11,058 Milliarden Euro. Legt man den Zeitraum zwischen 2005 und 2009 als Mittel an, entgingen dem Bundeshaushalt somit mehr als zehn Milliarden Euro. Die Bundesbank muss darüber hinaus insgesamt 2,743 Milliarden Euro aus den riskanten Sekundärmarktaktivitäten der EZB an Griechenland auszahlen. Auch dieses Geld geht dem Bundeshaushalt verloren. Die mickrigen Zinsgewinne aus dem ersten Griechenland-Hilfspaket in Höhe von 380 Millionen Euro können all das nicht aufwiegen.

Gewinne aus den EFSF/ESM-Aktivitäten sind nicht eingeplant, da die Hilfsgelder mittlerweile fast zum Selbstkostenpreis an die Schuldenstaaten weitergegeben werden. Faktisch handelt es sich dabei um Eurobonds, auch wenn Merkel einst bei einem Besuch in der FDP-Bundestagsfraktion verlautbarte, dass es diese nicht geben würde, solange sie lebe. Damit all diese Risiken verdeckt bleiben, verstoßen die Euro-Retter massiv gegen nationale und internationale Bilanzierungsregeln. In den Jahresbilanzen der Rettungsschirme sind die Anleihen der Schuldenstaaten mit ihrem Nominalwert aufgeführt, obwohl es sich um keine werthaltigen Forderungen handelt. Die Bundesregierung teilte mir dazu mit: »Da die Troika die Schuldentragfähigkeit der Finanzhilfe empfangenden Länder bestätigt hat, [...] besteht kein objektiver Grund, an der Werthaltigkeit der Forderungen gegenüber den Programmländern zu zweifeln. Eine Insolvenz der EFSF ist aufgrund ihrer Finanzierungsstruktur ausgeschlossen.«[341] Auf diese Weise erwirtschaften ESM und EFSF sogar kurzzeitig geringe Gewinne. Es gilt weiterhin der alte Grundsatz: *there ain't no such thing as a free lunch.* Auch wenn die Bundesregierung öffentlich fordert »Weg mit dem Rechenschieber!«,[342] wird die Rechnung kommen, sie muss kommen. Nichts ist umsonst. Die Bundesregierung weiß das, versucht aber den Tag X möglichst lange hinauszuschieben.

Die öffentlichen Anhörungen sind ein eingeübtes parlamentarisches Ritual zur Selbstbeschäftigung und Selbstbestätigung der Abgeordneten. Wenn Mehrheitsbildung wichtiger wird als Meinungsfindung, wenn aus den Experten von gestern plötzlich die Spinner von heute werden, dann sollte man hellhörig werden. Das wurden auch viele. Aber je stärker das Fieberthermometer ausschlug, umso intensiver liefen die Bemühungen, die Ausreißer wieder in Muttis Schoß zu führen. Gefolgschaft wird belohnt. Und Möglichkeiten gibt es viele. Allein in der 311 Mitglieder starken CDU/CSU-Bundestagsfraktion können aktuell 144 Funktionen vergeben werden, die zum Teil mit zusätzlicher Bezahlung und/oder mit zusätzlichen Mitarbeitern und Büroräumen verbunden sind, inhaltlichen Einfluss sichern, Möglichkeiten zu Dienstreisen bieten oder schlicht persönliche Eitelkeiten befriedigen. Dazu kommen die zahlreichen parlamentarischen Staatssekretäre und etliche von Bundestag, der Regierung oder den Fraktionen *Beauftragte*, zum Beispiel für Behinderte, Drogen, Datenschutz, Menschenrechte, Patienten, die bilateralen Beziehungen zu einzelnen Ländern oder für das Reformationsjubiläum 2017. Auf diese Weise wird ein beachtliches Duodez-System aufgebaut – das gilt übrigens für alle Fraktionen.

Ich wäre heute wohl haushaltspolitischer Sprecher der CDU/CSU-Bundestagsfraktion, aber ich trauere dem nicht nach. Ich bin Jahrgang 1961 und stehe nicht mehr am Beginn meiner politischen Karriere. Dankbar bin ich vor allem dafür, dass mir das Leben fünf gesunde und wundervolle Kinder geschenkt hat. Natürlich gab es schwere Momente. Ein Kollege aus dem Haushaltsausschuss sagte einmal zu mir: »Mit so was wie Dir kann ich überhaupt nichts anfangen. Ich habe jeden Respekt vor Dir verloren.« Das hat mich damals wirklich sehr getroffen. Unter dem Strich hat es sich gelohnt, meinem Gewissen treu zu bleiben und meine Positionen standhaft zu vertreten. Mittlerweile nehmen auch Kollegen abseits des Euro-Themenfeldes für sich in Anspruch, ihr abweichendes Abstimmungsverhalten im Plenum darzulegen. Es lohnt sich zu streiten. Nichts, was man im Leben von Herzen tut, ist vergebens.

Epilog:
Völker Europas, wahrt eure
heiligsten Güter

Im 19. Jahrhundert wurde der Untergang des Abendlandes angesichts des scheinbar unkontrollierten Bevölkerungswachstums in Fernost heraufbeschworen. Kaiser Wilhelm II. nahm die mobilisierende Wirkung der »Gelben Gefahr« gerne auf. 1895 gab er bei Hermann Knackfuß eine Lithografie mit dem Titel *Völker Europas, wahret eure heiligsten Güter* in

Auftrag. Sie zeigt Erzengel Michael mit einem Flammenschwert in seiner rechten, der die allegorisch dargestellten Völker Europas auf die Verteidigung der heimatlichen Idylle einschwört. An vordersten Front stehen Marianne und bereits mit gezücktem Schwert Germania. Die anderen walkürenhaften Frauengestalten stellen Russland, Italien und Österreich dar. Weiter hinten verharrt Britannia mit gesenktem Blick. Vom rechten Bildrand schwebt bedrohlich dräuend ein Buddha auf Gewitterwolken und Feuersbrunst in das Bild hinein.

Die Semantik der Gelben Gefahr ist wissenschaftlich sehr gut aufgearbeitet.[343] Von den damals auf der Welt lebenden 1,65 Milliarden Menschen waren fast eine Milliarde Asiaten. Obwohl im 19. Jahrhundert die größte Bevölkerungsdynamik in Europa zu verzeichnen war, war nur jeder Dritte Europäer beziehungsweise hatte europäische Wurzeln. Die Chinesen wurden damals, pars pro toto für die anderen asiatischen Völker, als *yellow peril* oder im deutschen Sprachraum als Gelbe Gefahr stigmatisiert.

In den USA schürte man den Hass gegen die chinesischen Gastarbeiter, die unter widrigeren Bedingungen und für weniger Lohn als andere arbeiteten. Dabei trugen die chinesischen Arbeiter einen nicht unerheblichen Beitrag zum Bau der transkontinentalen Eisenbahn oder den Ausbau der Landwirtschaft im Westen der USA bei. Obwohl Chinesen also gegenüber den Weißen als minderwertige Rasse dargestellt wurden, gab es bereits damals schon Prognosen über den unvermeidbaren Aufstieg dieser Menschen zu einer Weltmacht unvorstellbarer Dimension.

Im 21. Jahrhundert erlebt die Gelbe Gefahr eine Renaissance, wenn auch heute die rassistische Note fehlt. Das Wirtschafts- und Bevölkerungswachstum in Fernost wird als Begründung für die unterschiedliche Leistungsfähigkeit der Staaten Europas angeführt. Mit seinen stetig steigenden Exportzahlen hat die Volksrepublik demnach die weniger konkurrenzfähigen Staaten wirtschaftlich ins Abseits gestellt, während die leistungsstarken Euro-Mitgliedstaaten anhaltend von dem wachsenden chinesischen Absatzmarkt profitieren. Die demografischen Fakten scheinen die neue Gelbe Gefahr zu bestätigen. 500 Millionen Europäer müssen sich heute in einer Welt mit sieben Milliarden Menschen behaupten.

Im 21. Jahrhundert versammeln sich die Europäer aber nicht mehr unter dem Zeichen des gemeinsamen Glaubens, sondern unter dem der gemeinsamen Währung. Wie eine Monstranz tragen die Euro-Retter den Euro vor sich her. Das Credo heißt heute: *Scheitert der Euro, dann scheitert Europa.*

Anmerkungen

1 Bundesministerium der Finanzen, Ergebnisbericht zum ECOFIN vom 16.02.2010, HHA-Drs. 17/0689, S. 2.

2 BMF, Ergebnisbericht zum ECOFIN vom 19.01.2010, HHA-Drs. 17/0143, S. 4.

3 Ebd.

4 Interview mit Wolfgang Schäuble, »Der Finanzsektor muss zahlen«, in: FAZ, 08.02.2010, S. 11.

5 Matthias Mock, Wie kann der Internationale Währungsfonds zur Lösung der griechischen Finanzprobleme beitragen?, Wissenschaftliche Dienste des Deutschen Bundestages, WD 4-3000-054/10, S. 5.

6 Institut der deutschen Wirtschaft (Hg.), Griechenland. Ein Fall für den IWF, in: iwd 7/2010, S. 7.

7 Volker Kauder, Bericht des Vorsitzenden zur Sitzung der CDU/CSU-Bundestagsfraktion vom 09.02.2010, S. 2 f.

8 Peter Ehrlich/Nikolai Fichtner/Timo Pache, Berlin trägt Euros nach Athen, in: Financial Times Deutschland, 10.02.2010, S. 1.

9 Hilmar Poganatz, Wo Minister zu Sextanern werden, in: Rheinischer Merkur, 06.11.2003, S. 15.

10 Ehrlich, Berlin trägt Euros nach Athen, S. 1.

11 Berlin und Paris entwerfen Hilfe für Athen, in: Die Welt, 11.02.2010, S. 9.

12 Gerüchte zu Hilfspaket für Griechenland, in: NZZ, 11.02.2010, S. 1.

13 Erklärung der Staats- und Regierungschefs der Europäischen Union vom 11.02.2010, online unter: https://www.consilium.europa.eu/uedocs/cms_data/docs/pressdata/de/ec/115271.pdf.

14 Interview mit Schäuble, »Zaubern kann ich nämlich nicht«, in: FR, 13.02.2010, S. 2.

15 Interview mit Jean-Claude Juncker im DLF am 16.02.2010, online unter: http://www.deutschlandfunk.de/juncker-griechenland-muss-zusaetzliche-anstrengungen.694.de.html?dram:article_id=68190.

16   Interview mit Werner Langen im DLF am 17.02.2010, online unter: http://www.deutschlandfunk.de/griechenland-hat-ueber-seine-verhaeltnisse-gelebt.694.de.html?dram:article_id=68191.

17   BMF, Griechenland und die Zukunft des Euros, HHA-Drs. 17/0689, Anlage 2, S. 6.

18   Interview mit Schäuble, »Wir müssen pro Jahr zehn Milliarden Euro sparen«, in: SZ, 03.03.2010, S. 6.

19   Interview mit Günther Oettinger im DLF am 03.03.2010, online unter: http://www.deutschlandfunk.de/die-verantwortung-liegt-noch-immer-in-athen.694.de.html?dram:article_id=68250.

20   Interview mit Steffen Kampeter im DLF am 04.03.2010, online unter: http://www.deutschlandfunk.de/gruendlichkeit-geht-vor-geschwindigkeit.694.de.html?dram:article_id=68254.

21   Kleine Anfrage der Fraktion Bündnis90/Die Grünen, Umgang mit der Schuldenkrise Griechenlands und anderer Länder der Eurozone, BT-Drs. 17/723.

22   Antwort der Bundesregierung auf die Kleine Anfrage der Grünen, Umgang mit der Schuldenkrise Griechenlands und anderer Länder der Eurozone, BT-Drs. 17/949, S. 7.

23   Ebd.

24   Interview mit Dimitris Droutsas im DLF am 04.03.2010, online unter: http://www.deutschlandfunk.de/athen-braucht-keine-direkte-finanzielle-unterstuetzung.694.de.html?dram:article_id=68255.

25   Mitschrift der Pressebegegnung Merkel – Papandreou, 05.03.2010, online unter: http://www.bundesregierung.de/ContentArchiv/DE/Archiv17/Mitschrift/Pressekonferenzen/2010/03/2010-03-05-merkel-papandreou.html.

26   Ebd.

27   Ebd.

28   Ebd.

29   Verkauft doch eure Inseln, ihr Pleite-Griechen, in: BILD, 04.03.2010, S. 2

30   Rede von Schäuble im Deutschen Bundestag am 16.03.2010, BT-Plenarprotokoll 17/29, S. 2600.

31   Vgl. hierzu Daniel Gros/Thomas Mayer, How to deal with sovereign default in Europe: Towards a Euro(pean) Monetary Fund, in: http://www.voxeu.org/article/towards-european-monetary-fund.

32   Interview mit Schäuble, Pleite-Länder notfalls raus aus dem Euro!, in: BILD, 15.03.2010, S. 2.

33   BMF, Ergebnisbericht zum ECOFIN vom 16.03.2010, HHA-Drs. 17/1323, S. 3.

34   Ebd.

35   Ebd.

36 Interview mit Schäuble, »Das ist gut so«, in: Die Welt, 27.03.2010, S. 3.

37 Thiemo Jeck/Bert Van Roosebeke/Jan S. Voßwinkel, Keinen Euro nach Athen tragen, cepStudie, März 2010, S. 2.

38 Sven Afhüppe u.a., Barroso erhöht Druck auf Kanzlerin Merkel, in: Handelsblatt, 22.03.2010, S. 1.

39 Interview mit Schäuble, »Ich bin kein Hasardeur«, in: BamS, 21.03.2010, S. 4.

40 Zitiert nach Florian Kain, EU-Partner dringen auf deutsche Hilfe für Griechenland, in: Hamburger Abendblatt, 23.03.2010, S. 4.

41 Deutscher Bundestag (Hg.), Nur freiwillige bilaterale Hilfen für Griechenland außerhalb der EU-Verträge, in: hib Nr. 86, 24.03.2010, S. 1.

42 Interview mit Schäuble, »Erst die Strafe, dann der Fonds«, in: FAZ, 24.03.2010, S. 12.

43 Ebd.

44 Erklärung der Staats- und Regierungschefs der Mitgliedstaaten des Euro-Währungsgebiets vom 25.03.2010, S. 1, online unter: http://www.consilium.europa.eu/uedocs/cms_data/docs/pressdata/de/ec/113566.pdf.

45 Rede von Angela Merkel im Deutschen Bundestag am 25.03.2010, BT-Plenarprotokoll 17/34, S. 3096 f.

46 BMF-Vorlage Nr. 48/10, HHA-Drs. 17/1354, S.1 f.

47 Anlage zu BMF-Vorlage Nr. 60/10, HHA-Drs. 17/1365, S. 3.

48 Schwarz-gelbe Koalition streitet über Griechenland-Rettung, in: Handelsblatt, 15.04.2010, S. 3.

49 BMF-Vorlage Nr. 63/10, HHA-Drs. 17/1374, S. 1 f.

50 BMF-Vorlage Nr. 60/10, HHA-Drs. 17/1365, S. 1 f.

51 Anlage zu BMF-Vorlage Nr. 60/10, HHA-Drs. 17/1365, S. 3.

52 Interview mit Juncker im DLF am 12.04.2010, online unter: http://www.deutschlandfunk.de/es-ist-das-geladene-gewehr.694.de.html?dram:article_id=68404.

53 BMF-Vorlage Nr. 63/10, HHA-Drs. 17/1374, S. 2.

54 BMF-Informationspapier zur Finanzhilfe für Griechenland vom 27.04.2010, Anlage 1, S. 4.

55 Kauder, FV-Bericht vom 20.04.2010, S. 3.

56 Interview mit Schäuble im DLF am 22.04.2010, online unter: http://www.deutschlandfunk.de/griechenland-muss-zu-soliden-finanzpolitischen.694.de.html?dram:article_id=68442.

57 BMF-Informationspapier vom 27.04.2010, S. 1.

58 Entwurf Ressortabstimmung Gesetz zur Erhaltung der Stabilität der Währungsunion, in: BMF-Informationspapier vom 27.04.2010, Anlage 2, S. 5.

59 Dorothea Siems, »Retter wider Willen«, in: Die WELT, 30.04.2010, S. 2.

60 Ebd.

61 WFStG-E vom 03.05.2010, in: HHA-Drs. 17/1386, S. 6.

62 Jan Dams/Sebastian Jost/Daniel Friedrich Sturm, Symbolische Bankenhilfe für Griechenland, in: Die WELT, 05.05.2010, S. 2.

63 Änderungsantrag der AG HHA von CDU/CSU und FDP zum WFStG, HHA-Drs. 17/1388.

64 Rede von Merkel im Deutschen Bundestag am 05.05.2010, BT-Plenarprotokoll 17/39, S. 3722 ff.

65 Aussage von Axel Weber in der ÖA des HHA zum WFStG am 05.05.2010.

66 Aussage von Jochen Sanio in der ÖA des HHA zum WFStG am 05.05.2010.

67 Aussage von Dietrich Murswiek in der ÖA des HHA zum WFStG am 05.05.2010.

68 Aussage von Thomas Mayer in der ÖA des HHA zum WFStG am 05.05.2010.

69 Kurzintervention von Otto Fricke im Deutschen Bundestag am 07.05.2010, BT-Plenarprotokoll 17/41, S. 3995.

70 Ebd. S. 3998.

71 Ebd. S. 3997.

72 Ebd. S. 3998.

73 Ebd. S. 4001.

74 BMF, Ergebnisbericht zum ECOFIN vom 09.05.2010, HHA-Drs. 17/1415, S. 2.

75 Vgl. hierzu das Interview mit Weber, »Kaufprogramm birgt erhebliche Risiken«, in: Börsen-Zeitung, 11.05.2010, S. 2.

76 Auszug aus dem Protokoll zur CDU/CSU-Fraktionssitzung vom 11.05.2010, Archiv d. Verf.

77 Auszug aus dem Protokoll zur CDU/CSU-Fraktionssitzung vom 18.05.2010, Archiv d. Verf.

78 Aussage von Sanio in der ÖA des HHA zum StabMechG am 19.05.2010.

79 Aussage von Weber in der ÖA des HHA zum StabMechG am 19.05.2010.

80 Ebd.

81 Aussage von Sanio in der ÖA des HHA zum StabMechG am 19.05.2010.

82 Ebd. »Über das Wochenende muss ein glaubwürdiges Maßnahmenpaket aktiviert und angekündigt werden, noch bevor die asiatischen Märkte am Montag eröffnen.«

83 Mit Nein stimmten Alexander Funk, Peter Gauweiler, Manfred Kolbe, Klaus-Peter Willsch (alle CDU/CSU) sowie Lutz Knopek und Frank Schäffler (beide FDP). Es enthielten sich Veronika Bellmann, Josef Göppel, Karl-Georg Wellmann (alle CDU/CSU) und Hermann Otto Solms (FDP).

84 Schäuble, Maßnahmenpaket zur Sicherung der Finanzstabilität in der Eurozone, Schreiben an die Mitglieder der Regierungsfraktionen vom 21.05.2010, S. 2.

85 Interview mit Horst Köhler im DLF am 22.05.2010, online unter: http://www.deutschlandradio.de/sie-leisten-wirklich-grossartiges-unter-schwierigsten.331.de.html?dram:article_id=203276.

86 Interview mit Köhler, Stabilität oder mehr Inflation?, in: Der Spiegel 15/1992, S. 46.

87 Rede von Horst Köhler beim Festakt zur Verabschiedung des Präsidenten des Bundesverfassungsgerichts und zur Einführung des neuen Präsidenten in Karlsruhe am 14.05.2010, in: http://www.bundespraesident.de/SharedDocs/Reden/DE/Horst-Koehler/Reden/2010/05/20100514_Rede.html.

88 Peter Gauweiler, »Erklären Sie sich!«, in: Der Spiegel 25/2010, S. 27.

89 Interview mit Schäuble, »Die Rettungsschirme laufen aus – das haben wir klar vereinbart«, in: FAZ vom 24.07.2010, S. 16.

90 Ebd.

91 BMF, Eckpunkte der Bundesregierung zur Stärkung der Eurozone, HHA-Drs. 17/1429, S. 4.

92 Regeln für die Pleite, in: Der Spiegel 28/2010, S. 70.

93 José Manuel Barroso, »Rede zur Lage der Union 2010« vom 07.09.2010, online unter: http://ec.europa.eu/deutschland/pdf/european_agenda/de-speech-final.pdf.

94 BMF, Ergebnisbericht zur Arbeitsgruppe zu Reformen des Regelwerkes der Europäischen Wirtschafts- und Währungsunion, 27.09.2010, HHA-Drs. 17/1928, Anlage 2, S. 5.

95 BMF, »Ergebnisbericht zur Arbeitsgruppe am 18.10.2010«, HHA-Drs. 17/2438, Anlage 2, S. 6.

96 »Schlussfolgerungen des Europäischen Rates vom 28.–29. Oktober 2010«, S. 3.

97 Rede von Merkel im Deutschen Bundestag am 27.10.2010, Plenarprotokoll 17/67, S. 7083.

98 Ebd.

99 Trichet letter revealed: ECB threatened to stop emergency funding unless Ireland took bailout, in: The Irish Times Online, 06.11.2014, online unter: http://www.irishtimes.com/news/ireland/irish-news/trichet-letter-revealed-ecb-threatened-to-stop-emergency-funding-unless-ireland-took-bailout-1.1989869. Das Schreiben kann auf der Homepage der Irish Times heruntergeladen werden.

100 Vgl. auch BMF-Vorlage Nr. 186/10, HHA-Drs. 17/2843, S. 4.

101 Mit einer persönlichen Erklärung hinterlegten Alexander Funk und ich unseren Protest im Plenarprotokoll. Vgl. Plenarprotokoll 17/78, S. 8711f.

102 Hans-Werner Sinn, Die europäische Zahlungsbilanzkrise, Vortrag im Deutschen Bundestag am 28.09.2011.

103 BT-Plenarprotokoll 17/108 vom 12.05.2011, S. 12307.

104 Ebd. S. 12452 ff. Meine Fraktionskollegen Alexander Funk, Peter Gauweiler, Christian Hirte, Manfred Kolbe und ich gaben gemeinsam eine Erklärung ab. Weitere kamen von den sächsischen CDU-Abgeordneten Veronika Bellmann sowie Jens Ackermann, Jürgen Koppelin und Frank Schäffler (alle FDP).

105 Matthias Kullas/Jessica Koch, Reform des Stabilitäts- und Wachstumspakts – Schneller, Schärfer, Konsequenter? Analyse der Vorschläge der Kommission und der Van-Rompuy-Gruppe, cepStudie, Dezember 2010.

106 Vgl. auch Antwort der Bundesregierung auf die Kleine Anfrage der Grünen, Daten zum Engagement von Finanzinstituten in Griechenland, BT-Drs. 17/6312.

107 Bericht der Europäischen Kommission vom 24.02.2011 zum Umsetzungsstand der griechischen Maßnahmen zum 4. Quartal 2010, in: HHA-Drs. 17/2926_Zu, S. 9f.

108 Ebd. S. 9.

109 Ebd. S. 8.

110 Ebd. S. 9.

111 Hauptergebnisse der gemeinsamen Prüfung Griechenlands von Kommission, EZB und IWF (03.05.–02.06.2011), in: HHA-Drs. 17/3037, S. 4ff.

112 Entschließungsantrag von CDU/CSU und FDP zu der Abgabe einer Regierungserklärung durch den Bundesminister der Finanzen, BT-Drucksache 17/6163.

113 BT-Plenarprotokoll 17/115 vom 10.06.2011, S. 13230.

114 Ebd. S. 13282. Die vier anderen Unterzeichner waren Veronika Bellmann, Alexander Funk, Christian Hirte und Manfred Kolbe (alle CDU/CSU).

115 Ebd. S. 13281f.

116 Erklärung der Staats- und Regierungschefs des Euro-Währungsgebiets und der EU-Organe vom 21.07.2011, online unter: http://europa.eu/rapid/press-release_DOC-11-5_de.htm.

117 Angela Merkel/Nicolas Sarkozy, Schreiben an Herman Van Rompuy vom 17.08.2011, HHA-Drs. 17/3144, S. 2.

118 BVerfG-Urteil vom 07.09.2011, 2 BvR 1099/10.

119 Das überforderte Parlament, in: Welt am Sonntag, 04.09.2011, S. 29.

120 Vgl. Frank Schäffler, Nicht mit unserem Geld! Die Krise unseres Geldsystems und die Folgen für uns alle, München 2014, S. 98 ff.

121 Antrag Nr. D 77 – KV Rheingau-Taunus, in: 24. Parteitag der CDU Deutschlands, Sammlung der Anträge und Empfehlungen der Antragskommission, Band 2, S. 24, online unter: http://www.leipzig2011.cdu.de/images/stories/docs/antragsbroschuere-band2.pdf.

122 Jan Christoph Wiechmann, NEIN, in: Stern, 22.09.2011, S. 70.

123 Stern, in: NNP, 23.09.2011, online unter: http://www.nnp.de/lokales/limburg_und_umgebung/Stern;art680,116091.

124 Peter Müller, In Isolationshaft, in: Der Spiegel, 10.10.2011, S. 34.

125 »Protektorats-Politik«. Streitgespräch, in: WiWo 38/2011, 19.09.2011, S. 33.

126 Ebd. S. 34.

127 BT-Plenarprotokoll 17/130 vom 29.09.2011, S. 15225.

128 Rede d. Verf. im Deutschen Bundestag am 29.09.2011, in: BT-Plenarprotokoll 17/130, S. 15226.

129 Mit Nein stimmten die Bundestagsabgeordneten Wolfgang Bosbach, Thomas Dörflinger, Herbert Frankenhauser, Alexander Funk, Peter Gauweiler, Josef Göppel, Manfred Kolbe, Carsten Linnemann, Thomas Silberhorn, Klaus-Peter Willsch (alle CDU/CSU), Jens Ackermann, Frank Schäffler und Torsten Staffeldt (alle FDP). Es enthielten sich Veronika Bellmann (CDU/CSU) sowie Sylvia Canel (FDP).

130 HHA-Drs. 17/4230, S. 2.

131 Harald Hau/Bernd Lucke, Die Alternative zum Rettungsschirm, in: FAZ, 16.09.2011, S. 12.

132 Harald Hau/Ulrich Hege/Bernd Lucke, Der riskante Griff nach dem Hebel, in: FAZ, 24.10.2011, S. 14.

133 Entschließungsantrag von CDU/CSU, SPD, FDP und Grünen zu der Abgabe einer Regierungserklärung durch die Bundeskanzlerin zum Europäischen Rat und zum Eurogipfel am 26.10.2011, BT-Drs. 17/7500.

134 Mit Nein stimmten die Abgeordneten Wolfgang Bosbach, Alexander Funk, Peter Gauweiler, Josef Göppel, Manfred Kolbe, Paul Lehrieder, Carsten Linnemann, Thomas Silberhorn, Klaus-Peter Willsch (alle CDU/CSU), Jens Ackermann, Nicole Bracht-Bendt, Sylvia Canel, Frank Schäffler und Torsten Staffeldt (alle FDP). Veronika Bellmann (CDU/CSU) enthielt sich.

135 Interview mit Norbert Lammert, »Angela, das geht mir nicht weit genug«, in: Cicero 11/2011, S. 26.

136 BVerfG-Urteil vom 28.02.2012, 2 BvE 8/11.

137 E-Mail an d. Verf. vom 25.11.2011.

138 Der ECOFIN-Rat wurde später auf den 30.11.2011 verschoben.

139 Lucke, E-Mail an d. Verf. vom 27.11.2011.

140 Hau, E-Mail an d. Verf. vom 27.11.2011.

141 EFSF-Leitlinie für Interventionen auf dem Sekundärmarkt, Entwurf vom 20.10.2011, HHA-Drs. 17/3514_Zu_1. Ergänzung, S. 9.

142 Deutsche Bundesbank (Hg.), Monatsbericht März 2010, S. 63.

143 Jens Weidmann/Andreas Dombret, Schreiben an Schäuble vom 09.12.2011, HHA-Drs. 17/4254, S. 1.

144 Ebd, S. 2.

145 Ebd.

146 Deutsche Bundesbank (Hg.), Geschäftsbericht 2012, S. 81.

147 Hans-Werner Sinn/Timo Wollmershäuser, Target-Kredite, Leistungsbilanzsalden und Kapitalverkehr: Der Rettungsschirm der EZB, ifo Working Paper No. 105, München 2011.

148 Sinn, Schreiben an Mitglieder des Deutschen Bundestages vom 19.12.2011, S. 2.

149 Kampeter, Schreiben an d. Verf. vom 12.01.2012, S. 2.

150 Weidmann, Schreiben an d. Verf. vom 10.01.2012, S. 2f.

151 Sinn, Schreiben an d. Verf. vom 24.01.2012. S. 1.

152 Ebd. S. 1f.

153 Die Bundesbank fordert von der EZB bessere Sicherheiten, in: FAZ, 01.03.2012, S. 9.

154 Aussage von Weidmann in einem Telefonat mit d. Verf. am 22.04.2015.

155 Interview mit Weber, »Wir waren im Dauereinsatz«, in: Die Zeit, 19.12.2013, S. 32.

156 Interview mit Jürgen Stark, »Das hätte ich mir nie träumen lassen«, in: JF, 12.10.2012, S. 3.

157 Ebd.

158 Im Porträt: Jörg Asmussen. Der Gehilfe, in: FAS, 26.08.2012, S. 38. Vgl. auch Allein in Frankfurt, in: SZ, 03.09.2012, S. 17.

159 Weidmann, Papiergeld – Staatsfinanzierung – Inflation. Traf Goethe ein Kernproblem der Geldpolitik?, Begrüßungsrede anlässlich des 18. Kolloquiums des IBF in Frankfurt/Main am 18.09.2012, online unter https://www.bundesbank.de/Redaktion/DE/Reden/2012/2012_09_18_weidmann_begruessungsrede.html.

160 Weidmann, Was steckt hinter den Target2-Salden?, in: FAZ, 13.03.2012, S. 11.

161 OECD (Hg.), Greece. Review of the Central Administration, OECD Public Governance Reviews, Paris 2011, online unter: http://www.oecd.org/greece/oecdpublicgovernan-cereviews-greecereviewofthecentraladministration.htm.

162 Vgl. Richard Fraunberger, Der Kern des Chaos, in: Cicero 09/2012, S. 76–80.

163 Athen stoppt Überweisungen an »Phantomrentner«, in: FAZ, 03.02.2012, S. 13.

164 Griechen streichen Rente für Tote, in: FAZ, 07.06.2011, S. 12.; Blindes Hellas, in: FAZ, 14.05.2012, S. 27; »Phantom-Rentner« erschwindeln Milliarden, in: Passauer Neue Presse, 30.07.2012, S. 5.; »Griechenland nimmt sich Sozialbetrüger vor«, in: Die Welt, 22.08.2012, S. 6.

165 Julia Amalia Heyer, »Durch und durch verdorben«, in: Der Spiegel, 15.10.2112, S. 100 ff.

166 Desaströse Steuermoral schockt griechische Fahnder, in: Welt Online, 27.07.2012, online unter: http://www.welt.de/wirtschaft/article108399807/Desastroese-Steuer-moral-schockt-griechische-Fahnder.html.

167 Boris Kálnoky/Dimitra Moutzouri, Alles ist so schlimm. Athener Politiker haben Klagen wegen »seelischer Grausamkeit« als Geldquelle entdeckt, in: Die Welt, 13.12.2012, S. 1.

168 Mit Nein stimmten die Bundestagsabgeordneten Veronika Bellmann, Wolfgang Bosbach, Thomas Dörflinger, Herbert Frankenhauser, Alexander Funk, Peter Gauweiler, Manfred Kolbe, Paul Lehrieder, Carsten Linnemann, Thomas Silberhorn, Christian von Stetten, Stephan Stracke, Klaus-Peter Willsch (alle CDU/CSU), Jens Ackermann, Sylvia Canel, Frank Schäffler und Torsten Staffeldt (alle FDP). Es enthielten sich Christian Hirte, Hans-Georg von der Marwitz (beide CDU/CSU) sowie Erwin Lotter (FDP). Sechs Mitglieder der Koalitionsfraktionen gaben keine Stimme ab. Auch von der SPD stimmten diesmal sieben Abgeordnete gegen die Mehrheit ihrer Fraktion, während sich einer enthielt und gleich neun Sozialdemokraten der Abstimmung fernblieben. Bei den Grünen gab es nur eine Enthaltung.

169 Schäuble, Schreiben an die Mitglieder des Deutschen Bundestages vom 23.02.2012, S. 4.

170 Rede von Schneider im Deutschen Bundestag am 29.09.2011, BT-Plenarprotokoll 17/130, S. 15223.

171 Interview mit d. Verf., »Es sind alle roten Linien überschritten worden«, in: Handelsblatt Online, 27.03.2012, online unter: http://www.handelsblatt.com/politik/deutschland/cdu-haushaelter-willsch-es-sind-alle-roten-linien-ueberschritten-worden/6361814.html.

172 Manfred Kolbe, Schreiben an Kauder vom 28.03.2012, S. 2.

173 § 8 Abs. 2 Arbeitsordnung der CDU/CSU-Fraktion im Deutschen Bundestag, online unter: https://www.cducsu.de/sites/default/files/WP17_Arbeitsordnung.pdf.

174 E-Mail d. Verf. an Barthle vom 05.04.2012.

175 Rede von Barthle im Deutschen Bundestag am 29.09.2011, BT-Plenarprotokoll 17/130, S. 15232.

176 Günter Bannas, »Es spricht der Abgeordnete ...«. Vorspiel und Ablauf einer bizarren Debatte über das Rederecht im Bundestag; in: FAZ, 20.04.2012, S. 10.

177 Robert Roßmann, Maulkorb für Abweichler, in: SZ, 30.03.2012, S. 5.

178 Heinrich Ritzel/Joseph Bücker/Hermann Schreiner, § 35 GO-BT, in: Handbuch für die parlamentarische Praxis mit Kommentar zur Geschäftsordnung des Deutschen Bundestages.

179 Rückendeckung für Lammert, in: Das Parlament, 28.11.2011, S. 10.

180 Vgl. hierzu die Ausführungen von Volker Beck, online unter: http://beckstage.volkerbeck.de/2012/04/04/rederecht/, 01.05.2015, 11:57 Uhr.

181 Bannas, »Es spricht der Abgeordnete ...«, S. 10.

182 Interview mit d. Verf. im DLF vom 16.04.2012, online unter: http://www.deutschlandfunk.de/natuerlich-muss-ein-abgeordneter-im-parlament-frei-seine.694.de.html?dram:article_id=71473.

183 Bannas, »Es spricht der Abgeordnete...«, S. 10.

184 Interview mit Peter Altmaier im DLF am 17.04.2012, online unter: http://www.deutschlandfunk.de/altmaier-rederecht-soll-auch-in-zukunft-respektiert-werden.694.de.html?dram:article_id=71477.

185 Jens Tartler/Thomas Steinmann, Vorerst kein Maulkorb für Abgeordnete, in: Financial Times Deutschland, 17.04.2012, S. 9.

186 Interview mit Altmaier im DLF am 17.04.2012.

187 Ulrich Schulte, Abgeordnete wehren Maulkorb-Erlass ab, in: TAZ, 17.04.2012, S. 2.

188 Daniel Friedrich Sturm, Maulkorb bleibt draußen, in: Die Welt, 17.04.2012, S. 4.

189 Redeverbot im Bundestag. Merkel kippt Maulkorb-Erlass, in: BILD, 17.04.2012, S. 2.

190 Interview mit Horst Seehofer, Warum kriegen wir unser Geld nicht zurück, Herr Seehofer?, in: BILD, 16.04.2012, S. 2.

191 Thomas Kröter, FDP beerdigt das Maulkorb-Projekt, in: Kölner-Stadt-Anzeiger, 19.04.2012, S. 6.

192 Roman Herzog (Hg.), »Oder gilt das nur in Demokratien?«. Freies Mandat, Rederecht und Fraktionen, Berlin 2012.

193 Merkel, Rede im Bundestag am 27.10.2010, S. 7083.

194 Allgemeine Merkmale des künftigen Mechanismus, Erklärung der Eurogruppe vom 28.11.2010, in: EUCO 30/1/10 REV 1, S. 8.

195 Antrag von CDU/CSU und FDP zur Einvernehmensherstellung von Bundestag und Bundesregierung, BT-Drs. 17/4880.

196 Miriam Denkinger, Bedarf das Zustimmungsgesetz zur Einführung des Art. 136 Abs. 3 AEUV einer Zweidrittelmehrheit?, Wissenschaftliche Dienste des Deutschen Bundestages, WD 3- 3000- 003/11, S. 13.

197 D. Goffart/D. Riedel/T. Sigmund, »Die Reichweite der Ermächtigung ist kaum absehbar«, in: Handelsblatt, 13.04.2011, S. 1.

198 Aussage von Hanno Kube vor Abgeordneten des Deutschen Bundestages am 29.06.2011.

199 Norbert Lammert, Schreiben an d. Verf. vom 15.10.2013.

200 Zwölf gegen Merkel, Handelsblatt, 18.04.2011, S. 1.

201 Wissenschaftlicher Beirat beim Bundesministerium der Finanzen, Schreiben an Schäuble vom 18.03.2011, online unter:
http://www.bundesfinanzministerium.de/Content/DE/Standardartikel/Themen/ Europa/Stabilisierung_des_Euro/2011-03-28-schlussfolgerungen-regierungs-chefs-mitgliedstaaten-des-euro-waehrungsgebiet-11-maerz-2011.pdf?__blob=publicationFile&v=3, 17.06.2015, 18:22 Uhr.

202 Vereinbarung über die Merkmale des ESM, in: EUCO 10/1/11 REV 1, S. 29.

203 Ebd. S. 29, Anm. 6.

204 Kristin Rohleder, Die »Ein-Zwanzigstel-Regelung« im Entwurf des Vertrages über einen Fiskalpakt und in der Verordnung (EU) 1177/2011, Wissenschaftliche Dienste des Deutschen Bundestages, WD 11-3000- 8/12, S. 11.

205 Dietmar Neuerer, Fiskalpakt: Kritik der Bundestagsjuristen, in: Handelsblatt, 23.01.2012, S. 18.

206 BT-Drs. 17/8637, S. 38.

207 Weidmann, Die Weichen richtig stellen: Bewältigung der Schuldenkrise und Perspektiven für die Währungsunion, Rede beim Jahresempfang der Bundesbank-Hauptverwaltung in NRW am 01.02.2012, http://www.bundesbank.de/Redaktion/DE/ Reden/2012/2012_02_01_weidmann_schuldenkrise_waehrungsunion.html.

208 Barthle, Schreiben an die Mitglieder der CDU/CSU-Bundestagsfraktion vom 02.05.2012, S. 1.

209 Barthle/Meister, Schreiben an die Mitglieder der CDU/CSU-Bundestagsfraktion vom 29.06.2012, S. 1.

210 Simone Boehringer, Ärger mit dem Lückentext, in: SZ, 29.03.2012, S. 23.

211 Aussage von Jürgen Stark vor Abgeordneten des Deutschen Bundestages am 21.05.2012.

212 BT-Drs. 17/4880, S. 2.

213 Ebd. S. 3.

214 Barthle, Schreiben an die Mitglieder der CDU/CSU-Bundestagsfraktion vom 12.06.2012, S.1.

215 BVerfG-Urteil vom 19.06.2012, 2 BvE 4/11.

216 Die von den Mitgliedstaaten in das ESM-Direktorium entsandten Vertreter erhalten laut Auskunft der Bundesregierung gegenüber Veronika Bellmann MdB keine Gehaltszahlungen seitens des ESM. Vgl. hierzu BT-Drs. 17/11976, S. 9.

217 Die hier aufgeführten Beispiele sind den Ergänzungsbestimmungen zu den ESM-Beschäftigungsbedingungen entnommen. Diese lagen mir zum damaligen Zeitpunkt noch nicht vor, sondern wurden den Mitgliedern des Haushaltsausschusses erst am 02.11.2012 übermittelt.

218 Lammert, Schreiben an d. Verf. vom 26.06.2012, S. 2.

219 Vgl. Der große Basar«, in: SZ, 25.96.2012, S. 4; Statt zu sparen, wird geschachert, in: Berliner Morgenpost, 26.06.2012, S. 2.

220 Joachim Käppner, Ein Gefühl – fast wie an Weihnachten, in: SZ, 26.06.2012, S. 21.

221 Das dazugehörige »Gesetz zur innerstaatlichen Umsetzung des Fiskalvertrags« wurde erst am 19. Oktober 2012 eingebracht, passierte am 20.11.2012 in 2./3. Lesung den Bundestag, fand dann aber am 14.12.2012 im Bundesrat keine Mehrheit.

222 Zu den Verfassern gehörten Veronika Bellmann, Thomas Dörflinger, Alexander Funk, Manfred Kolbe, Klaus-Peter Willsch (alle CDU/CSU), Jens Ackermann, Sylvia Canel, Lutz Knopek, Lars Lindemann und Frank Schäffler (alle FDP).

223 Meister, Schreiben an die Mitglieder der CDU/CSU-Bundestagsfraktion vom 30.05.2012, S. 2.

224 EUCO 76/2/12 REV 2, S. 12 f.

225 HHA-Drs. 17/4549.

226 Pressedienst der CDU/CSU-Fraktion im Deutschen Bundestag (Hg.), Meister: Wir lehnen eine Aufweichung des ESM kategorisch ab, Mitteilung 276, 26.04.2012, S. 1 f.

227 Barthle/Meister, Schreiben vom 29.06.2012, S. 1 f.

228 Rede d. Verf. im Deutschen Bundestag am 29.06.2012, BT-Plenarprotokoll 17/188, S. 22729 f.

229 Bundestagsdrucksache 17/10211. Zu den Antragstellern gehörten Veronika Bellmann, Wolfgang Bosbach, Paul Lehrieder, Manfred Kolbe, Klaus-Peter Willsch (alle CDU/CSU), Jens Ackermann, Nicole Bracht-Bendt, Sylvia Canel, Lutz Knopek, Lars Lindemann, Frank Schäffler und Torsten Staffeldt (alle FDP).

230 Mit Nein stimmten die Bundestagsabgeordneten Veronika Bellmann, Wolfgang Bosbach, Michael Brand, Thomas Dörflinger, Herbert Frankenhauser, Alexander Funk, Peter Gauweiler, Josef Göppel, Manfred Kolbe, Paul Lehrieder, Carsten Linnemann, Georg Nüßlein, Thomas Silberhorn, Christian von Stetten, Arnold Vaatz, Klaus-Peter Willsch (alle CDU/CSU), Jens Ackermann, Nicole Bracht-Bendt, Sylvia Canel, Joachim Günther, Lutz Knopek, Jürgen Koppelin, Holger Krestel, Lars Lindemann, Frank Schäffler und Torsten Staffeldt (alle FDP). Es enthielt sich zudem Marlene Mortler (CDU/CSU). Von der SPD stimmten acht Abgeordnete gegen die Mehrheit ihrer Fraktion, während sich vier enthielten. Unter den Neinsagern waren auch die beiden SPD-Haushälter Peter Danckert und Rolf Schwanitz. Bei den Grünen gab es nur eine Enthaltung.

231 Mit Nein stimmten die Bundestagsabgeordneten Peter Gauweiler, Manfred Kolbe, Klaus-Peter Willsch (alle CDU/CSU), Jens Ackermann, Nicole Bracht-Bendt, Lars Lindemann und Frank Schäffler (alle FDP). Es enthielten sich Veronika Bellmann (CDU/CSU) und Torsten Staffeldt (FDP). Dazu stimmten 23 Sozialdemokraten und neun Grüne mit Nein, vier enthielten sich (1/3). Unter den Neinsagern waren mit Peter Danckert, Ewald Schurer und Rolf Schwanitz auch drei SPD-Haushälter.

232 Meister, Schreiben an die Mitglieder der CDU/CSU-Bundestagsfraktion vom 04.07.2012, S. 1.

233 Ebd. S. 5.

234 Schäuble, Stabilisierung und Fortentwicklung der Europäischen Währungsunion, Schreiben an die Mitglieder der CDU/CSU- und FDP-Bundestagsfraktion vom 10.07.2012, S. 4.

235 Günther Lachmann, Selbstzensur des Parlaments in der Euro-Politik, in: Welt Online, 07.07.2012, online unter: http://www.welt.de/politik/deutschland/article108097290/ Selbstzensur-des-Parlaments-in-der-Euro-Politik.html.

236 Sinn, Zahlungsbilanzkrise, s. Anm. 102.

237 Vgl. hierzu Heribert Dieter, Nach der El-Dorado-Dekade. Spaniens Weg in die Krise und die heutige gefährliche Rettungspolitik, SWP-Aktuell 42, Berlin 2012.

238 Sinn, Zahlungsbilanzkrise, s. Anm. 102.

239 Erklärung der spanischen Regierung vom 09.06.2012, in: HHA-Drs. 17/4498, S. 3f.

240 Ebd. S. 4.

241 Erklärung der Eurogruppe zu Spanien vom 09.06.2012, in: HHA-Drs. 17/4498, S. 6f.

242 Ebd. S. 7.

243 BMF, Finanzhilfe für Spanien: Fragen und Antworten, Non-Paper vom 18.07.2012, S. 1.

244 Hauptmerkmale der finnischen Sicherheit im Rahmen des spanischen Bankenrekapitalisierungsprogramms, HHA-Drs. 17/4655, S.1.

245 Antrag des Bundesministeriums der Finanzen zur Einholung eines zustimmenden Beschlusses des Deutschen Bundestages gemäß StabMechG, BT-Drs. 17/10320, S. 2.

246 Auszug aus dem Protokoll zur CDU/CSU-Fraktionssitzung am 19.07.2012, Archiv d. Verf.

247 Mit Nein stimmten die Bundestagsabgeordneten Veronika Bellmann, Wolfgang Bosbach, Thomas Dörflinger, Axel Fischer, Peter Gauweiler, Manfred Kolbe, Andreas Lämmel, Paul Lehrieder, Carsten Linnemann, Georg Nüßlein, Thomas Silberhorn, Arnold Vaatz, Klaus-Peter Willsch (alle CDU/CSU), Jens Ackermann, Nicole Bracht-Bendt, Sylvia Canel, Joachim Günther, Heinz-Peter Haustein, Lutz Knopek, Holger Krestel, Lars Lindemann und Frank Schäffler (alle FDP). Mit Alexander Funk (CDU/CSU) und Torsten Staffeldt (FDP) nahmen zwei Abweichler nicht an der Abstimmung

teil. Es enthielt sich zudem Helga Daub (FDP). Von der SPD stimmten 14 Abgeordnete gegen die Mehrheit ihrer Fraktion, während sich zwei enthielten und zwölf der Abstimmung fernblieben. Bei den Grünen stimmte ein Abgeordneter mit Nein, zehn enthielten sich und drei gaben keine Stimme ab.

248 BVerfG-Urteil vom 12.09.2012, 2 BvR 1390/12.

249 Vgl. hierzu BT-Drs. 17/10925, S. 21f; BT-Drs. 17/10954.

250 So würde die Griechen-Pleite ablaufen, in: BILD, 25.07.2012, S. 2.

251 Mit Nein stimmten die Bundestagabgeordneten Veronika Bellmann, Wolfgang Bosbach, Thomas Dörflinger, Alexander Funk, Peter Gauweiler, Manfred Kolbe, Paul Lehrieder, Carsten Linnemann, Thomas Silberhorn, Christian von Stetten, Arnold Vaatz, Klaus-Peter Willsch (alle CDU/CSU), Jens Ackermann, Nicole Bracht-Bendt, Sylvia Canel, Joachim Günther, Heinz-Peter Haustein, Lutz Knopek, Holger Krestel, Lars Lindemann, Frank Schäffler und Torsten Staffeldt (alle FDP). Christian Hirte (CDU/CSU) enthielt sich.

252 Vgl. Heinz-Jürgen Axt, Die Republik Zypern als Sanierungsfall: Legenden und Fakten zur Finanzkrise, in: Südosteuropa-Mitteilungen 03-04/2013, S. 37 f.

253 Interview mit Michalis Sarris, »Die Dinge sind aus dem Ruder gelaufen«, in: Frankfurter Rundschau, 17.01.2013, S. 18.

254 Ebd.

255 Axt, Zypern als Sanierungsfall, S. 38.

256 Alvarez & Marsal, Global Forensic and Dispute Services, Statement of Protocol to Report of Investigations Into Specific Aspects of Cyprus Banking Crisis, 26.03.2013, S. 5.

257 »dass einige der gelöschten Dokumente für die Prüfung relevant sind.«, ebd. S. 53.

258 Dev Kar/Sarah Freitas, Russia: Illicit Financial Flows and the Role of the Underground Economy, Washington 2013, S.40.

259 »Es ist unwahrscheinlich, dass Zypern mit einem BIP von etwa 23 Milliarden US $ in der Lage ist, solch hohe Investitionen in Russland zu tätigen, sofern diese Investitionen nicht durch illegale Vermögenswerte aus Russland selbst finanziert wurden.« Ebd. S. 37 ff. Das Zitat befindet sich auf S. 40.

260 Antwort der Bundesregierung auf eine Kleine Anfrage der Linken, Kredite aus dem Europäischen Stabilitätsmechanismus für Zypern, BT-Drs. 17/12754, S. 9.

261 »Es ist bedauerlich, dass Zypern in einer derart angespannten Situation, abhängig von einer Entscheidung über seine Schuldentragfähigkeit und dem Ergebnis seiner Bailout-Anfrage, das Ziel haltloser und ungerechtfertigter Beschuldigungen wurde, eine Steueroase und ein Schauplatz von Geldwäsche zu sein. [...] In Momenten der Krise erlangen die Grundwerte der Europäischen Union ihre gesamte Bedeutung. Das gilt noch viel mehr, wenn Anschuldigungen die Glaubwürdigkeit und Integrität

des Europäischen Hauses als Ganzes infrage stellen. Deshalb, Herr Bundestagspräsident und geschätzter Kollege, appelliere ich an Sie, diesen Vorgang mit Ihrem wohlbekannten Gespür für Fairness, Gerechtigkeit und Solidarität zu untersuchen.« Yiannakis Omirou, Schreiben an Norbert Lammert vom 28.01.2013, S. 1 f.

262 Michael Michaelides / Harvinder Sian, Cyprus: No need to default, Studie der Royal Bank of Scotland, 15.01.2013, S. 1 u. 9.

263 Vgl. z. B. Markus Dettmer/Christian Reiermann, Hering und Wodka, in: Der Spiegel 45/2012, 05.11.2012, S. 20 f.

264 Volker M. Schütterle, Republik Zypern. Wichtigste bilaterale Partner und Haltung Zyperns zur Einführung einer Finanztransaktionssteuer, Wissenschaftliche Dienste des Deutschen Bundestages, WD 1-3000/083/12, S. 4.

265 Ebd. S. 5.

266 Weidmann wollte Zypern-Hilfen früher stoppen, in: FAZ vom 20.10.2014, S. 17.

267 Vgl. insbesondere zur unionsrechtlichen Zulässigkeit Johannes Dopsch/Claudia Wutscher, Beschränkungen der Kapital- und Zahlungsverkehrsfreiheit am Beispiel der Maßnahmen im Rahmen der Zypernkrise, in: Europäische Zeitschrift für Wirtschaftsrecht 25 (2014), 19, S. 729–734.

268 Vgl. Julia Smirnova, Chef der Gazprombank soll Geld aus Zypern abgezogen haben, in: Die Welt, 04.04.2013, S. 10; Kerin Hope/Roman Olearchyk, Cyprus leader invites family firm probe, in: Financial Times Online, 02.04.2013, online unter: http://www.ft.com/cms/s/0/40caa0ee-9b90-11e2-a820-00144feabdc0.html; Ferry Batzoglou, Anastasiadis-Clan schaffte vor »Haircut« Geld außer Landes, in: Wiener Zeitung Online, 31.03./02.04.2013, online unter: http://www.wienerzeitung.at/nachrichten/europa/europastaaten/535837_Anastasiadis-Clan-schaffte-vor-Haircut-Geld-ausser-Landes.html.

269 Antrag des Bundesministeriums der Finanzen zur Einholung eines zustimmenden Beschlusses des Deutschen Bundestages gemäß StabMechG, BT-Drs. 17/13060, S. 4 f.

270 Erklärung der Eurogruppe zu Zypern vom 25.03.2013, S. 1.

271 Mit Nein stimmten Wolfgang Bosbach, Alexander Funk, Peter Gauweiler, Manfred Kolbe, Carsten Linnemann, Thomas Silberhorn, Christian von Stetten, Klaus-Peter Willsch (alle CDU/CSU), Jens Ackermann, Nicole Bracht-Bendt, Sylvia Canel, Lutz Knopek, Holger Krestel, Lars Lindemann, Frank Schäffler und Torsten Staffeldt (alle FDP). Veronika Bellmann (CDU/CSU) enthielt sich. Thomas Dörflinger (CDU/CSU) stimmte bei der ersten Abstimmung mit Nein und bei der zweiten wahrscheinlich versehentlich mit Ja. Ähnliches war vermutlich bei Axel Fischer (CDU/CSU) der Fall.

272 Vorschlag für eine Verordnung des Rates zur Schaffung einer Fazilität des finanziellen Beistands für Mitgliedstaaten, deren Währung nicht der Euro ist, KOM(2012)/336 endgültig – 2012/0164 (APP).

273 Danuta Hübner, Draft Interim Report on the proposal for a Council regulation establishing a facility for providing financial assistance for Member States whose currency is not the Euro (COM(2012)0336 – C7-XXXX/2012 – 2012/0164(APP)), S. 8.

274 Vgl. Thiemo Jeck, Die Verschuldung der Europäischen Gemeinschaften: Kompetenzen und Praxis, cepStudie, August 2009.

275 Henning Krumrey, ESMs kleiner Bruder, in: Wirtschaftswoche 7/2013, 09.02.2013, S. 24–25.

276 Klaus-Peter Willsch, »Neues Milliarden-Euro-Risiko für Deutschland«, in: Handelsblatt Online, 20.02.2013, online unter: http://www.handelsblatt.com/meinung/gastbeitraege/gastbeitrag-zur-eurokrise-neues-milliarden-euro-risiko-fuer-deutschland/7806102.html.

277 Ders., Heimlich, still und leise entsteht ein Schatten-ESM, in: Der Hauptstadtbrief 114/2013, S. 25–27.

278 Hübner, Die Zahlungsbilanzfazilität ist kein Schatten-ESM, in: Der Hauptstadtbrief 115/2013, S. 13–18.

279 Willsch, Die Zahlungsbilanzfazilität könnte zur Finanzierung defizitärer Staaten missbraucht werden, in: Der Hauptstadtbrief 115/2013, S. 19–22.

280 Hübner, Zahlungsbilanzfazilität, S. 16 f.

281 Kampeter, Schreiben an die Mitglieder des Haushaltsausschusses vom 04.03.2013, S. 1.

282 BMF, Umfassende Bewertung vom 02.10.2012, KOM(2012)336, S. 2.

283 Empfehlungen der Ausschüsse vom 10.09.2012, BR-Drs. 370/1/12, S. 1.

284 Ebd. S. 4.

285 Ebd.

286 Ebd. S. 3.

287 Krumrey, ESMs kleiner Bruder, S. 25.

288 Art. 2 Abs. 3 KOM(2012)336 final/2.

289 Beschluss des Bundesrates vom 21.09.2012, BR-Drs. 370/12, S. 3.

290 BMF, Nachbericht zu den Sitzungen der Eurogruppe und des ECOFIN-Rates am 09./10.12.2013, S. 3.

291 Kampeter, Schreiben an d. Verf. vom 20.04.2015.

292 Schimpf-Attacke gegen Schäuble, in: BILD, 21.11.2012, S. 2.

293 Zu den soziologischen Gruppen der CDU/CSU-Bundestagsfraktion gehören die Arbeitnehmergruppe, die Arbeitsgemeinschaft Kommunalpolitik, die Gruppe der Frauen, die Gruppe der Vertriebenen, Flüchtlinge und Aussiedler, die Junge Gruppe und der Parlamentskreis Mittelstand.

294 Michael Grosse-Brömer, Schreiben an einen Bürger vom 31.01.2014.

295 Ralph Brinkhaus, Schreiben an einen Bürger vom 21.02.2014.

296 »Innerhalb unseres Mandates ist die EZB bereit, zu tun, was auch immer nötig ist, um den EURO zu schützen. Und glauben Sie mir, es wird genug sein.« Mario Draghi, Rede auf der Global Investment Conference in London am 26.07.2012, online unter: https://www.ecb.europa.eu/press/key/date/2012/html/sp120726.en.html.

297 »Es gab Diskussionen um Bedingungen, aber sie waren nicht dramatisch. Menschen hatten unterschiedliche Ansichten, aber letztendlich stimmten wir alle überein. Wie ich schon sagte, hat eine überwältigende Mehrheit im Rat dieses Konzept bevorzugt.« Ders., Pressekonferenz am 06.09.2012, online unter: https://www.ecb.europa.eu/press/pressconf/2012/html/is120906.en.html.

298 Stark, »Das hätte ich mir nie träumen lassen«, S. 3.

299 Frank Thewes, Draghis Einkünfte, in: Focus, 22.10.2012, S. 18.

300 Doppelinterview mit Alexander Dobrindt und Patrick Döring, Kentert die Koalition?, in: BamS, 26.08.2012, S. 6.

301 Anja Ettel/Sebastian Jost, Auch nach einem Jahr gibt Draghi weiter Rätsel auf, in: Die Welt, 01.11.2012, S. 9.

302 Kampeter, Schreiben an d. Verf. vom 13.06.2013.

303 Antrag Nr. A 115 – KV Rheingau-Taunus, in: 26. Parteitag der CDU Deutschlands, Sammlung der Anträge und Empfehlungen der Antragskommission, S. 38. Online unter: https://www.cdu.de/sites/default/files/media/dokumente/antragsbroschuere-europawahl2014.pdf.

304 Barthle, Schreiben an die Mitglieder der CDU/CSU-Bundestagsfraktion vom 17.10.2014, S. 2.

305 Aussage von Christian von Stetten in der CDU/CSU-Bundestagsfraktionssitzung am 14.10.2014.

306 Hannes Rathke, Fragen zur direkten Bankenrekapitalisierung durch den Europäischen Stabilitätsmechanismus, Wissenschaftliche Dienste des Deutschen Bundestages, PE 6-3000-195/14, S. 9.

307 Barthle, Schreiben an die Mitglieder der CDU/CSU-Bundestagsfraktion vom 17.10.2014, S. 2.

308 Antrag des Bundesministeriums der Finanzen, Finanzhilfen zugunsten Griechenlands; technische Verlängerung und Fortführung der Stabilitätshilfe, BT-Drs. 18/3532, S. 5.

309 Art. 2 Abs. 4 ESM-Leitlinie für vorsorgliche Finanzhilfen, in: HHA-Drs. 17/4696, Anl. 1.

310 Interview mit Yanis Varoufakis, »La Grèce peut forcer l´Europe à changer«, in: La Tribune Online vom 20.01.2015, online unter: http://www.latribune.fr/actualites/economie/international/20150120trib9ab84d48e/la-grece-peut-forcer-l-europe-a-changer.html. Auf seiner eigenen Homepage veröffentlichte Varoufakis eine englische Übersetzung des Interviews. Dort heißt die entsprechende Stelle:»Whatever Germany does or says, it pays anyway.« (»Was auch immer Deutschland tut oder sagt, am Ende zahlt es trotzdem.« Online unter: http://yanisvaroufakis.eu/2015/01/21/la-grece-peut-forcer-leurope-a-changer-la-tribune/, 19.06.2015 um 07:53 Uhr.

311 Unmut über Karikatur, in: FAZ vom 14.02.2015, S. 6.

312 Mit Nein stimmten von Thomas Bareiß, Veronika Bellmann, Wolfgang Bosbach, Thomas Dörflinger, Jutta Eckenbach, Hermann Färber, Alexander Funk, Peter Gauweiler, Olav Gutting, Mark Hauptmann, Uda Heller, Alexander Hoffmann, Egon Jüttner, Silke Launert, Paul Lehrieder, Carsten Linnemann, Hans-Georg von der Marwitz, Hans Michelbach, Peter Ramsauer, Albert Rupprecht, Carola Stauche, Erika Steinbach, Christian von Stetten, Stephan Stracke, Marian Wendt, Kai Whittaker, Klaus-Peter Willsch, Dagmar Wöhrl und Emmi Zeulner. Es enthielten sich Ursula Groden-Kranich, Wilfried Lorenz und Ulrich Petzold.

313 Marco Kauffmann Bossart, Schrille Töne der griechischen Regierung, in: NZZ, 11.03.2015, S. 3.

314 Elisa Simantke, »Merkel ist wie Hitler«, in: Der Tagesspiegel Online vom 03.02.2015, online unter: http://www.tagesspiegel.de/politik/syriza-koalitionspartner-unabhaengige-griechen-merkel-ist-wie-hitler/11312234.html.

315 Vgl. Heinz A. Richter, Politische Kultur in Griechenland, in: APuZ 35-37/2012, S. 30–36.

316 Vgl. zu finanz-, wirtschafts- und geldpolitischen Aspekten der der Besatzungsherrschaft Götz Aly, Hitlers Volksstaat. Raub, Rassenkrieg und nationaler Sozialismus, Frankfurt am Main 2006, S. 274 ff.

317 Vgl. Richter, Griechenland 1940-1950. Die Zeit der Bürgerkriege, Ruhpolding 2012, S. 131 f.

318 Art. 2 Abs. 2, Londoner Schuldenabkommen vom 27.02.1953, in: BGBl. Nr. 15 vom 27.08.1953, S. 331 ff.

319 Antwort der Bundesregierung auf die Kleine Anfrage der PDS, Verhalten der Bundesregierung gegenüber griechischen Forderungen nach Entschädigungszahlung für das SS-Massaker in Distomo am 10. Juni 1944, BT-Drs. 14/3992, S. 2 f. Fast gleichlautend in BT-Drs. 18/451, S. 4.

320 Sven Felix Kellerhoff, Athen will Deutschland ein schlechtes Gewissen machen, in: Die Welt, 19.03.2015, S. 5.

321 Inge Grässle MdEP, Mehr EU-Haushaltsgeld für Griechenland löst kein einziges Problem, Pressemitteilung vom 06.02.2015, online unter: http://www.inge-graessle.eu/view-aktuelles/items/503.

322 Im Porsche zur Uni – dank EU-Millionen, in: SZ Online, 09.11.2010, online unter::
//www.sueddeutsche.de/karriere/betrug-professoren-in-griechenland-im-porsche-
zur-uni-dank-millionen-von-der-eu-1.1021349.

323 Yanis Varoufakis holds speech at the Panel session »Greece's future in the EU« in
Berlin, online unter: https://www.youtube.com/watch?v=ex2oy_p3Qv8&feature=you-
tu.be&t=2h28m56s. Mein Beitrag kommt ab 2:28:56.

324 Mit Nein stimmten Thomas Bareiß, Manfred Behrens, Veronika Bellmann, Peter
Beyer, Wolfgang Bosbach, Klaus Brähmig, Cajus Caesar, Thomas Dörflinger, Her-
mann Färber, Axel Fischer, Klaus-Peter Flosbach, Michael Frieser, Alexander Funk,
Thomas Gebhart, Josef Göppel, Ursula Groden-Kranich, Olav Gutting, Stephan
Harbarth, Matthias Hauer, Mark Hauptmann, Matthias Heider, Frank Heinrich, Mark
Helfrich, Uda Heller, Heribert Hirte, Robert Hochbaum, Alexander Hoffmann, Hu-
bert Hüppe, Xaver Jung, Egon Jüttner, Alois Karl, Jens Koeppen, Karl Lamers, Andreas
Lämmel, Silke Launert, Paul Lehrieder, Carsten Linnemann, Hans-Georg von der
Marwitz, Andreas Mattfeldt, Jan Metzler, Hans Michelbach, Tim Ostermann, Peter
Ramsauer, Albert Rupprecht, Ronja Schmitt, Bernhard Schulte-Drüggelte, Detlef
Seif, Reinhold Sendker, Tino Sorge, Wolfgang Stefinger, Erika Steinbach, Christian
von Stetten, Dieter Stier, Stephan Stracke, Arnold Vaatz, Ingo Wellenreuther, Marian
Wendt, Klaus-Peter Willsch, Dagmar Wöhrl und Emmi Zeulner (alle CDU/CSU). Es
enthielten sich Steffen Bilger, Wilfried Lorenz, Andreas Nick, Ulrich Petzold und
Eckhard Pols (alle CDU/CSU). Bei der SPD stimmten nur vier Abgeordnete mit Nein,
eine Gegenstimme kam dabei vom ehemaligen Finanzminister Peer Steinbrück.

325 Dirk Hoeren/Paul Ronzheimer, Bundesregierung lehnt Griechen-Rettungsprogramm
ab, in: Bild Online, 12.08.2015, online unter: http://www.bild.de/politik/ausland/grie-
chenland-krise/bundesregierung-lehnt-griechen-rettungsprogramm-ab-42158590.
bild.html.

326 Hoeren/Ronzheimer, Zoff zwischen Schäuble und Gabriel um Griechen-Paket, in: Bild
Online, 12.08.2015, online unter: http://www.bild.de/politik/ausland/griechenland-kri-
se/bundesregierung-lehnt-griechen-rettungsprogramm-ab-42158590.bild.html.

327 E-Mail d. Verf. an Jens Spahn vom 14.08.2015.

328 Christine Lagarde, Erklärung zu Griechenland vom 14.08.2015, in: Antrag des Bundesministeriums der Finanzen, Stabilitätshilfe zugunsten Griechenlands, BT-Drs.
18/5780, Anlage 9a, S. 144.

329 »Das ist kein klassisches Hilfspaket, sondern ... «, in: Focus Online, 14.07.2015,
online unter: http://www.focus.de/politik/videos/das-ist-kein-klassisches-hilfspaket-
sondern-dieser-eine-satz-von-kauder-zeigt-wie-wir-fuenf-jahre-lang-verschaukelt-wur-
den_id_4815132.html.

330 Interview mit Kauder, »Kosovaren müssen innerhalb eines Monats zurück«, in: Welt
am Sonntag, 09.08.2015, S. 4.

331 Mit Nein stimmten Thomas Bareiß, Manfred Behrens, Veronika Bellmann, Peter
Beyer, Wolfgang Bosbach, Klaus Brähmig, Cajus Caesar, Thomas Dörflinger, Hermann
Färber, Thomas Feist, Axel Fischer, Klaus-Peter Flosbach, Michael Frieser, Alexander
Funk, Thomas Gebhart, Josef Göppel, Ursula Groden-Kranich, Olav Gutting, Stephan

Harbarth, Matthias Hauer, Matthias Heider, Helmut Heiderich, Frank Heinrich, Mark Helfrich, Uda Heller, Heribert Hirte, Robert Hochbaum, Alexander Hoffmann, Hubert Hüppe, Xaver Jung, Egon Jüttner, Alois Karl, Jens Koeppen, Karl Lamers, Andreas Lämmel, Silke Launert, Paul Lehrieder, Carsten Linnemann, Hans-Georg von der Marwitz, Andreas Mattfeldt, Jan Metzler, Hans Michelbach, Tim Ostermann, Sylvia Pantel, Eckhard Pols, Albert Rupprecht, Jana Schimke, Ronja Schmitt, Bernhard Schulte-Drüggelte, Detlef Seif, Reinhold Sendker, Tino Sorge, Wolfgang Stefinger, Christian von Stetten, Dieter Stier, Stephan Stracke, Arnold Vaatz, Ingo Wellenreuther, Marian Wendt, Peter Wichtel, Klaus-Peter Willsch, Dagmar Wöhrl und Emmi Zeulner (alle CDU/CSU). Es enthielten sich Wilfried Lorenz, Andreas Nick und Ulrich Petzold (alle CDU/CSU). Bei der SPD stimmten vier Abgeordnete mit Nein. Bei den Grünen gab es nur eine Gegenstimme, bei acht Enthaltungen.

332 BMF, Entwicklung der öffentlichen Finanzen, online unter: http://www.bundesfinanzministerium.de/Web/DE/Themen/Oeffentliche_Finanzen/Entwicklung_Oeffentliche_Finanzen/entwicklung_oeffentliche_finanzen.html.

333 »Das ist das Ende des Dogmas der Sparpolitik, es gibt keinen Zahlenfetischismus mehr.« Moscovici: »l'austérité, c'est fini«, online unter: http://www.europe1.fr/politique/moscovici-l-austerite-c-est-fini-1506035.

334 Dirk Koch, Die Brüsseler Republik, in: Der Spiegel, 27.12.1999, S. 136.

335 Thewes u.a., »Nein! Wir zahlen nicht«, in: Focus, 09.05.2011, S. 20.

336 »Vertrauen ist für Griechenland wichtiger als Geld«, in: FAZ, 20.08.2012, S. 4.

337 Lachmann, Wie die Griechen sich in den Euro schummelten, in: Die Welt Online, 12.12.2012, online unter: http://www.welt.de/politik/ausland/article111959153/Wie-die-Griechen-sich-in-den-Euro-schummelten.html.

338 Kampeter, Schreiben an d. Verf. vom 18.12.2012.

339 Dieter, Kollateralschäden der EZB-Strategie. Die ultralockere Geldpolitik nutzt wenig – und schadet vielen, SWP-Aktuell 2/2015, S. 5. Vgl. auch Sinn, Die griechische Tragödie, ifo Schnelldienst Sonderausgabe, 29.05.2015, S. 14 ff.

340 The Eurosystem Household Finance and Consumption Surgery. Results From The First Wave, Statistics Paper Series, No. 2/April 2013, S. 76, online unter: http://www.ecb.europa.eu/pub/pdf/scpsps/ecbsp2.pdf.

341 Kampeter, Schreiben an d. Verf. vom 31.07.2013, S. 1 f.

342 Kampeter/Armin Laschet, Weg mit dem Rechenschieber!, in: FAZ vom 13.08.2012, S. 12.

343 Vgl. z.B. Philipp Gassert, »Völker Europas, wahret Eure heiligsten Güter«: Die Alte Welt und die japanische Herausforderung, in: Der Russisch-Japanische Krieg 1904/05: Anbruch einer neuen Zeit?, Hrsg. von Maik Hendrik Sprotte, Wolfgang Seifert und Heinz-Dietrich Löwe, Wiesbaden 2007, S. 277–293; Heinz Gollwitzer, Die Gelbe Gefahr. Geschichte eines Schlagworts. Studien zum imperialistischen Denken, Göttingen 1962; Ute Mehnert, Deutschland, Amerika und die »Gelbe Gefahr«. Zur Karriere eines Schlagworts in der Großen Politik, 1905–1917, Stuttgart 1995.

ANLAGEN

Anlage 1

Erklärung nach § 31 GO-BT zur Abstimmung »Gesetz zum Erhalt der Stabilität der Währungsunion« (WFStG)

7. Mai 2010

Ich stimme gegen das *Gesetz zum Erhalt der Stabilität der Währungsunion (WFStG)*.

Erstens. Bereits in der letzten Februarwoche habe ich in der Fraktion dargelegt, dass ich die europäischen Strukturen für völlig ungeeignet halte, der Überschuldungssituation und möglichen Zahlungsunfähigkeit Griechenlands Herr zu werden. Mit dieser Aufgabe ist der Internationale Währungsfonds, IWF, betraut, nicht die Europäische Union. Ich bin sehr froh, dass der IWF jetzt zumindest im Spiel ist, aber der Anteil des IWF beträgt hierbei nur etwa 25 Prozent; die Mitgliedstaaten des Euro-Raumes tragen nahezu 75 Prozent des Risikos. In realen Zahlen bedeutet dies für den IWF ein Risiko von 30 Milliarden Euro, für die Mitglieder der Eurogruppe 80 Milliarden Euro.

Zweitens. Griechenland hat in den vergangenen Wochen ein beispielloses Sanierungsprogramm beschlossen, um den Weg für die Kredithilfen vom IWF und aus dem Euroraum zu bereiten. Übertragen auf Deutschland würde dieses Sparprogramm bedeuten, dass wir bis 2014 rund 60 Milliarden Euro an Ausgabenabsenkungen bzw. Einnahmesteigerungen jährlich in den öffentlichen Haushalten erzielen müssten. Ich honoriere den guten Willen der griechischen Regierung, sage jedoch gleichzeitig, dass ich sehr skeptisch gegenüber den Erfolgsaussichten bin. Die derzeitigen Proteste und Streiks in Griechenland, bei denen am Mittwoch drei Tote zu beklagen waren, machen schon jetzt deutlich, dass die politische Durchsetzbarkeit des Sanierungsprogramms nicht zu erwarten ist.

Drittens. Der Weg ist auch ökonomisch falsch. Man wirft dem schlechten Geld kein gutes hinterher. Ohne Schuldenmoratorium und Teilverzicht auf Forderungen wird die Sanierung der griechischen Staatsfinanzen nicht gelingen. Nur so kann auch gewährleistet werden, dass Gläubiger, die für ihre vermeintliche Risikobereitschaft ordentliche Zinsen einstreichen, nun auch tatsächlich bei Eintritt der Zahlungsunfähigkeit einen Beitrag leisten. Unweigerlich wird der Garantiefall eintreten; und der Garantiefall bedeutet, dass der deutsche Steuerzahler für die griechische Überschuldungspolitik aufkommen muss.

Viertens. Es ist auch im griechischen Interesse, eine geregelte Umschuldung und einen befristeten Ausstieg aus dem Euroraum als Lösung anzustreben. Nur so hat Griechenland die Chance, durch autonome währungspolitische Entscheidungen (Abwertung) die Außenbilanz zu verbessern und wieder an Wettbewerbsfähigkeit zu gewinnen. Es gibt also Alternativen zum vorgeschlagenen Vorgehen. Wir können in der derzeitigen Situation der deutschen Staatsfinanzen dem Steuerzahler keine weiteren Belastungen in diesem Ausmaß zumuten, ohne die Einhaltung der gerade in das Grundgesetz aufgenommenen Schuldenbremse zu gefährden.

Fünftens. Nun soll durch Veränderung der europäischen Verträge erreicht werden, dass Defizitsünder unter den Euro-Ländern durch Stimmrechtsentzug und Ausschluss aus der Währungsunion bestraft werden können. Wer sich des langen Verfahrens für die endgültige Ratifizierung des heute gültigen Vertrages von Lissabon erinnert, wird zumindest einräumen, dass dies ein unabsehbar langer Weg sein wird, mit vielfältigen Risiken des Scheiterns (alle 27 Staaten müssen nach ihren Regeln zustimmen, unter anderem Volksabstimmungserfordernis in mehreren Mitgliedsländern der EU). Weiterhin möchte man die Defizitsünder zukünftig in ihrem Haushaltsgebaren kontrollieren. Dazu möchte ich nur anmerken, dass wir als Deutscher Bundestag uns verbitten würden, dass die EU-Kommission in unser Budgetrecht eingreift. Wie können wir realistischerweise von den nationalen Parlamenten der Defizitsünder erwarten, dass diese sich das gefallen lassen, wenn sie es mit einem einfachen Nein verhindern können? Viviane Reding, Vizepräsidentin der EU-Kommission, lehnt die deutschen Forderungen nach einer Änderung der Verträge entschieden ab; Christine Lagarde, französische Wirtschaftsministerin, meint, wir

Deutschen müssten mehr für die Binnennachfrage im Euroraum tun. Der Euro-Raum wird so umgebaut zum dauerhaften Sozialtransferraum. Das ist das Gegenteil von unserer Überzeugung, dass Leistung sich lohnen muss. Dem kann ich mich nicht anschließen.

Sechstens. Die europäische Einigung ist eine großartige Leistung der Politik im Europa der Zeit nach dem Zweiten Weltkrieg. Die Währungsunion ist politisches Symbol der höchsten Ausprägungsstufe dieses Prozesses. Für uns Deutsche war es wichtig, die Erfolgsgeschichte der Deutschen Bundesbank durch die Unabhängigkeit der Europäischen Zentralbank auf den gesamten Euroraum zu übertragen. Durch Errichtung des Stabilitätspaktes hofften wir, Vorsorge dafür zu treffen, den gesamten Euroraum auf das Ziel der nachhaltigen Haushaltspolitik und der Preiswertstabilität zu verpflichten. In den europäischen Verträgen ist hierzu festgelegt, dass im Euroraum kein Staat für die Schulden des anderen aufkommen muss, ja nicht einmal darf, Bailout-Verbot. Dies ist der Kern des Vertrauens in den Euro angesichts der sehr unterschiedlichen Volkswirtschaften in diesem gemeinsamen Währungsraum. Die vorgesehene Hilfe für Griechenland verstößt offenbar gegen die Buchstaben, in jedem Falle aber gegen den Geist der gültigen europäischen Verträge. So wird die langfristige Stabilität des Euro nicht gesichert, sondern gefährdet.

Deshalb kann und will ich diesen Weg nicht mitgehen.

Klaus-Peter Willsch MdB

Anlage 2

Gutachten zum Rederecht des Abgeordneten Klaus-Peter Willsch zum Thema der Ausweitung des Euro-Rettungsschirms

von Sebastian Peters

September 2011

Durch Art 38 I 2 GG ist die Rechtsstellung des Abgeordneten geschützt. Er ist Organwalter des Parlaments – dieses ergibt sich aus der Zusammenschau der Art. 38, Art. 42, Art. 46-48, Art. 63, Art. 76, Art. 93–95 und Art. 137 GG. In Kombination mit dem Wahlprüfungsgesetz und §§ 108 ff., 203 II 4 StGB umfasst der konstituierte Abgeordnetenstatus die Befugnis zur gleichen Teilhabe am Prozess der parlamentarischen Willensbildung[1] und garantiert ihm die unmittelbare Partizipation am Verfassungsleben.[2]

Weiterhin ergeben sich aus Art 38 I 2 GG insbesondere die Mandatsrechte. Diese Statusrechte umfassen Anwesenheits-, Rede- und Stimmrechte, Informationsrechte, Initiativrechte, Kandidaturrechte, Assoziationsrechte und Funktionsrechte.[3]

Dabei drückt sich das Recht zur Teilnahme an parlamentarischen Beratungen zunächst im Anwesenheitsrecht bei allen Plenarsitzungen aus. Dieses Recht setzt sich im Rede- und Stimmrecht fort: Der Abgeordnete hat das Recht, im Plenum und in den Ausschüssen und Gremien des Bundestages, denen er angehört, das Wort zu ergreifen.[4]

In der Rechtsprechung des Bundesverfassungsgerichtes heißt es: »Art. 38 verleiht jedem Bundestagsabgeordneten eine gewisse Eigenständigkeit innerhalb des Bundestags. Diese Eigenständigkeit besteht nicht nur darin, dass er sein Stimmrecht frei ausüben, sondern auch, dass er im

Plenum des Bundestags von seinem Rederecht selbstständig Gebrauch machen kann.«[5]

Die Schranken für dieses Rederecht ergeben sich lediglich aus den Erfordernissen an einen geordneten Geschäftsgang. In einem Urteil des Bundesverfassungsgerichtes heißt es: »Das Recht des Abgeordneten, im Bundestag das Wort zu ergreifen, gehört zu seinem verfassungsrechtlichen Status. Die Ausübung dieses Rechts unterliegt den vom Parlament kraft seiner Autonomie gesetzten Schranken.«[6]

Obgleich derartige Beschlüsse und die Schranken zur Rede im Bundestag einen erheblichen Eingriff in die Redebefugnis der einzelnen Abgeordneten enthalten, sind sie nach der Rechtsprechung des Bundesverfassungsgerichts zulässig. Beispiele für derartige Schranken sind nach dem BVerfG der zeitweilige Ausschluss eines Abgeordneten von der Teilnahme an Sitzungen, die Entziehung des Wortes nach dem dritten Ordnungsruf und bereits die Festsetzung der Tagesordnung und die Vertagung ebenso wie die Schließung der Beratung und die Festsetzung einer Gesamtredezeit für die Behandlung eines bestimmten Themas.

Als Zwischenergebnis lässt sich festhalten, dass das Recht eines Abgeordneten zur Rede im Bundestag jederzeit besteht. Eine Beschränkung dieses Rechts lässt sich verfassungsmäßig lediglich mit der Autonomie des Parlaments begründen. Im Folgenden soll dargelegt werden, weshalb im Fall Willsch und der Rede zur Euro-Debatte die Berufung des Parlaments auf seine Autonomie nicht legitim sein kann.

Nach der Rechtsprechung des Bundesverfassungsgerichts findet die Autonomie des Parlaments ihre Grenze am »Wesen und der grundsätzlichen Aufgabe des Parlaments, Forum für Rede und Gegenrede zu sein«[7] (verfassungsrechtliche Schranken-Schranke). Es sind daher Fälle denkbar, in denen die Versagung des Rederechts eines Abgeordneten rechtsmissbräuchlich und verfassungswidrig sind.

Bei der Euro-Debatte handelt es sich um eine Fragestellung, bei der unterschiedliche Auffassungen nicht nur zwischen, sondern ebenfalls innerhalb der Fraktionen vorherrschen. Gerade in letzter Zeit ist ebenfalls medienwirksam deutlich geworden, dass insbesondere in der CDU/ CSU-Fraktion Gegenstimmen zur Erweiterung der Rettungsmaßnahmen für Griechenland durchaus in großer Zahl vorhanden sind. Teleologische Intension der Reden der Abgeordneten im Plenum ist die Meinungsbildung derselben in Hinblick auf die darauffolgende Gesetzgebung. Dabei muss das Plenum nach dem BVerfG »Forum für Rede und Gegenrede« sein. Das Gericht verweist dabei auf den Sinn des Wortes »verhandeln«, welches das Grundgesetz im Artikel 42 verwendet, um die Tätigkeit des Bundestags zu bezeichnen. Die wörtliche Auslegung des Urteils ergibt, dass insbesondere kritische Stimmen im Parlament Gehör finden müssen. Auch nach der teleologischen Auslegung ist dieser Ansatz zu unterstützen: In einem Parlament, in welchem lediglich Pro-Stimmen zu einem Thema Gehör finden, ist eine demokratische Meinungsbildung aufgrund einseitiger Voreingenommenheit der Redner nicht möglich. So müssen insbesondere auch Gegenstimmen Berücksichtigung finden. Wie vergangene Entscheidungen des Bundesverfassungsgerichts zur Kompetenzübertragung an die Europäische Union gezeigt haben, sind die Gegenstimmen zur aktuellen Europapolitik oftmals verfassungsmäßig absolut legitim. Auch Fragen zur Bürgschaft des Bundes für andere Staaten, bei denen es sich um Haushaltsangelegenheiten und somit ebenfalls um äußerst sensible verfassungsrechtliche Themen mit Europabezug handelt, ist eine richtige Entscheidung alles andere als eindeutig. Insbesondere ist es fraglich, ob eine Bürgschaft in Form von Ausfallgarantien durch die Bundesrepublik gegen das verfassungsmäßige Selbstbestimmungsrecht des Parlaments in Haushaltsfragen verstößt. Die Äußerung von Kritik zum geplanten Vorgehen der Bundesregierung ist daher ganz besonders berechtigt.

Herrn Willsch ist es über seine AG aufgrund der vorherrschenden Pro-Haltung des Gremiums nicht ermöglicht, auf diesem Weg als Redner im Parlament aufzutreten. Ein repräsentatives Auftreten von Herrn Willsch für dieses Gremium wäre nicht möglich. Weiterhin ist Herr Willsch einer der wichtigsten Initiatoren der Kritik an der geplanten Ausweitung des Euro-Rettungsschirms. Für ihn kommt eine Meinungsäußerung nur unmittelbar mit einer Rede im Plenum infrage.

Ein Verweis auf das alleinige Recht der Festsetzung der Tagesordnung durch das Parlament kann folglich nicht begründet sein. In dieser Tagesordnung müssen insbesondere die Gegenreden ausreichend Berücksichtigung finden. Soweit sich nicht Gegenredner in ausreichender Zahl bereits auf die Rednerliste haben eintragen lassen – wovon zum aktuellen Zeitpunkt nicht ausgegangen werden kann – hat Herr Willsch das Recht zur Kundgabe seiner Meinung im Plenum. Die Schranke der Autonomie des Parlaments greift in diesem Fall nicht.

Auch von Seiten der Fraktion – welche für den Vortrag des Abgeordneten Willsch einen Teil der ihr zustehenden Redezeit einplanen muss – darf dem nichts im Wege stehen; obgleich Herr Willsch eine Linie vertritt, welcher jener der Parteiführung nicht entspricht. Vielmehr hat auch bei festgesetzten Fraktionsredezeiten der Bundestagspräsident nach Maßgabe des § 33 BT-GO für jeden Abgeordneten, der sich meldet, über die Worterteilung zu befinden. Nach der Rechtsprechung ist es nicht ausgeschlossen, dass sich ein einzelner Abgeordneter »notfalls auch gegen den Willen seiner Fraktionsfreunde zum Wort meldet und es erhält, um das auszusprechen, was sein Gewissen ihm gebietet«[8]. Für die anschließende Abstimmung gilt dieser Grundsatz sowieso.

Als Ergebnis ist die Empfehlung festzuhalten, dass Herrn Willsch einen Antrag auf Eintrag in die Rednerliste für das Plenum stellen und von seinem Rederecht Gebrauch machen sollte.

Anmerkungen

1   Butzer in BeckOK GG, Art. 38 Rn. 78–81.

2   Vgl. BVerfGE 2, 143, 164.

3   Butzer in BeckOK GG, Art. 38 Rn. 98–110.

4   Präzedenzfälle: BVerfGE 10, 4, 12 = NJW 1959, 1723

5   BVerfG 2 BvE 2, 3/58.

6   Klein in Maunz/Dürig: Kommentar zum Grundgesetz (2011), Art. 38 GG, Rn. 218-220; BVerfG 2 BvE 2, 3/58.

7   BVerfG 2 BvE 2, 3/58.

8   BVerfG 2 BvE 2, 3/58

Anlage 3

Zehn Punkte für den EURO 2.0

November 2011

Die Währungsunion ist in einer Krise, weil Kernelemente der gemeinsamen europäischen Währung – teilweise vorsätzlich – nicht eingehalten wurden und werden. Dazu gehören vor allem die systematische Verletzung der Maastricht-Kriterien, das Missachten der No-Bailout-Klausel sowie der laufende massive Aufkauf von Schuldentiteln auf dem Sekundärmarkt seitens der EZB. Die Folgen sind gravierend. Die Idee einer gemeinsamen Währung mehrerer europäischer Staaten kann nur gerettet werden, wenn die Währungsunion zum »EURO 2.0« weiterentwickelt wird.

Dafür muss der temporäre Rettungsschirm EFSF wie geplant 2013 auslaufen. Eine dauerhafte Anschlusslösung ESM darf es nicht geben. Der ESM würde für die Länder der Eurozone zusätzliche legale Verschuldungsmöglichkeiten schaffen, die nach aller Erfahrung stets ausgeschöpft werden. Die Vergemeinschaftung von Schulden muss gestoppt werden. Die Zeit bis 2013 kann genutzt werden, um allen mitwirkungswilligen Staaten den Einstieg in den EURO 2.0 zu ermöglichen. Der Stabilitäts- und Wachstumspakt muss mit einem neuen und erweiterten Regelwerk ausgestattet werden, das dem Zugriff bei politischen Kuhhändeln auf europäischer Ebene entzogen ist. Der Euro in seiner jetzigen Form ist genau daran gescheitert.

Der neue Währungsraum steht allen bisherigen Mitgliedstaaten der Eurozone sowie allen anderen europäischen Ländern offen, die die folgenden Regeln einhalten können und wollen:

Erstens. Alle Staaten verankern Schuldenbremsen in ihren Verfassungen.

Zweitens. Alle Staaten müssen sich auf einen klar definierten Abbau ihrer Altschulden festlegen. Der gesamtstaatliche Schuldenstand darf analog zu den Maastricht-Kriterien 60 Prozent des Bruttoinlandsprodukts nicht überschreiten. Der Anteil der Schulden, der die erlaubten 60 Prozent überschreitet, muss jährlich um mindestens ein Zwanzigstel gesenkt werden.

Drittens. Falls ein Staat gegen die Schuldenbremse verstößt oder seine Schulden unzureichend abbaut, muss dies mit automatischen (nicht quasi-automatischen!) Strafen sanktioniert werden. Hier ist ein mehrstufiges, geordnetes Verfahren bestehend aus Hinterlegung von nationalen Gold- und Währungsreserven bei der EZB, Sperrung von Kohärenzmitteln (bei EU-Mitgliedern), Stimmrechtsentzug, Ausschluss aus der Währungsunion denkbar. Das Verfahren sollte wie folgt ablaufen:

➤ In einem ersten Schritt ist für EURO 2.0-Staaten, bei denen sich trotz einer verschärften Überwachung im Rahmen des Europäischen Semesters abzeichnet, dass sie nicht in der Lage sind, die Vorgaben für eine stabile gemeinsame Währung einzuhalten, eine Beratungshilfe von Europäischen Kommission, EZB und IWF vorzusehen; erste monetäre Sanktionen erfolgen.

➤ Wenn keine Fortschritte erzielt werden, wird in einem zweiten Schritt mit personeller Unterstützung von Europäischer Kommission, EZB und IWF für eine effiziente Verwendung der Haushaltsmittel gesorgt und der Einsatz von EU-Förderprogrammen (bei EU-Mitgliedern) koordiniert werden, die monetären Sanktionen werden verschärft und das Stimmrecht in Eurogruppe und EZB-Rat ruht.

➤ Sollte ein Mitglied der Währungsunion trotz aller oben aufgeführten Hilfen und Sanktionen dauerhaft nicht willens oder in der Lage sein, die mit der gemeinsamen Währung verbundenen Regeln einzuhalten, kann es aus der Eurozone ausscheiden oder ausgeschlossen werden, ohne die EU zu verlassen. Die bei der EZB hinterlegten nationalen Gold- und Währungsreserven werden zur Finanzierung der zum Ausscheiden erforderlichen Maßnahmen verwendet.

Viertens. Der Europäische Gerichtshof (EuGH) muss die Einhaltung der Regeln des EURO 2.0 durchsetzen und Verstöße ahnden. Es müssen alle Staaten – nicht nur wie bisher die Kommission – ein Klagerecht für die Vertragseinhaltung vor dem EuGH erhalten.

Fünftens. Alle Staaten einigen sich auf ein Insolvenzverfahren für den Fall, dass es trotz aller Vorkehrungen zu einem Verlust der Schuldentragfähigkeit kommen sollte. Dabei muss es gelingen, einerseits die finanzielle Handlungsfähigkeit wiederherzustellen und andererseits zugleich die Aufgaben der öffentlichen Hand weiterhin wahrzunehmen. Das gesamte Verfahren muss so gestaltet sein, dass private Gläubiger an sämtlichen Phasen der Restrukturierung beteiligt werden. Allein unter der Drohung mit Insolvenz werden sich die Schuldenstaaten um konsolidierte Staatshaushalte bemühen. Die Insolvenzmöglichkeit macht klar, dass jeder Staat selbst für seine Schulden verantwortlich ist. Gleichzeitig ist sie auch ein Signal an die Akteure auf den Finanzmärkten, mit größerer Vorsicht vorzugehen. Der mögliche Totalausfall ihrer Ansprüche bewegt die Gläubiger an den Verhandlungstisch. Den Steuerzahler geht all dies nichts an. Allein die Gläubiger haben den Vertrag mit den Schuldnern geschlossen.

Sechstens. Jeder EURO 2.0-Staat muss dauerhaft für seine von ihm eingegangenen finanziellen Verpflichtungen einstehen. Haftung und Eigenverantwortung gehören untrennbar zusammen. In Europa darf es keinen automatischen Finanzausgleich nach dem Vorbild des deutschen Länderfinanzausgleichs und keine automatischen Haftungsverpflichtungen geben. Eurobonds sind strikt abzulehnen.

Siebtens. Die Unabhängigkeit der Europäischen Zentralbank (EZB) muss garantiert werden. Geld- und Fiskalpolitik müssen strikt getrennt werden. Die Geldpolitik muss der Entscheidungsmacht politischer Mehrheiten entzogen bleiben. Nur so kann die EZB den Weg des billigen Geldes unterbinden und Inflation wirksam verhindern. Deshalb muss die EZB Ihre gegenwärtige Praxis, Staatsdefizite durch Sekundärmarktinterventionen zu finanzieren, sofort beenden.

Achtens. In den Bestimmungen über das EZB-System muss die Lücke beseitigt werden, die es gegenwärtig einzelnen Notenbanken erlaubt, mehr

Geld zu schöpfen, als zur Finanzierung der jeweiligen Volkswirtschaft erforderlich ist. Die Geldschöpfung darf nicht zur dauerhaften Finanzierung von Leistungsbilanzdefiziten, der Kapitalflucht oder der Stabilisierung der eigenen Banken anstelle des Staates genutzt werden. Es ist nicht Aufgabe einzelner Notenbanken oder des EZB-Systems, fehlende Kapitalimporte des privaten Sektors selbst vorzunehmen. Das innereuropäische Zahlungsverrechnungssystem ist um eine jährliche Ausgleichsverpflichtung nach den Vorbild des Federal Reserve Systems in den USA zu ergänzen. Damit wird ausgeschlossen, dass unkontrollierte Geldschöpfung betrieben wird und Kredite zwischen den Staaten gewährt werden. Die Verrechnungssalden sind, solange sie noch nicht ausgeglichen sind, mit marktüblichen Konditionen zu verzinsen.

Neuntens. Das Stimmrecht und der Einfluss in der EZB ist den Kapital- und Haftungsverhältnissen anzupassen.

Zehntens. Der EURO 2.0 ist ausdrücklich als Angebot an alle europäischen Staaten zu verstehen. Sein Regelwerk ist klar definiert. Es ist jedem Staat selbst überlassen, ob er mitmachen bzw. aussteigen will. Er muss hierzu das Regelwerk national mit der für Verfassungsänderungen notwendigen Mehrheit beschließen.

Anlage 4

Allianz gegen den ESM – Zehn Punkte zur Bewältigung der Eurokrise

Mai 2012

Die Währungsunion ist in einer Krise. Ihre Mitglieder und die EZB verletzen teilweise vorsätzlich Grundprinzipien der gemeinsamen europäischen Währungsordnung. Die Mitgliedstaaten missachten die Maastricht-Kriterien und die No-Bailout-Klausel, während die Europäische Zentralbank (EZB) laufend massiv Schuldentitel aufkauft und Langfrist-Tendergeschäfte durchführt, um die Märkte mit Geld zu überfluten.

Die einzelnen Mitgliedstaaten mühen sich erfolglos, die Schuldenkrise des Euro-Währungsgebiets zu bewältigen. Die Märkte haben sich nicht beruhigt. Im Gegenteil: Trotz immer umfangreicherer Finanzhilfen eskaliert die Situation, was die Währungsunion als Ganzes gefährdet.

Der ESM und die Europäische Finanzstabilisierungsfazilität EFSF haben haarsträubende Konstruktionsfehler. Sie sind einseitig auf Finanzhilfen ausgerichtet und sollen den wirtschaftlichen Zahlungsausfall eines Euro-Mitgliedstaats mit politischen Mitteln um jeden Preis vermeiden. Lieber sozialisiert man private Verluste von Banken und Anlegern und nimmt die Vergemeinschaftung nationaler Schulden in Kauf.

Wir lehnen die Errichtung einer Transferunion – auch wenn sie mit dem Label »Stabilitätsunion« getarnt wird – ab. Die Transferunion schränkt die Souveränität der Empfängerländer ein. Sie müssen eine wesentliche Einschränkung ihrer Handlungsfreiheit hinnehmen. Die Geberländer tragen substanziell höhere Lasten und gehen mittlerweile unvertretbare Risiken ein.

Dieses europäische System wechselseitiger Bürgschaften beseitigt den notwendigen Druck zur unvermeidbaren wirtschaftlichen Anpassung. Die Verantwortlichen verkennen, dass die Probleme einiger Länder in übermäßigen Leistungsbilanzdefiziten und fehlender Wettbewerbsfähigkeit liegen. Sie belohnen Staaten, die unsolide haushalten. Wegen der Verpfändung von riesigen Summen befürchten wir nachhaltigen Schaden für die europäische Integration, das Ende der Selbstbestimmung künftiger Generationen und das Auseinanderbrechen der Eurozone und ganz Europas.

Wir fordern daher:

Erstens. Der temporäre Rettungsschirm EFSF muss wie geplant 2013 auslaufen. Die dauerhafte Nachfolgeeinrichtung ESM darf es nicht geben. Jedes Mitglied der Eurozone muss selbst für seine finanziellen Verpflichtungen einstehen. Haftung und Eigenverantwortung gehören untrennbar zusammen.

Zweitens. Die Steigerung der Wettbewerbsfähigkeit muss Schwerpunkt von Hilfen sein. Es darf nicht um die Ansprüche privater Gläubiger gehen. Überschuldete Staaten müssen sparen und gezielte Anreize für Investitionen für den Wiederaufbau setzen. Dazu muss der betroffene Staat seine Wirtschaft und Verwaltung wettbewerbsfähig machen. Das erfordert tiefgreifende strukturelle Reformen im Steuersystem und im Sozialversicherungswesen, denn nur so entsteht dauerhaft Wachstum.

Drittens. Regelverstöße müssen automatisch Konsequenzen haben. Der Klagemechanismus des Fiskalpakts ist ein leeres Versprechen. Es bestehen politisch gewollte Spielräume, um von einer Klage trotz Verstößen gegen verbindliche Haushaltsvorgaben abzusehen. Diese Spielräume werden sich nicht schließen, wenn nicht der Kreis der vor dem EuGH zur Klage Berechtigten ausgeweitet wird.

Viertens. Sowohl unkontrollierte Zahlungsausfälle als auch dauerhafte Transfers über den ESM müssen vermieden werden. Dazu etabliert die Eurozone anstelle des ESM einen Europäischen Umschuldungsmechanismus (EUM). Er erlaubt es der öffentlichen Hand in den Krisenländern, ihre Aufgaben aufrechtzuerhalten, die nationale Budgethoheit zu wahren und einen Ausgleich zwischen Gläubigern und Schuldnern auszuhandeln. Der EUM bietet den Rahmen für ein Schiedsverfahren, das von einer unparteilichen und allgemein akzeptierten Instanz geleitet und durch den IWF begleitet wird. Eckpunkte können auf dem US-Insolvenzrecht aufbauen. Private Gläubiger beteiligen sich unter dem Eindruck einer möglichen Zahlungsunfähigkeit an allen Phasen der Restrukturierung.

Fünftens. Finanzhilfen dienen lediglich als *ultima ratio*. Sie können zeitlich befristet systemrelevante Kreditinstitute rekapitalisieren sowie zur Einlagensicherung dienen. Die zwangsweise Rekapitalisierung von Finanzinstituten bleibt vorrangig den jeweiligen Sitzstaaten überlassen. Sie kann nötigenfalls durch Finanzhilfen der Euro-Staaten ergänzt werden. Diese erhalten angemessene Gegenleistungen. Die bereits gewährten oder in Aussicht gestellten Finanzhilfen sind kein Akt von europäischer Solidarität. Sie entzweien uns: Die »Hilfen« entlassen Gläubiger aus ihrer Verantwortung und gehen zu Lasten der Steuerzahler.

Sechstens. Wo alle Maßnahmen nicht genügen, um zu den Finanzmärkten zurückzukehren, muss das Ausscheiden eines Staates aus der Eurozone ermöglicht werden. Seine Wettbewerbsposition würde sich durch eine Abwertung schnell spürbar verbessern. Außerdem hilft die Aussicht auf Austritt bei den Verhandlungen der Staaten mit ihren Gläubigern.

Siebtens. Geld- und Fiskalpolitik müssen wieder strikt getrennt werden. Die Europäische Zentralbank hat durch den Ankauf von Staatsanleihen und die Flutung der Geldmärkte mit Mitteln aus den Langfrist-Tendergeschäften ihren Auftrag weit überdehnt. Sie finanziert Staatsdefizite und nimmt Inflationsrisiken billigend in Kauf. Die Geldpolitik muss der Entscheidungsmacht politischer Mehrheiten entzogen und Inflation verhindert werden.

Achtens. Die EZB muss die Bonitätsstandards für Geschäftsbanken dringend überdenken und für die Target2-Salden eine untadelige Besicherung sowie eine marktnahe Verzinsung vorsehen. Erstrebenswert ist dazu eine jährliche Ausgleichsverpflichtung nach dem Vorbild des Federal Reserve Systems der USA.

Neuntens. Die Stimmrechte in der EZB müssen den Kapital- und Haftungs-verhältnissen entsprechen.

Zehntens. Besonders Deutschland als stärkster Mitgliedstaat muss mit gutem Beispiel vorangehen und den Stabilitätspakt endlich einhalten. Sonst ist er, und sind wir, unglaubwürdig.

Namentliche Abstimmungen zur Bailout-Politik

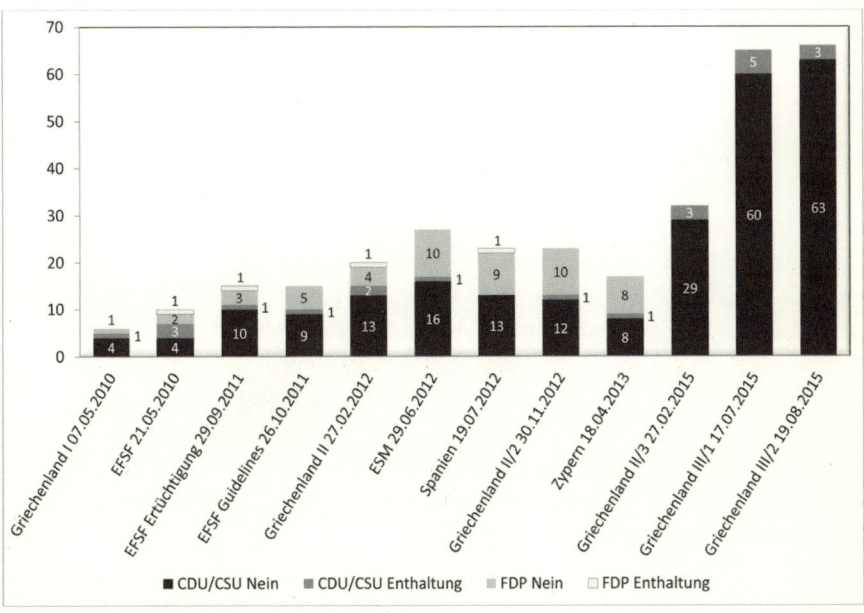

DANKSAGUNGEN

Klaus-Peter Willsch

Der größte Dank gilt meinem Co-Autor Christian Raap, ohne den dieses Buch nicht entstanden wäre. Als mit dem seriösen Quellenumgang geübter Historiker ermunterte er mich, trieb mich an, formierte die Datenflut zur lesbaren (wirtschafts-)politischen Geschichte, die dem Buch seinen Monographiecharakter verleiht. Zwar hat er die Geschichte als mein Mitarbeiter und später mein Büroleiter miterlebt und erlitten. Aber das alles an langen Abenden, Wochenenden; und neben der weiterlaufenden Beanspruchung dadurch, »seinen Abgeordneten« in seinem Hauptjob immer wieder voranzutreiben, ist sein bleibender Verdienst. Zumal ihm noch in unserer Produktionszeit das Glück zuteilwurde, dass ihm seine Frau eine gesunde und süße Tochter, Katharina, gebar.

An dieser Stelle möchte ich auch betonen, dass sämtliche Experten in der erwähnten Euro-Vortragsreihe und bei anderen Anlässen honorarfrei zur Verfügung standen. Es gab kein Budget, um eine An- und Abreise oder eine Unterkunft zu finanzieren. Es war ein ganz tolles Zeichen, dass sie sich auf diese Weise fernab jeder medialen Aufmerksamkeit in die Diskussion einbrachten. Mein Dank gilt Gunnar Beck, Charles Blankart, Lüder Gerken, Harald Hau, Stefan Homburg, Christian Kirchner, Hanno Kube, Bernd Lucke, Georg Milbradt, Elmar Nass, Max Otte, Wolfgang Philipp, Gunter Schnabl, Thilo Sarrazin, Hans-Werner Sinn, Jürgen Stark und Roland Vaubel.

Besonders danke ich meiner Frau Annette und den Kindern. Trotz ohnehin schon sehr knapp bemessener Familienzeit haben sie es unterstützt, dass ich meine Ansichten und Erlebnisse zur Euro-Rettung schriftlich niederlege.

Ebenfalls danken will ich meinen Unterstützern im Wahlkreis Rheingau-Taunus/Limburg. Weit über meine CDU hinaus hielten Sie mir die Treue. Die

Unterstützung durch die eigene Parteibasis und die positiven Rückmeldungen der Menschen in meiner Heimat legten den Grundstein für meine erneute Wahl in den Deutschen Bundestag und gaben mir die Kraft, allerlei Anfeindungen zu widerstehen. Meine Mitarbeiter in Berlin und im Wahlkreis hielten mir stets die Treue und haben entscheidenden Anteil an der Wahrnehmung meiner Mandatsausübung. Für die bundesweit erfahrene Unterstützung möchte ich stellvertretend den Familienunternehmern, den jungen Familienunternehmern und dem Bund der Steuerzahler danken. Alle drei Institutionen halfen mit bei der Gründung der Allianz gegen den ESM mit weiteren neun Abgeordneten von CDU und FDP, auf die sich mein Dank ebenfalls erstreckt.

Bundestagspräsident Norbert Lammert danke ich für die entschlossene Verteidigung der Parlamentsrechte und Bundesbankpräsident Jens Weidmann für seinen anhaltenden Kampf gegen den Umbau des gemeinsamen Währungsraumes zur Transferunion und so manchen fachlichen Rat.

Danken muss ich eigentlich auch meiner Fraktionsführung. Ohne den Rausschmiss aus dem Haushaltsausschuss hätte ich schlicht die Zeit nicht gehabt, das Werk zu vollenden.

Christian Raap

Mein Dank gilt meiner wundervollen Frau Tatiana und meiner liebevollen Tochter Katharina sowie Fried Allers, Christian Balmert, Christine, Jürgen & Maxima Dehn, Christian Diefenbach, Erica Fischbach, Dirk Friedrich, Nicolas Heinen, Andreas Hoerkens, Andreas Hofmeister, Stefan Kleeberg, Moritz Noll, Sebastian Peters, Christoph Roth, Sabine von der Recke, Sebastian Reischmann, Lucas Schaal, Nadezda & Igor Severin, Michael Theisen, Eva Thull, Marian Wendt, Kirsten Westphal, Martina Wiedemann, Klaus-Peter Willsch und ganz besonders meinen lieben Eltern Ellen & Berthold sowie meiner Oma Liesel.

Über die Autoren

 **Klaus-Peter Willsch** (CDU/CSU) ist Diplom-Volkswirt, seit 1998 Mitglied des Deutschen Bundestags und war von 1994 bis 1998 Bürgermeister der Gemeinde Schlangenbad. Er ist evangelisch, verheiratet und hat drei Söhne und zwei Töchter. Er lebt in Hohenstein im Rheingau-Taunus. Bundesweit bekannt wurde er durch sein Abstimmungsverhalten anlässlich der Euro-Rettungspolitik. Bereits 2010 lehnte er als eines von fünf Mitgliedern der Koalition das erste Griechenlandpaket sowie den temporären Euro-Rettungsschirm EFSF ab.

Bereits im November 2011 legte er mit seinem Thesenpapier »Euro 2.0« eine Alternative zur vermeintlich alternativlosen Euro-Rettungspolitik vor. Im Mai 2012 schmiedete er mit dem Verband der Familienunternehmer, dem Bund der Steuerzahler und dem Bündnis Bürgerwille gemeinsam mit neun weiteren Abgeordneten von CDU/CSU und FDP die »Allianz gegen den ESM«. Trotz persönlichem Rekordergebnis bei der Bundestagswahl 2013 wurde er von der Fraktionsführung aus dem Haushaltsausschuss entfernt und wirkt seitdem im Ausschuss für Wirtschaft und Energie. Ein unbequemer Mahner gegen die Politik der Schuldenvergemeinschaftung in der Eurozone ist er gleichwohl geblieben.

Christian Raap ist Historiker, seit 2009 ist er wissenschaftlicher Mitarbeiter von Klaus-Peter Willsch MdB und seit 2014 sein Büroleiter. Er ist verheiratet und hat eine Tochter. Er lebt in Berlin.